A RESSURREIÇÃO COMO ANTECIPAÇÃO MESSIÂNICA

Dados Internacionais de Catalogação na Publicação (CIP)
(Câmara Brasileira do Livro, SP, Brasil)

Mendoza-Álvarez, Carlos
A ressurreição como antecipação messiânica : luto, memória e esperança a partir dos sobreviventes / Carlos Mendoza-Álvarez ; tradução de Oscar Maldonado. – Petrópolis, RJ : Vozes, 2020.

Título original: La resurrección como anticipación mesiánica : duelo, memoria y esperanza desde los sobrevivientes

Bibliografia.
ISBN 978-85-326-6479-2

1. Ressurreição (Teologia cristã) 2. Teologia política I. Título.

20-34272 CDD-296.33

Índices para catálogo sistemático:
1. Teologia da ressurreição 296.33

Cibele Maria Dias – Bibliotecária – CRB-8/9427

CARLOS MENDOZA-ÁLVAREZ

A RESSURREIÇÃO COMO ANTECIPAÇÃO MESSIÂNICA

LUTO, MEMÓRIA E ESPERANÇA A PARTIR DOS SOBREVIVENTES

Tradução de Oscar Maldonado
Revisão da tradução de Gentil Avelino Titton

EDITORA
VOZES

Petrópolis

Título do original em espanhol: *La resurrección como anticipación mesiánica – Duelo, memoria y esperanza desde los sobrevivientes*

Direitos de publicação em língua portuguesa – Brasil:
2020, Editora Vozes Ltda.
Rua Frei Luís, 100
25689-900 Petrópolis, RJ
www.vozes.com.br
Brasil

Editoração: Leonardo A.R.T. dos Santos
Diagramação: Raquel Nascimento
Revisão gráfica: Alessandra Karl
Capa: Rafael Nicolaevsky

ISBN 978-85-326-6479-2

Editado conforme o novo acordo ortográfico.

Este livro foi composto e impresso pela Editora Vozes Ltda.

καὶ ἡ πόλις οὐ χρείαν ἔχει τοῦ ἡλίου
οὐδὲ τῆς σελήνης,
ἵνα φαίνωσιν αὐτῇ
ἡ γὰρ δόξα τοῦ Θεοῦ ἐφώτισεν αὐτήν,
καὶ ὁ λύχνος αὐτῆς τὸ Ἀρνίον.

A cidade não precisa que o sol ou a lua a ilumine,
porque a glória de Deus a ilumina,
e sua lâmpada é o Cordeiro (Ap 21,23).

Sumário

Prólogo

Nancy Pineda-Madrid
Loyola Marymount University
Los Angeles, Califórnia

Desde o início dos tempos, o mal apresentou o mais sério desafio à crença num Deus bom e amoroso. Quando vítimas inocentes são mortas brutalmente a perder de vista, como pode o discurso sobre um Deus amoroso ser apresentado de maneira digna de crédito? Em todos os séculos dos dois últimos milênios, os teólogos lutaram para forjar uma resposta ao desafio do mal, apenas para verificar que seus esforços falham invariavelmente em dar uma resposta satisfatória. Hoje, como resultado do capitalismo neoliberal hegemônico, o reino da morte traumática continua a expandir-se como uma praga parasita que em seu caminho consome tudo o que poderia gerar vida. Enquanto abundam as crucificações de inocentes, ousamos acreditar na ressurreição?

Carlos Mendoza-Álvarez, um conhecido teólogo, extremamente habilidoso nas artes da poesia e da profecia, examina e reimagina brilhantemente a teologia da ressurreição. Este esforço é tanto mais urgente no iminente colapso global provocado pela implacável força do capitalismo neoliberal desenfreado, com seu sempre crescente poder mortífero, ou melhor, *necro*poder. O necropoder subjuga a vida e insiste numa vida vivida sob a constante ameaça de violência brutal que visa matar. Mendoza-Álvarez pergunta onde se poderia encontrar um amor que resista em face do reino da morte. Ele desloca nossa atenção do silêncio de Deus para a resiliência dos sobreviventes. Conscientemente ou não, nós vivemos num sistema de guerra e, portanto, num tempo de tristeza e luto, um tempo no qual devemos reconhecer os direitos dos mortos de serem vistos e ouvidos se quisermos afirmar a promessa da ressurreição de uma maneira digna de crédito.

Mendoza-Álvarez nos apresenta uma teologia política, uma teologia diferente, mas que ainda ressoa as memórias perigosas e a atenção à vida interior apresentadas por Johann Baptist Metz, o lugar onde nasce uma autêntica espiritualidade de resistência. Há muito reconhecido como um perspicaz intérprete de René Girard, Mendoza-Álvarez aceita como óbvio que vivemos num mundo cada vez mais instável, que exige um número crescente de vítimas sacrificiais inocentes, cujas vidas se destinam a produzir terror e conseguir o controle social, que se torna mais traumático por causa da impunidade de que gozam os perpetradores do mal. Na verdade, como ousamos falar de ressurreição num mundo governado pela lógica do necropoder e sua violenta destruição do corpo social? Sua teologia é uma teologia política, totalmente preocupada em descobrir como o discurso teológico se relaciona com o colapso dos estados-nação e com a organização da ralé humana no espaço e no tempo. É um discurso de pessoas desaparecidas e do permanente trauma social resultante, não só no México, mas nos estados-nação do mundo inteiro.

Confrontada com a violenta destruição do corpo social, a obra *A ressurreição como antecipação messiânica* interroga criticamente o sistema global do capitalismo neoliberal, a fim de ajudar seus leitores a ver mais claramente como os estados-nação degeneram para uma condição pré-política governada por um necropoder perverso que torna descartáveis certas vidas, que têm maior valor econômico mortas do que vivas. Com efeito, o livre-mercado global funciona e é servido como um deus, destruindo vidas humanas, não deixando prisioneiros atrás de si. Esse deus exige o surgimento de novos governos criados para servir aos interesses das corporações transnacionais, em vez de servir ao povo. Mendoza-Álvarez argumenta que o poder hegemônico global só pode ser explicado na interseção de capitalismo, patriarcado e colonialismo, aos quais deve-se acrescentar um quarto elemento, ou seja, "a religião enquanto sistema sacrificial que justifica a dominação neocolonial, sob novas narrativas simbólicas de subordinação, abnegação e morte"[1]. Com este livro, Mendoza-Álvarez oferece um relato original, cativante, inteligente e perturbador do necessário caminho futuro da teologia política.

O poder hegemônico global não avançou desenfreadamente. Os sobreviventes enfrentaram sua brutal violência com atos de resistência, ou seja, recusando-se a viver num mundo entregue à profanação do que é ser humano. Os atos de resistência dos sobreviventes são uma insurreição, uma interrupção. Na obra de Mendoza-Álvarez a insurreição se fundamenta no pensamento crítico das filosofias oriundas dos povos originários da América, que, sempre de novo, criaram movimentos sociais que tornam possível a resistência contra as forças da morte que governam este mundo.

Este livro defende convincentemente uma ampliação em nossa compreensão da ressurreição, uma compreensão que leve a sério os corpos dos crucificados pelo poder global. A ressurreição deve incluir uma práxis de memória, narrativa e celebração das vítimas do poder global, assegurando que não sejam esquecidas. Essas vítimas ainda estão vivas nas memórias dos que sobreviveram e na reconstrução que os sobreviventes fazem da comunidade, reconstrução que nasce da prática da dignidade, da resiliência e da esperança.

---

1. Na p. 34 do cap. 1 de seu livro, esta citação soa em espanhol: "[...] religión como sistema *sacrificial* que justifica la dominación neocolonial, bajo nuevas narrativas simbólicas de subordinación, abnegación y muerte".

A magistral reimaginação que Mendoza-Álvarez faz do que significa crer na ressurreição amplia o pensamento teológico em muitas frentes. A ressurreição é "uma *insurreição* de vida nova, praticada com dignidade, resiliência e esperança pelas pessoas e comunidades de sobreviventes de hoje"[2]. Esse tipo de insurreição requer novas relações intersubjetivas, intersubjetividades que só surgem quando se desfazem do aparato do capitalismo, do patriarcado, do colonialismo e dos símbolos religiosos sacrificiais empregados a serviço da dominação. Consequentemente, a opção pelos pobres só encontra sentido na subjetividade dos pobres. Só dessa maneira o pensamento decolonial põe em destaque as subjetividades. Ele realça as subjetividades que por longo tempo foram negadas no trauma social dos desaparecimentos, massacres e covas clandestinas. Hoje nos encontramos no meio de uma guerra global quase sempre ocultada por perversas distorções da realidade. A resposta teológica mais inteligente e digna de crédito só se encontra dentro e através de um reconhecimento e de uma prática que afirmam as subjetividades dos pobres. Isso acarreta uma teologia intercultural da libertação, que é o que Mendoza-Álvarez nos oferece.

Este livro é nada menos do que um *tour de force* de uma vida de estudo e pensamento, mostrando Mendoza-Álvarez no apogeu de sua força intelectual. Mendoza-Álvarez não só mostra o caminho que a teologia política e a teologia da libertação têm pela frente, mas também oferece aos seus leitores um motivo para pôr sua esperança na ressurreição, mesmo no meio do horror de um colapso global com sua crescente contagem de corpos mortos em combate. Na verdade, nos escombros da violência global, a ressurreição deve ser entendida como insurreição.

Tradução de Gentil A. Titton

---

2. Na p. 14 da introdução de seu livro, esta citação em espanhol reza assim: "[...] una *insurrección* de vida nueva, practicada con dignidad, resiliencia y esperanza por las personas y las comunidades sobrevivientes de hoy".

Introdução

Um murmúrio percorre hoje a aldeia global. Mistura estranha de gritos de indignação, soluços entrecortados por choro e súplicas entoadas pelos sobreviventes das pessoas desaparecidas ou assassinadas no mundo inteiro, em especial, os inúteis para o sistema.

O sangue dos inocentes é "um clamor que sobe ao céu", como uma súplica dos sobreviventes diante de um muro global das lamentações. Já antigamente assim o relatava o Livro do Gênesis: "Perguntou YHWH: 'O que fizeste? Ouço a voz do sangue de teu irmão clamar da terra'" (Gn 4,10). Mas esse clamor, quase sempre, obtém como resposta o paradoxal silêncio do mundo divino e a indiferença do mundo dos humanos. Às vezes, essa dor é atenuada pela carícia que procede do luto vivido pelos enlutados; ou também, é sublimado pelos rituais funerários de diversas tradições espirituais, que consolam os familiares de quem já se foram. Raras vezes o mundo profano escuta esse bramido, porque na verdade fica oculto pelo ensurdecedor barulho dos poderosos, ou pelo ruído dos covardes que, paralisados pelo medo, se submetem ao império das máfias criminais.

Desde os tempos do assassinato de Abel pelo seu irmão Caim, na tradição hebraica, ou desde a remota memória do esquartejamento da deusa mexica Coyolxauhqui, filha de Coatlicue, assinada pelo seu irmão guerreiro Huitzilopochtli nos relatos dos antigos mexicanos, a humanidade tem procurado contar a história daqueles que foram aniquilados pela violenta espiral de rivalidade e morte que nos acompanha desde as origens da humanidade.

Atrever-nos a pronunciar os nomes das vítimas, contar as suas histórias, exigir justiça e vislumbrar o perdão até chegar ao extremo de implorar a misericórdia do alto, são modos de rememorar a sua efêmera passagem por esta terra.

Assim fomos vivendo como humanidade o (im)possível luto por aqueles que já se foram. Tentamos superar o trauma, como sobreviventes, nós que seguimos habitando esta terra hoje convertida em um desolado páramo com escassa vida.

Este livro versa sobre o luto (im)possível em meio do horror dos campos de concentração próprios dos tempos pós-modernos que semearam de fossas clandestinas os territórios do Sul global, desde o Saara até o Mediterrâneo e toda a Mesoamérica. Territórios convertidos em sepulcros clandestinos, cuja geografia – no deserto, no planalto ou na profundidade dos mares – guarda os restos humanos de inumeráveis vítimas aniquiladas pelo *necropoder*. Recentemente no México, chegamos ao extremo de ver deambular cadáveres, amontoados em morgues ambulantes por várias cidades, porque não havia lugar para esses corpos inertes nos serviços forenses. São uma imagem escandalosa de corpos em exílio forçado, *basurizados*[3], tratados como lixo até mesmo após a morte.

Mas esses restos não são tais, uma vez que são tesouros para os familiares que os desenterram, literalmente com as mãos e as suas unhas empregadas como picaretas e pás. Esses corpos contêm o DNA capaz de identificar aos que ali jazem desmem-

---

3. O termo "*basurización*" é um neologismo que procura transformar em verbo o substantivo "*basura*", lixo. Evidencia o processo pelo qual o sujeito ou, neste caso, os corpos são qualificados como lixo [N.T.].

brados, esquartejados, tratados como lixo, quando não dissolvidos em ácido, pela infame ação de sicários e algozes pagos pelas máfias criminais.

Restos humanos que levam inscrita "na medula dos ossos" – como dissera Isaías, o profeta hebreu (Is 66,14) com a sua potente linguagem simbólica – a promessa de vida que não acaba. Traduzida para os nossos tempos nefastos, essa promessa apela ao "direito dos defuntos a converter-se em ancestrais", conforme o diz um rezador colombiano de Bojayá, na Colômbia: "porque os mortos também têm direitos que os vivos lhes arrebatamos". Trata-se de uma reflexão mais potente até mesmo daquela realizada por Walter Benjamin em meio ao horror nazista em meado do século XX. Direitos dos defuntos que devemos fazer valer, nós que sobrevivemos a eles, para poder atrever-nos a reconstruir a paz entre nós e com eles.

* * *

De modo quase imperceptível, como numa frágil pulsação de um coração ferido, mas ansiando pela vida, nos moveremos nestas páginas da análise forense para a simbólica da vida. Aquela que surge quando "o amor que é forte como a morte" enfrenta o horror. Esta narrativa de vida que celebra em seu epílogo o Cântico dos Cânticos, com o poema do tálamo nupcial: "Põe-me como um selo sobre teu coração, como um selo sobre teu braço; porque é forte o amor como a morte e inflexível como o *Sheol* a paixão. Suas chamas são chamas ardentes, um raio de YHWH" (Ct 8,6).

Porque assim é a experiência do trauma e do (im)possível luto, em suas sinapses de significados: vaivém de ausências que sempre doem, mesmo que às vezes sejam paliadas pelo bálsamo da memória, quando relembramos lampejos da presença entre nós daqueles que já se foram. Memória daqueles que já não estão como antes costumavam estar presentes, mas que persistem com vida em nosso coração. Promessa vivenciada, no profundo da noite, como possibilidade de um (in)certo encontro numa outra temporalidade, diferente e nova, quando formos redimidos da nossa contradição, finitude, culpa e desventuras pela memória do Amor que permanece.

* * *

Como terceiro ato aparecem então as espiritualidades e as teologias – com seus ritos, símbolos e narrativas de transcendência almejada – para representar a vivência do luto e para potencializar a reconstrução de significados de vida, em meio à contradição da morte. Então, e somente então, aparecerá a fé na ressurreição como verdadeira insurreição – dizia com sabedoria Leonardo Boff[4] – contra o trágico destino de morte dos inocentes que percorre o mundo desde que temos memória como humanidade.

Aconteceu assim com os relatos ancestrais de diversas tradições espirituais da humanidade. E o cristianismo não foi exceção.

Com efeito, após a morte do *rabi* Jesus – numa cruz, ignominiosa para qualquer habitante da *Pax Romana* no primeiro século da Era Comum – seu grupo de companheiros, que o acompanharam durante a sua curta pregação itinerante na Galileia, viveu também o trauma da separação violenta, como tantas comunidades em luto de ontem e de hoje: aprendendo a passar do medo ao desconcerto provocado pelo destino terrível de um "justo injustamente justiçado", como escrevera Gustavo Gutiérrez há umas décadas. Seu modo de resolvê-lo foi a *memória* das "palavras e

---

4. "Os injustamente executados voltarão, com a bandeira branca da vida. O verdadeiro sentido da ressurreição se mostra como insurreição contra as injustiças deste mundo que condena o justo e dá razão ao criminoso" (BOFF, L. *A ressurreição como insurreição*, 07/04/2012 [Disponível em https://bit.ly/2MpCif6 – Acesso em 05/07/2018]).

obras" de seu amigo e mestre, conservados "ardendo no coração", como recordavam os discípulos de Emaús. Essa remembrança estava já incoada na súplica ritual, diante de um túmulo vazio, que organizavam as mulheres do grupo de Jesus, com Maria de Magdala à frente. Perante a fossa comum que havia sido, com toda probabilidade, o destino trágico de seu mestre, elas se indignaram e se rebelaram com um ritual de vida, no meio da morte.

Finalmente, a memória dessas mulheres atrevidas – Maria de Magdala e as outras Marias – além de outros tantos amigos que permaneceram leais à memória de seu companheiro, resultou crucial para compreender o sentido último da sua entrega até a morte: Jesus "o crucificado, despertou" e vive agora no coração de seu *Abba*.

Os sinais que indicariam no futuro essa presença-ausência serão, desde então – e depois para o cristianismo de todos os tempos – um túmulo vazio e alguns relatos de diálogos e encontros animados pela releitura das Escrituras hebraicas, em que o *Go'el* de Israel cumpre a promessa de vida plena que fizera no passado para reivindicar as pessoas justas da história.

Esse processo de experiência de um trauma coletivo, assumido com dignidade e esperança, é o dilema e o projeto utópico – de aspecto ético, político e espiritual – com o qual se enfrentaram os familiares das vítimas de todos os tempos. Por isso, antes de toda reflexão teológica – que sempre foi ato segundo, isto é, posterior à vida e ao amor – será necessário nos determos na filosofia do luto e do trauma, onde a memória, a história e a justiça restaurativa são princípios cruciais – ainda mais nestes nossos tempos de violência sistêmica – para a resolução do enigma do mal que se concretiza no aniquilamento dos justos e dos inocentes de nosso tempo.

Em nosso contexto moderno, depois dos diversos holocaustos do século XX, o pensamento crítico teve de responder à pergunta pelo sentido em meio ao horror, desde Auschwitz até Hiroshima,

Chernobyl, Ruanda, Síria, Argentina, Colômbia e México. Trata-se de uma dor coletiva que percorre, como uma infame travessia, os mares do Atlântico Sul e Mediterrâneo, até os desertos do Saara e do México.

* * *

Entretanto, necessitamos retroceder um passo em meio ao horror e às histórias que o contam. Havemos de perguntar-nos, a partir desse vazio, pelas causas que podem explicar, ainda que de modo provisório, o inexplicável: o absurdo da morte dos inocentes.

Aquela urgente e radical questão filosófica sobre a banalidade do mal já havia sido proposta por Hannah Arendt[5] em meados do século XX. Porém, uma tão terrível interrogação, surgida após o Holocausto judeu, se viu intensificada pela multiplicação dos campos de concentração para refugiados e pessoas em migrações forçadas de todas as nações do planeta, submetidas agora, no século XXI, a uma vida precária e tratada como lixo. Tais "estados de exceção", onde ficam confinadas muitas dessas pessoas e comunidades, pululam por todo o mundo, tal como o analisaram em anos recentes Giorgio Agamben[6], Judith Butler[7] e Achille Mbembe[8].

* * *

Todavia, em meio a esse cenário de horror há fagulhas de esperança.

---

5. Cf. ARENDT, H. *Eichmann en Jerusalén* – Estudio acerca de la banalidad del mal. Barcelona: Lumen, 1999.

6. AGAMBEN, G. *Estado de excepción* – Homo sacer. Vol. II. Buenos Aires: Adriana Hidalgo, 2005, p. 1.

7. BUTLER, J. *Vida precaria* – El poder del duelo y la violencia. Buenos Aires: Paidós, 2006.

8. MBEMBE, A. *Crítica de la razón negra* – Ensayo sobre el racismo contemporáneo. Barcelona: NED, 2016.

Desde o Sul global – isto é, desde esses *não lugares* onde a negatividade da história é mais cruenta – nestes tempos da globalização do capitalismo neoliberal e da cultura do descarte, tem surgido uma crítica potente às causas *sistêmicas* que geram a violência do aniquilamento de milhões de pessoas no século XX e no percurso do século XXI. Uma lógica que Achille Mbembe[9] descreveu, a seu tempo, como um *necropoder* que transcende as fronteiras como uma verdadeira extensão da *necropolítica*.

Daí que a crítica ao pensamento abissal proposta por Boaventura de Sousa Santos[10] em Portugal e a decolonialidade necessária postulada por Silvia Rivera Cusicanqui[11] na Bolívia – junto com o valioso antecedente da radical crítica à Modernidade instrumental realizada por Ivan Illich[12] em Cuernavaca, México, no século passado – tenha que ser assumida hoje pelas teologias contextuais em sua tentativa de "dar razão da esperança" (1Pd 3,15) perante a dor e a indignação das vítimas sistêmicas.

Porque a questão de fundo para toda teologia cristã da ressurreição é como pensar a esperança sustentável de uma vida plena, em tempos de colapso global. Uma esperança que seja transfiguração do rosto sofredor das pessoas e das comunidades sofredoras em expressões da utopia do mundo novo desejado por Deus. Esta ação provém da imaginação escatológica que anima as comunidades cristãs ao acompanhar as vítimas em suas múltiplas resistências e ao denunciar as causas da violência sistêmica que hoje podemos nomear como capitalismo, patriarcado, colonialismo e, em sua base simbólica, uma versão sacrificial da religião.

---

9. MBEMBE, A. *Necropolítica*. Barcelona: Melusina, 2011.

10. SOUSA SANTOS, B. *Decolonizar el saber, reinventar el poder*. Montevidéu: Trilce, 2010.

11. RIVERA CUSICANQUI, S. *Violencias (re)encubiertas en Bolivia*. La Paz: La Mirada Salvaje, 2010.

12. ILLICH, I. *Obras reunidas*. Vol. I. Cidade do México: Fondo de Cultura Económica, 2015.

Assim, neste contexto de Modernidade tardia, sob o predomínio da razão instrumental, surge a teologia decolonial da ressurreição que aqui desenvolvemos. Somente pode ser compreendida no "aquém" da violência sistêmica, ou seja, a que é desconstruída pelos familiares das vítimas sistêmicas – aquelas que foram assassinadas, desaparecidas e tratadas como lixo em fossas clandestinas ou confinadas nos campos de concentração de hoje – quando *resistem* a viver esse horror sem dignidade, nem justiça, nem esperança. E assim, vivendo essa insurreição, *ressurgem* – o modo pós-moderno e decolonial de dizer "ressuscitam" – com esperança no meio do horror.

Por isso, as práticas e os relatos dos movimentos sociais de vítimas são princípio de sabedoria humana e teologal. Graças a estas múltiplas resistências perante a lógica hegemônica, poderemos então captar, com maior clareza e força, o sussurro dos inocentes e das pessoas justas da história: aquele que não clama vingança, senão justiça com verdade, abrindo depois caminho para o perdão. Neste horizonte aberto mediante a indignação contra a violência, como uma práxis de obstinada esperança na busca das pessoas desaparecidas e a exigência de justiça com verdade, talvez um dia, possamos vislumbrar a reconciliação da humanidade dividida e ferida de morte.

Daí que, somente graças à memória dos inocentes vitimados pelo necropoder de nossos dias – memória que nós fazemos como seus sobreviventes – existirá a possibilidade de pronunciar um murmúrio de esperança neste mundo quebrado. Tal balbuciar é o início daquela *espiritualidade* que procede das chagas do corpo social ferido: uma experiência de dignidade, com resiliência e esperança, marcada pelo amor compassivo.

Será então que a narrativa bíblica da ressurreição cobrará toda a sua profundidade, verdade e esperança na vida *resgatada* – e nesse sentido redimida do absurdo, da contradição e do esquecimento – das pessoas justas da história. Desde aquele antigo discurso da mãe dos jovens Macabeus no Primeiro Testamento hebraico, havemos de examinar a atrevida exortação de Paulo de Tarso à comunidade cristã nascente em Corinto quando lhes anunciou a ressurreição de Jesus de entre os mortos como "um escândalo para os judeus e insensatez para os gregos". Então poderemos compreender em sua profundidade profética e escatológica os relatos do túmulo vazio e as aparições de Jesus a sua comunidade em luto.

Tal aventura escatológica é vivida hoje pelas comunidades de sobreviventes, onde assumimos a memória das pessoas inocentes vitimadas, desde o coração do mundo divino, em meio ao horror que nos rodeia.

* * *

Em síntese, uma teologia *decolonial* da ressurreição não poderá ser outra coisa – nestes tempos de horror produzidos pela violência sistêmica – senão uma experiência de *insurreição* contra os poderes de morte que governam este mundo. Ressuscitar será então um verbo que se conjuga em gerúndio, ou seja, em ações, narrativas e símbolos de dignidade em ação.

Uma práxis de ressurreição como insurreição será, portanto, o único modo de confessar, com os lábios e com o coração, a *fonte insondável da Vida* que as religiões chamam Deus. Tal práxis se realizará por meio de exercícios de memória, de narração e de celebração que resgatam do esquecimento pessoas vitimadas, narrando suas histórias como antecipações de dignidade e de vida. Porém, essa práxis será em vão se não promover, em uníssono, a justiça para as vítimas e seus sobreviventes, a fim de ressarcir na medida do possível o dano, levar ao tribunal os perpetradores e conhecer a verdade que permita a reconciliação. Assim, a práxis da ressurreição como insurreição anunciará, em meio a tal horror, uma esperança possível para toda a humanidade.

A teologia decolonial da ressurreição esboçada neste livro busca promover assim a esperança na possibilidade de um futuro para toda a humanidade. Trata-se certamente de uma espera ativa do Reinado de Deus, porém vivida desde as coordenadas próprias da subjetividade ferida – vulnerada e vulnerável – porém, ao mesmo tempo esperançosa, no dom que vem daquela Outridade que sempre nos pronuncia e que as tradições espirituais da humanidade invocam com nomes divinos.

A esperança na ressurreição dos mortos se torna, por tudo o que foi dito, o oximoro por antonomásia da humanidade a caminho da insurreição: a que está condensada em cada pessoa ou comunidade que se rebela contra a morte. A humanidade de todos os tempos que confessa que "os crucificados despertaram".

Assim, junto com o Galileu, podemos afirmar que todos os crucificados da história levam em suas chagas a possibilidade da redenção desde que nós, como seus sobreviventes, não os esqueçamos na busca da justiça, da verdade e da reconciliação. Traduzido aos tempos da *vida precária* de nossa época de colapso planetário – pensada de maneira aguçada por Judith Butler, a partir do drama das mulheres – significa que as pessoas crucificadas em seus corpos e territórios, tanto as de ontem quanto as de hoje, seguem vivas na memória de seus sobreviventes, mas também na reconstrução do tecido comunitário que nós hoje possamos "tomar sob o nosso cuidado", como dizia Jon Sobrino.

Finalmente, em meio dessas experiências do "aquém" da história de dominação e morte, crer na ressurreição dos mortos será confessar, por palavra e obra, que as vítimas aniquiladas vivem na memória do Deus da vida. Porque a Sabedoria divina seguirá inspirando às pessoas justas de todos os tempos a *insurgir-se* contra a injustiça e a violência, para *ressurgir* com dignidade e esperança, dando, desse modo, fecundidade às sementes de redenção que essas vítimas aniquiladas foram capazes de semear na história.

Crer na ressurreição será, em suma, uma *insurreição* de vida nova, praticada com dignidade, resiliência e esperança pelas pessoas e comunidades sobreviventes de hoje.

Rio de Janeiro, 3 de julho de 2018

I

A sabedoria espiritual dos movimentos sociais de vítimas

A teologia *decolonial* é chamada a recuperar, com novos brios, suas origens clássicas de ser um pensamento surgido da vida de fé, mas agora num contexto de mudança de época. Se em plena Modernidade do século XX a teologia da libertação pensou-se a si mesma como "ato segundo"[13] surgida da práxis de libertação dos pobres como sujeito histórico – com as mediações socioanalítica e hermenêutica que elaborou como parte de seu método para a teologia do político[14] – agora, situados na crise de tal Modernidade, encontramo-nos em meio a uma situação ainda mais precária. Porque não se deve esquecer que a teologia moderna, de modo tardio, percebeu a sua própria cumplicidade com uma civilização abalizada num antropocentrismo exacerbado que foi denunciado por Leonardo Boff[15], aquele que elogiou com in-

---

13. "A teologia é reflexão, uma atitude crítica. O primeiro é o compromisso da caridade, do serviço. A teologia vem *depois*, é um ato segundo" (GUTIÉRREZ, G. *La teología de la liberación* – Perspectivas. Salamanca: Sígueme, 1972, p. 35).

14. Cf. BOFF, C. *Teología de lo político* – Sus mediaciones. Salamanca: Sígueme, 1980.

15. Cf. BOFF, L. "El Cristo Cósmico: la superación del antropocentrismo". *Numen. Revista de estudos e pesquisa da religião*, vol. 2, n. 1, p. 125-139 [Disponível em https://bit.ly/3eIAFoZ – Acesso em 08/10/2018].

genuidade a razão instrumental reinante na segunda metade do século XX.

Não foi senão até o final do século passado que a teologia liberal na Europa, Ásia, África e América Latina começou a tomar distância da razão moderna predominante, sobretudo em sua versão da razão instrumental tecnocientífica[16]. Alguns autores atreveram-se a enveredar então por um modelo *pós-moderno* de teologia, pela via do pluralismo cultural[17] e religioso, por exemplo. Outros preferiram percorrer o caminho das teologias contextuais de diferentes características. E somente alguns assumiram o que agora se chama a "virada decolonial"[18] da teologia.

Posicionamo-nos nesta última perspectiva para propor esta pesquisa sobre a ideia da ressurreição. Se bem já assumimos, há meia década, as três rupturas epistemológicas da Modernidade (crítica, práxica e linguística), agora colocamo-nos abertamente no terreno do discurso de terceira ordem. Isto é, desejamos propor uma teologia "de retaguarda", evocando a expressão de Boaventura de Sousa Santos[19]. Buscamos situar-nos à escuta, primeiro, dos movimentos sociais de *mudança de mundo*, em diálogo com as ciências sociais e, em seguida, com as humanidades. Para depois, então e somente então, construir uma narrativa teológica, articulada como pensamento crítico surgido da práxis da fé. Porém, tal práxis não é, a princípio um ato confessional, senão uma *vivência* própria das subjetivações historicamente situadas[20].

---

16. MILBANK, J. *Radical Orthodoxy*: A new Theology. Londres: Routledge, 1999.

17. TORRES QUEIRUGA, A.; SUSIN, L.C. & SOBRINO, J. (orgs.). "Teologia do pluralismo religioso – O novo paradigma". *Concilium* 319, fev./2007.

18. TAMAYO, J.J. *Teologías del Sur* – El giro decolonizador. Madri: Trotta, 2017.

19. SOUSA SANTOS, B. *Si Dios fuese un activista de los derechos humanos.* Madri: Trotta, 2018.

20. Cf. MENDOZA-ÁLVAREZ, C. "Variaciones teológicas sobre el pensamiento post-abismal". In: ESTEVA, G.; MENDOZA, C. & REYNA, P. (orgs.). *Para*

Especificamente, referimo-nos a uma experiência de *vida teologal*, compreendida como *interioridade messiânica e escatológica*, ou seja, como esperança intra-histórica de redenção. Uma vivência no "aquém" da religião sacrificial, que responda aos desafios contextuais das comunidades crentes situadas no contexto da globalização, porém sempre do lado dos pobres e excluídos e, no fundo, das vítimas sistêmicas com suas resistências.

Neste capítulo, por isso, iniciaremos escutando com atenção e pensando com olhar reflexivo num vaivém permanente, a voz das vítimas em sua indignação, resiliência[21] e a voz do pensamento crítico que daí emerge, para pensar no sistema hegemônico em sua lógica de morte. E na base de tudo isso, buscaremos compreender o sentido da *redenção* que procede da "esperança contra toda esperança" que vivem hoje as pessoas e comunidades de sobreviventes. De maneira particular, indagaremos o *alicerce vital* que as mantêm de pé, em meio à dor de suas filhas e filhos desaparecidos ou assassinados.

Por isso escolhemos escutar primeiro algumas vozes significativas desta verdadeira *resistência espiritual* que é, no fundo, uma resistência cognitiva ou, como afirmam algumas autoras, epistêmica[22]. Trata-se, efetivamente, de um modo de conhecer a realidade humana e social com olhos que permitam ir ao "aquém" dos dados e números estatísticos de pessoas desaparecidas. Não porque aqueles sejam inúteis ou transitórios, senão porque dizem

---

decoloniar la democracia – Conversaciones con Boaventura de Sousa Santos. Cidade do México: Ibero/Siglo XXI, 2019.

21. Uma das principais fontes de testemunhos de familiares de pessoas desaparecidas, citados neste livro, encontra-se em: MENDOZA-ÁLVAREZ, C.; REYNA ESTÉVEZ, P. & ROBLEDO, C. *De las fosas clandestinas a la tumba vacía* – Narrativas de dignidad y esperanza en tiempos de horror. Cidade do México: Universidad Iberoamericana, 2019.

22. LEYVA, X. "Pueblos en resistencia, justicia epistémica y guerra". *Cuadernos de Antropología Social*, n. 44, 2016, p. 37-50 [Disponível em https://bit.ly/3gPOjsc – Acesso em 08/10/2018].

somente uma parte superficial do drama social que vivemos nestes tempos de "guerra sistêmica".

Para entender o sentido último das resistências epistêmicas e espirituais das vítimas, iniciemos primeiro por descrever sucintamente o cenário da espiral violenta que marca a crise do modelo civilizatório moderno da razão instrumental.

1 A crise do sistema

Entre os pensadores europeus que falam com forte tonalidade *apocalíptica* sobre o colapso da racionalidade moderna, descreveremos aqui as ideias centrais de René Girard[23], Ivan Illich[24] e Reiner Schurmann[25], pela sua radical visão do modelo civilizatório ocidental. Os três escreveram sua obra à margem do pensamento europeu, embora formados em seu âmago: um francês em Stanford, um dalmaciano em Cuernavaca e um alemão em Manhattan. Têm em comum um horizonte *teológico* destinado a mostrar o lugar *principal* que concedem à revelação cristã, na confluência do pensamento que surge a partir do encontro de literatura, antropologia e filosofia. Não o fazem como uma apologia do cristianismo como religião, mas como uma crítica a sua perversão radical realizada pelo Iluminismo e suas sequelas, procurando voltar, por diferentes caminhos, às fontes espirituais do Ocidente.

---

23. Centramo-nos, sobretudo, numa trilogia do pensador de Avinhão que nos parece que contém o argumento central da sua teoria mimética: GIRARD, R. *La violencia y lo sagrado.* Barcelona: Anagrama, 1983. • GIRARD, R. *Veo a Satán caer como el relámpago.* Barcelona: Anagrama, 2006. • GIRARD, R. *Clausewitz en los extremos.* Buenos Aires: Katz, 2010. Como obra panorâmica sobre a sua obra, cf. GIRARD, R.; ANTONELLO, P. & CASTRO ROCHA, J. *Evolution and Conversion* – Dialogues on the Origins of Culture. Londres: Continuum, 2007.

24. ILLICH, I. *Obras reunidas.* Vol. I. Cidade do México: Fondo de Cultura Económica, 2015.

25. SCHURMANN, R. *Le principe d'anarchie* – Heidegger et la question de l'agir. Paris: Diaphanes, 2013.

Por último, nesta primeira parte, analisaremos a perspectiva crítica das epistemologias do Sul que se distanciam da epopeia egoica moderna, depois de cinco séculos de dominação. Fazem-no voltando o coração e o olhar às sabedorias ancestrais dos povos originários e às tradições espirituais das culturas negadas, para afirmar a necessidade de *decolonizar* o pensamento crítico a partir dessas outras fontes. Um modo de prosseguir na "desconstrução" da razão moderna instrumental, a mesma que já evocamos na trilogia sobre a ideia da revelação escrita em décadas passadas, que agora, porém, incorporamos a uma teologia sobre a ideia de tradição que iniciamos com este livro, no contexto do colapso civilizatório, visto desde o Sul global.

Girard ou a mentira de Satã

A "*montée aux extrêmes*"[26] – a escalda aos extremos – é a expressão girardiana por excelência, própria de sua obra da maturidade, para designar a escalada da violência planetária que quebrou os limites do humano. Trata-se do fracasso histórico dos limites éticos e políticos que as culturas haviam imposto à violência. Ao longo de milênios esses limites foram demarcados pelas religiões. Mais tarde o muro de contenção da violência foi posto pelo Estado moderno com a finalidade de deter a rivalidade mimética através do Estado de direito.

Em quase meio século de existência[27], a teoria mimética tem ajudado a compreender os mecanismos do desejo em sua base

---

26. Cf. GIRARD, R. *Clausewitz en los extremos*. Op. cit., p. x.

27. Os seminários anuais organizados pelo *Colloquim Violence and Religion* (COV&R) dão conta da interdisciplinaridade da teoria mimética [disponível em https://violenceandreligion.com]. Cf. tb. o grupo ibero-americano da teoria mimética que organiza, há dez anos, colóquios regulares, como exemplo pode ser visto o número especial, coordenado por Roberto Solarte, da *Philosophica Xaveriana* (vol. 27, n. 55, 2009): "René Girard: Mímesis e Identidades". Cf. MENDOZA-ÁLVAREZ, C. (org.). *Caminos de paz* – Teoría mimética y construcción social. Cidade do México: Universidad Iberoamericana, 2015. • ATIENZA, D.F. & GARCÍA-RAMOS, D. *La construcción de la identidad en tiempos de crisis* – El papel de la violencia y la religión. Barcelona: Anthropos, 2017.

antropológica, marcada pelas contradições da ânsia de possuir os bens do outro. No coração desse processo intersubjetivo se instaura a rivalidade como lógica de emulação e indiferenciação que, muitas vezes, conclui com o contágio da turba para a eliminação do diferente numa sociedade de aparente igualdade. No fim do processo mimético a relação com o outro se revela vitimária. Daí que pessoas e coletividades, indivíduos e povos, diferentes, porém semelhantes nesse processo mimético, encontramo-nos sempre a um passo do abismo do desconhecimento (*méconnaissance*) da diferença do outro. Ficamos dominados pelo impulso canibal de apropriar-nos do corpo do outro, do seu território, dos seus bens e, por fim, até da sua própria identidade.

Girard propôs analisar este mecanismo do desejo mimético em sua lógica do *bode expiatório*, para compreender melhor a estrutura da subjetividade que, não obstante, está centrada no desejo de posse de um bem almejado pelo outro, objetiva de tal modo o rival, que acaba por desconhecer sua outridade e sua diferença. Radica-se nisso a "invisibilização do outro"[28] enquanto outro: não na medida em que implique a rejeição da sua semelhança consigo mesmo, mas exatamente no oposto, o outro é o símbolo invertido, aquele que focaliza somente a própria identidade ensimesmada. Ou seja, que a invisibilização social do outro – como no emblemático caso dos 43 estudantes, da escola Normal Rural de Ayotzinapa no México, desaparecidos em 26 de setembro de 2014 – implica, de fato, o seu aniquilamento, porque ameaça a estabilidade do sujeito do desejo que é o Estado mexicano, ou da comunidade política, "estabilizada" apenas aparentemente pela afirmação das semelhanças, porém à custa da negação de toda diferença.

---

28. Conceito cunhado pelo pensador brasileiro João Cezar de Castro Rocha, discutido com colegas latino-americanos de diversas disciplinas (cf. JOBIM, J.L.; MÉNDEZ GALLARDO, M. & MENDOZA-ÁLVAREZ, C. (orgs.). *Mímesis e invisibilización social* – La interdividualidad colectiva en América Latina. México: Universidad Iberoamericana, 2017.

Sobre essa análise antropológica do desejo mimético, Girard estabeleceu as bases de sua crítica à cultura como um processo de ocultamento dessa diferença, visando afirmar a própria identidade individual e grupal. Daí que a humanidade esteja encurralada, conforme seu entendimento, neste beco sem saída, repetido uma e outra vez na história das culturas: a enganosa verdade da necessidade de sacrificar bodes expiatórios que permitam a subsistência do resto do grupo.

Até que os relatos bíblicos desmascararam a mentira de Satã.

Daí que Girard, mais do que uma apologia do cristianismo como credo religioso, esteja interessado em voltar ao espírito que denominou "apocalíptico", próprio dos relatos evangélicos, para descobrir uma *verdade antropológica* que o judaísmo e o cristianismo revelam, que consiste no desejo mimético como mecanismo de admiração triangular e rivalidade fratricida que conduz à morte sacrificial. Primeiro, porque a narrativa bíblica – tanto hebraica quanto cristã – permite desmantelar a mentira antropológica da necessidade de vítimas para que haja estabilidade. Segundo, porque Girard vislumbra precisamente na Modernidade antropocêntrica o modelo mais acabado do encobrimento do outro, por motivos de raça, classe, credo ou cultura, em nome de uma suposta estabilidade da humanidade, lida sempre em perspectiva dos vencedores.

Com efeito, a escalada da violência que vive a humanidade em plena Modernidade tardia é, aos olhos de Girard, a última oportunidade que a humanidade tem para "converter-se" ao outro como próximo, antes da hecatombe final. Trata-se, para o pensador de Avinhão, de um momento crucial para a sobrevivência da humanidade, já que a "simetria" da guerra tradicional foi superada pela ganância dos algozes numa violência sem reciprocidade alguma. A qualquer preço, e mais ainda no seio dos totalitarismos do século XX, os perpetradores imporão seu domínio, de maneira que a estabilidade mundial será cada vez mais precária, à custa de um crescimento exponencial das vítimas sacrificadas para manter uma enganosa ordem mundial.

Apesar de a abordagem mimética não surgir da crítica política ao capitalismo, tem a possibilidade de conectar-se com a análise proposta pelas ciências sociais pós-marxistas[29] que analisam, de maneira mais exata, a lógica da hegemonia na conformação de subjetividades, coletividades e relações de poder entre pessoas e grupos.

O que a teoria mimética acrescenta a essas análises típicas das ciências sociais é – a nosso ver – uma interpretação *antropológica* inevitável hoje, quando se quer desmantelar a brutalidade de qualquer sistema hegemônico, em particular o da razão instrumental moderna. Porque não se trata somente de postular as práticas emancipatórias de subjetividades e coletividades, senão de desmantelar o próprio mecanismo da rivalidade mimética que subjaz como perversão da condição humana de todos os tempos.

Illich e Agamben ou a crítica radical à Modernidade instrumental

Outra crítica potente dirigida à Modernidade que surge do predomínio da razão instrumental – também escrita de maneira explícita em tom de racionalidade apocalíptica – foi proposta por Ivan Illich[30], em suas obras da época de Cuernavaca, escritas durante as décadas de 1960 e 1970.

Reabilitado pelo pensamento antissistêmico latino-americano em anos recentes, Illich também está sendo lido com novo inte-

---

29. Cf. VINOLO, S. & GIRARD, R. *Do mimetismo à hominização*. São Paulo: É Realizações, 2012.

30. Cabe mencionar aqui os diálogos de Ivan Illich com David Cayley que são cruciais para compreender a lógica "encarnacional" do pensamento de Illich, como teólogo, historiador e cientista social: CAYLEY, D. *Conversaciones con Iván Illich* – Un arqueólogo de la Modernidade. Madri: Enclave, 2013.

resse na Europa por Giorgio Agamben, em virtude de sua aguda crítica, de base *teológica*, à racionalidade instrumental moderna:

> Illich representa a reaparição intempestiva na Modernidade de um exercício radical da *krisis*, de um chamado a juízo sem atenuantes da cultura ocidental: *krisis* e juízo tanto mais radicais, porque provêm de um de seus componentes essenciais: a tradição cristã. Como Benjamin, Illich se serve, com efeito, da escatologia messiânica para neutralizar a concepção progressista do tempo histórico. E o faz segundo duas modalidades estreitamente entrelaçadas: por um lado a experiência do *kairós*, do instante decisivo, que quebra a linha contínua e homogênea da cronologia; por outro a capacidade de pensar o tempo em relação a sua realização. O instante atemporal da decisão e a *novissima dies* na qual o tempo se consuma são, nos termos de Arendt, as duas portas que o pensamento entreabre à faculdade do juízo. Porém, no instante do juízo, o *eschaton* e o "agora" coincidem sem resíduos[31].

O que permanece vigente da obra de Illich, após a sua morte em 2002, é – em nosso entendimento – o presságio antissistêmico e sensato sobre o colapso da sociedade industrial, por meio da crítica às suas instituições fundadoras, a saber: a escola institucionalizada, o transporte em automóvel e a medicina hospitalar[32]. De maneira sucinta podemos dizer aqui que, para Illich, a sociedade industrial moderna está destinada a desaparecer porque a

---

31. AGAMBEN, G. "Introduzione: Iván Illich y la corrupción de lo mejor". In: ILLICH, I. *Genere*. Vicenza: Neri Pozza, 2013 [tradução ao espanhol por *Artillería Inmanente* (10/01/2017), disponível em https://bit.ly/3cwdxsd – Acesso em 08/10/2018].

32. Cf. o estudo sobre a vigência de Ivan Illich, de grande rigor analítico, de uma nova geração de pensamento no México: BECK, H. *Otra Modernidad es posible* – El pensamiento de Iván Illich. Madri: Malpaso, 2018.

escola não educa, o automóvel paralisa as pessoas e a medicina hospitalar cria mais enfermidades do que aquelas que cura.

A partir da categoria de "contraprodutividade", Illich fundamenta sua hipótese mais radical sobre a razão moderna instrumental em termos de *desproporção* entre o movimento do corpo humano e os instrumentos (*techné*) que o prolongam para tornar suportável sua existência na terra. Daí que a escola, o carro e a medicina hospitalar não respondam às necessidades de qualidade de vida humana que seja compatível com as necessidades dos corpos e o respeito dos territórios vernaculares, onde os seres humanos realizamos a nossa existência e onde criamos diferentes culturas. A mobilidade motriz que é proporcional ao corpo humano é a bicicleta; assim como as ferramentas do labor cotidiano para o trabalho da terra e o sustento humano, somente podem ser uma extensão do corpo humano, porém não seu senhor; e, como corolário de sua crítica à paisagem urbana e rural modernas, Illich afirmava que a formação de comunidades humanas não seria solucionada por meio da massificação urbana tipicamente moderna, senão recuperando uma escala de mútua reciprocidade que o pensador de Cuernavaca chamou de *convivencialidade*[33].

A crítica às instituições modernas, porém, para o pensador dalmaciano, consiste numa perversão teológica, a saber: a corrupção do *ótimo* que significou a encarnação do Verbo na história humana. A esse respeito comenta Agamben:

> A especificidade de sua crítica consiste exatamente na indagação das modalidades através das quais se tem passado do extra-histórico ao histórico e do teológico ao profano: como, por exemplo, as noções de amor, liberdade e contingência, que o cristianismo havia inventado, são transferidas aos serviços, ao Estado e à

---

33. ILLICH, I. *Convivencialidad*. Ocotepec: Morelos: 1978 [Disponível em https://bit.ly/2XRPOxD – Acesso em 08/10/2018] [originalmente nas *Obras reunidas*. Cidade do México: Fundo De Cultura Económica].

> ciência, produzindo exatamente o contrário do que elas eram em sua origem; e como as concepções da Igreja como *societas perfecta* se extinguiram com a produção da ideia moderna do Estado como detentor do governo integral da vida dos homens em todos os aspectos. Esse é o paradigma da *corruptio optimi quae est pessima*, através do qual Illich observa a história da Igreja[34].

O fracasso do cristianismo – e do Ocidente com seu sonho de racionalidade instrumental – consiste, portanto, em haver "institucionalizado a caridade" que introduziu na história a gratuidade como dádiva de amor assimétrico. Quando a Igreja normalizou, organizou e tornou normativa a gestão da caridade, abriu a possibilidade de que qualquer instituição assumisse tal prerrogativa. Foi o caso do Estado moderno que institucionalizou a caridade, buscando controlar essa relação de subjetividades em gratuidade por meio do Estado benfeitor. E, uma vez que concluiu o processo da secularização que expulsou a referência ao divino como garantia da vida em comum e da verdade acessível à condição humana, então o Estado laico assumiu essa função de maneira normativa e totalizante. Surgiu assim o *péssimo* como corrupção do *ótimo*, a saber, a institucionalização da caridade da parte do Estado moderno e de suas instituições.

Illich iniciou e concluiu sua obra com uma perspectiva *teológica* que até agora tem sido pouco estudada. À parte das novas pesquisas sobre a base *apocalíptica*[35] de sua crítica à Modernidade, podemos afirmar aqui que coincide no essencial com o diagnóstico de René Girard e do mesmo Giorgio Agamben. Todos

---

34. AGAMBEN, G. "Introduzione: Iván Illich y la corrupción de lo mejor". *Genere*. Vicenza: Neri Pozza, 2013, n. 6.

35. Conferir o número especial da revista da Secretaria de Comunicação Universitária da Universidade Autônoma do Estado de Morelos: "Simposio Iván Illich – Lo político en tiempos apocalípticos". *La Voz de la Tribu*, n. 10, nov/2016-jan./2017.

esses autores denunciam o *desmoronamento* do metarrelato da Modernidade. Todos eles apontam para uma lacuna, a saber, pensar a orfandade da humanidade em perspectiva de parricídio, que expulsou a glória divina – e sua encarnação em Cristo Jesus – da história como último referente de sentido da economia, da política e da cultura.

O pensamento antissistêmico desenvolvido a partir do pensamento illichiano – por exemplo, por Jean Robert, Javier Sicilia e o grupo de Cuernavaca – associa a filosofia do Bem Viver dos povos originários andinos e maias (*Lekil Kux'lejal*) com esta crítica à Modernidade instrumental desenvolvida de maneira incipiente décadas atrás por Illich no Centro Intercultural de Documentação (Cidoc) em Cuernavaca, Morelos.

Com efeito, a proposta do pensador suíço-mexicano – desenvolvida junto com Sylvia Marcos, Rajid Rahmena e demais colegas antissistêmicos[36] – está situada a partir de "baixo e à esquerda" dos movimentos sociais antissistêmicos em distintas latitudes do planeta. Propõem uma crítica radical ao sistema capitalista que, em sua versão neoliberal de mercado financeiro, tem submetido o planeta inteiro a novas escravidões e a um neocolonialismo cultural, como a expressão mais perversa da corrupção do *ótimo*. Porém, mais do que pura crítica ao capitalismo patriarcal, etnocêntrico e machista, o que tal pensamento antissistêmico promove hoje são as "resistências epistêmicas" como promoção de uma nova forma de conhecimento que supere o *epistemicídio* provocado pela Modernidade instrumental tecnocientífica.

Assim, por exemplo, os "caracóis zapatistas"[37] como territórios de autonomias políticas e culturais, no Sudeste mexicano

---

36. Cf. ROBERT, J. & RAHNEMA, M. *La potencia de los pobres*. San Cristóbal de Las Casas: Cideci-Unitierra, 2011.

37. COMISIÓN SEXTA DEL EZLN. *El pensamiento crítico frente a la hidra capitalista*. Tomo I. San Cristóbal de Las Casas: Cideci-Unitierra, 2015.

e em outros territórios da geografia da Mesoamérica, dão conta da possibilidade de reconstituir a vida política, o bom governo e a comunidade, a partir de práticas alternativas de economia, educação, saúde e espiritualidade. Não consiste apenas em criar modos "alternativos" de economia de livre-mercado como o comércio justo e o intercâmbio de bens e serviços segundo o costume dos povos originários. Está em jogo, porém, a aposta por um modelo civilizatório diferente que – como alertou Illich há meio século – seja capaz de recriar a relação "convivencial" do ser humano com outros semelhantes e com a casa comum que é o planeta Terra.

Uma das dimensões constitutivas dessa nova *convivencialidade* será exatamente a justiça para com as vítimas seculares da injustiça estrutural, do patriarcado machista e do colonialismo externo e interno que por séculos invisibilizou os povos originários de Abya-Yala.

Como veremos mais adiante, a base simbólica das resistências epistêmicas aqui evocadas será a reconstrução de narrativas, rituais e práticas comunais de espiritualidade ecoteológica, arraigada, sem dúvida, nas sabedorias ancestrais dos povos originários. Porém tal resistência epistêmica será reinterpretada, no contexto da depredação planetária, com a contribuição das ciências exatas e sociais, como parte da *ecologia de saberes* que exige hoje a complexidade do real para sua compreensão e preservação como ecossistemas de cuidado da vida.

Então, a voz das pessoas sobreviventes aos holocaustos do pensamento hegemônico se mostrará como uma *potência* de experiência capaz de viver a ressurreição como *insurreição* no "aquém" do *kairós* ou tempo presente intensificado que, em sua base judaico-cristã, é *temporalidade messiânica*.

Schürmann ou o pensamento a favor do princípio an-arquia

Pensar a crise do sistema neoliberal é, no fundo, um problema metafísico e teológico. Referimo-nos a essas duas aproximações do real que têm marcado a tradição filosófica do Ocidente, desde seus fundamentos judaicos, gregos e latinos, porém que foram obnubiladas pelo Iluminismo, para dar lugar à razão pura com suas pretensões de domínio, suspeita e poder sobre a história e o cosmos como matéria.

A crise do metarrelato moderno, no entanto, já foi preconizada, primeiro pelo pensamento judeu do século XX – desde Herman Cohen[38] até Hannah Arendt[39] –, e depois levada ao seu extremo desconstrucionismo por Heidegger, Derrida, Foucault e Jean-Luc Nancy, entre outros autores europeus.

Exatamente na veia judaico-cristã da filosofia político-teológica moderna, situa-se Reiner Schürmann[40], discípulo de Hannah Arendt e seu colega em Nova York durante seu exílio no pós-guerra. Esse alemão *outsider* de vários sistemas de dominação institucional – frade dominicano, homossexual e cidadão alemão migrante – desenvolveu como poucos um pensamento filosófico rigoroso da *an-arquia*. Sua obra principal sobre este tema fundacional ainda precisa ser acolhida pelo pensamento latino-americano, em particular o crítico e o antissistêmico, de modo que possamos aprofundar a base metafísica e teologal da crise de época que vivemos como uma crise da *arché* moderna e colonial que pretende fundar todas as coisas.

Essa *arché* funcionou durante milênios como um princípio religioso, que depois se emancipou de sua aura transcendente,

---

38. COHEN, H. *La religión de la razón desde las fuentes del judaísmo.* Madri: Anthropos, 2004. • COHEN, H. *El Prójimo* Madri: Anthropos, 2004.

39. Cf. ARENDT, H. *Los orígenes del totalitarismo.* Madri: Taurus, 1974.

40. SCHÜRMANN, R. *Le principe d'anarchie* – Heidegger et la question de l'agir. Paris: Diaphanes, 2013.

para ser suplantada pela razão secular na ordem do conhecimento experimental, e pelo Estado como invenção política moderna. No entanto, os totalitarismos do século XX revelaram a perversão de tal pretensão de domínio, hegemonia e totalidade que substituiu a glória divina.

Daí que Schürmann proponha uma crítica *iconoclasta* de todo princípio como fundamento, seja religioso ou laico, para postular a necessidade de um princípio, mas como *an-arquia* que se distancie de toda narrativa, práxis e ideologia do divino que supere a *origem sem origem* que é esse referencial transcendente que o judaísmo denominou *kabod* e o cristianismo *glória*. A tese principal de Schürmann consiste em postular que a prerrogativa exclusiva do divino, a glória ou potência divina, não pode ser reduzida a nenhuma *arché* que a extrapole. Nem a religião, nem o Estado, nem sequer a subjetividade como princípio de sentido como pensou a Modernidade, podem pretender ser *princípio* sem cair, mais cedo ou mais tarde, em algum tipo de totalitarismo.

São três momentos arqueológicos os que Schümann propõe para voltar ao "fundo sem fundo" da *an-arquia*: (i) desconstruir a ideia de ação; (ii) deslocalizar os textos, ou seja, voltar ao "dizer" heideggeriano, prévio a todo "dito"; (iii) para chegar assim à reconstituição da essência da práxis – depois do percurso realizado por Heidegger e, em certo sentido, por Ricoeur – desligando-a da técnica, como "um intercâmbio desprovido de todo princípio" (p. 34). Expliquemos brevemente cada um desses estados do devir da existência em *an-arquia*.

Citando Heidegger em seu "desconhecimento" do que significava em sua época a democracia como relação entre técnica e vida política, Schürmann propõe voltar à "plurivocidade da essência" proposta por Aristóteles como sinal da "transição epocal" que vivemos no final do século XX. Trata-se de voltar a um pensamento sem fundamento, nem mesmo o do Ser, para acessar o "acontecimento" enquanto devir próprio da temporalidade. Nesse sentido, insiste Schürmann, falar do Ser como *presença* é falar do agir. Precisamente aí situava Heidegger o encerramento da metafísica – porém somente em seu sentido suareziano, dizemos nós – não em seu sentido tomista que surge do divino como fonte do ser e não como o Ser por antonomásia, como já o indicamos em outros textos[41].

Nesse sentido, para Schürmann, a desconstrução que se segue após o encerramento da metafísica ocidental – realizado primeiro por Nietzsche e consumada depois por Heidegger – é absolutamente necessária como Pós-modernidade (p. 13). Ali, no âmago dessa desconstrução, a *ação* se mostrará como "an-árquica". De onde se deduz que todo padrão ou modelo de atribuição ou participação fica "desconstruído" em seu próprio fundamento. O paradoxo de um "princípio an-arquia" consiste em que, em sua própria contradição, a expressão designa o indício do fim da metafísica e nos remete ao *devir* da existência. Desse modo, detemos a *presença* certamente, porém a libertamos de todo esquema de atribuição, isto é, de toda atribuição de sentido, finalidade ou princípio que pareça "fixar" ou que é o devir absoluto. "O logos – diz Schürmann – torna-se 'palavra em arquipélago', 'poema pulverizado' (René Char). A desconstrução como discurso de transição" (p. 15).

A segunda dimensão do "princípio an-arquia" consiste, segundo o pensador germano e migrante, na reelaboração de uma teoria dos textos para recuperar o caráter *poiético* da palavra que Heidegger denominou *Dichtung*. Graças a essa virada linguística e histórica, passamos da "verdade do ser" à "localidade do ser", deslocamento que nos reenvia à "linguagem primordial" pela qual

---

41. Cf. MENDOZA-ÁLVAREZ, C. *Deus absconditus: Deseo, memoria e imaginación escatológica* – Ensayo de teología fundamental posmoderna. Cidade do México: Cátedra Kino, 2007, cap. II.

todos advimos à presença: como habitantes da casa do Logos. Trata-se do próprio acontecimento do ser-em-devir feito morada da palavra, a "própria chegada (*venue*) da presença", como se fosse uma condição transcendental da linguagem.

Seguindo o velho Heidegger, Schürmann vai em busca da economia da presença. Porém de "uma presença que seja irredutível a uma *arché*, os traços de uma economia plural" (p. 23).

Trata-se de ir além de uma *topologia* da palavra e dos textos, como se estes respondessem somente à consciência que se reflete no que é dito. Quando, de fato, palavra e texto são expressão plural da "vinda à presença" da temporalidade do ser em devir: "uma chegada (*venue*) múltipla pela qual os entes (*étants*) presentes saem de sua ausência" (p. 24).

Como outra expressão da linguagem, a *práxis* também é chamada a sair da dominação dos princípios. A práxis é mais do que a obrigação normativa dos atores perante a presença do ser. Dado que o Ser se manifesta em "constelações de ser", então a práxis também está marcada por uma ação em plural, isto é, se trata de recuperar "uma ação estrangeira, de maneira irreconciliável, com toda redução ao uniforme, um atuar hostil à medida regular (*standard*)" (p. 25) da ação.

Por isso, a presença – sem seu referente de fundamento nem de princípio – aparece aqui como o agir "caótico-prático". Por isso, em lugar de vontade pura e dura, Schürmann falará de "desapego" com uma referência direta ao Mestre Eckhart; em lugar de "integração" chega o "protesto"; em lugar da "identificação com a qual domina por direito (*Führer*), então a an-arquia" (p. 26).

Finalmente, a terceira dimensão da an-arquia é o *pensamento pluriforme* que coloca em xeque a tecnologia, segundo o dizer heideggeriano ao final de sua vida e obra: "*Wege, nicht Werke*" ["Caminhos, não obras"], epígrafe do "Prefácio" à edição de suas *Obras Completas*.

Contra toda ideia de finalidade, o pensamento da presença é *an-árquico* porque se orienta pela "negatividade" que precede e conclui a existência destinada à morte: "Curioso potencial do ser que me projeta à minha própria negação. Quanto mais dizer que aquilo que me é 'mais originário' me projeta para lugar nenhum, para o nada" (p. 30). Por isso, seguindo Heidegger, Schürmann afirma que a existência autêntica elimina toda estrutura teleológica, ou seja, de finalidade, no ser em devir. Então e só então, "aquém" da realidade, "há possibilidade". Tal é o *princípio de an-arquia* que se opõe a toda teleologia e teleo-cracia, seja a da técnica, do Estado ou da religião.

Situamo-nos assim no coração da *temporalidade autêntica* enquanto *an-arquia*, como "plenitude extática do potencial, ontologicamente isenta de toda relação com os entes, incluída a morte figurada como um ente. Os entes levam consigo sempre um 'por quê': subsistentes, estão ao serviço do conhecimento e dispostos a ser seus servidores" (p. 30-31).

Todo este percurso do raciocínio de Schürmann nos leva ao ponto nodal da existência autêntica com sua própria temporalidade, a mesma que Heidegger chamava "tempo extático", diferente do tempo linear. Aquele que designa justamente essa ordem de existência que chamamos aqui "an-arquia". Fica por desenvolver de maneira explícita a relação desta temporalidade extática com a experiência judaica do tempo messiânico que, em seu sentido escatológico paulino, se traduz como *kairós*. Não falamos, claro, de linearidade do tempo, senão de sua *intensificação* como já o analisou Giorgio Agamben e o aprofundamos numa pesquisa anterior[42].

Desse modo, seguindo a Schürmann, deixamos para trás a topologia do ser para entrar no devir da presença, sempre plural e, por isso, constitutivamente inatingível por todo princípio, fundamento ou sentido.

---

42. Cf. MENDOZA-ÁLVAREZ, C. *Deus ineffabilis* – Una teología posmoderna de la revelación del fin de los tiempos. Barcelona: Herder, 2015, cap. II.

Em suma, descobrimos o *princípio an-arquia* como forma de viver a pluralidade da ação e da escritura própria dos tempos pós-modernos, e como marco teórico "metafísico" para o pensamento decolonial.

E em sua base propriamente *teológica*, temos aberto assim a porta à *intensificação* da experiência do ser como presença de temporalidade kairológica em face à morte, incluída a que enfrenta o drama do aniquilamento das pessoas justas da história.

2 Novas subjetivações nos movimentos sociais como parte do espaço público pós-moderno

O pensamento crítico da segunda metade do século XX procurou traçar uma genealogia das subjetivações em resistência às intuições, ideias e conceitos que vão entrelaçando suas narrativas e sua maneira própria de compreensão da condição humana, como *vida precária*. Uma rede vital de subjetividades vulneráveis e vulneradas, sempre em devir de emancipação, autonomia e solidariedade com as vítimas sistêmicas de todas as violências.

Por isso, incluímos neste livro a análise das ideias centrais daqueles que estão contribuindo para a gestação do pensamento crítico, desde as epistemologias do Sul, na transversalidade do conhecimento que aborda a complexa realidade histórica das resistências. São pessoas e grupos comprometidos com os movimentos sociais de diversas resistências, aquelas que vão das autonomias territoriais e epistêmicas dos povos originários da América, até as resistências nos territórios-corpos das minorias sexuais que sobreviveram, apesar da invisibilização perpetrada pelo patriarcado heteronormativo e falocêntrico.

Mas também falaremos das subjetivações amorosas, sedentas de espiritualidades diversas, que acompanham o caminho do empoderamento das vítimas sistêmicas, com empatia às outras subjetividades em processo de (des)subjetivação. Todas elas compartilhando a abertura comum ao Mistério do real, aquela Outridade que as religiões da humanidade evocam como divindade criadora, redentora e plenificadora.

Todas essas vozes compartilham, em nossa opinião, uma *radicalidade* existencial própria da *an-arquia* pensada por Heidegger e Schürman como princípio político de diversidade. *An-arquia* que fora pensada, sobretudo na Modernidade tardia, como resistência política, talvez ética e social, mas não filosófica, teológica e, em seu fundamento, espiritual como propomos aqui, seguindo as intuições de Girard, Illich, Agamben e a teologia *queer*.

Nas páginas seguintes nos deteremos para ouvir essas vozes *diversas*, cacofônicas para o pensamento hegemônico, porém sinfônicas em sua harmoniosa interpretação da diversidade que é a condição humana, suas culturas, suas subjetividades e suas (des) subjetivações, entendidas estas últimas como processos de afirmação, resiliência e abertura àquela Outridade que nos alberga e, ao mesmo tempo, nos desborda.

Não é, portanto, gratuito nem casual, o perfil comum das (des)subjetivações aqui apresentadas e analisadas em suas propostas fundacionais. Trata-se, naturalmente, de uma interpretação pessoal de processos de vida, dignidade, resiliência, indignação e raiva, com esperança e criatividade, que proporemos como mapa das subjetivações pós-modernas que vislumbram e tornam realidade, no aqui e agora do Sul epistêmico mesoamericano, a mudança de mundo que todos almejamos.

Xóchitl Leyva ou as resistências epistêmicas no meio da guerra global

Ingressando no século XXI encontramo-nos "no meio da tempestade"[43] – como costumam dizer as comunidades zapa-

---

43. "Bem, o assunto é o que nós, zapatistas, olhamos, ouvimos e percebemos que vem uma catástrofe em todos os sentidos, uma tempestade" (SUP. GALEANO. "A tempestade, o Sentinela e o Síndrome do Vigia". Convocatória à sementeira

tistas para falar da crise provocada pelo capitalismo financeiro global –, quando a longa noite mal começa. Os povos originários e outros movimentos sociais enfrentam, com resistências múltiplas, a hidra de muitas cabeças que é o capitalismo em sua versão neoliberal. Ao lado do modelo de Estado *extrativista* que atravessa a geopolítica mundial na conformação de novos governos ao serviço das companhias transnacionais, esse modelo civilizatório tem uma lógica interna poderosa e avassaladora que estende seus tentáculos por todo o planeta.

Tal poderio conforma a sua conveniência a uma versão inédita de Estado-nação, mas agora sob a influência dos novos protecionismos econômicos, étnicos e sociais, que geram políticas migratórias discriminatórias para milhões de pessoas em processo de migração forçada[44]. Tal versão do capitalismo financeiro global possui um dogma: crê no livre-mercado como seu deus todo-poderoso. Inclui tanto aos estados liberais com democracias formais, dominadas pelos partidos políticos sob o controle dos meios de comunicação, como os países com partido de Estado, como os casos de China e Vietnã do Norte.

O pensamento crítico e decolonial deste novo século e milênio propôs – seguindo a Boaventura de Sousa Santos e a Silvia Rivera-Cusicanqui, entre outros pensadores antissistêmicos – a trilogia do capitalismo, do patriarcado e do colonialismo para explicar a própria estrutura do poder hegemônico global. Como parte deste debate, propusemos, há alguns anos no México, incluir um quarto elemento na equação do poder do *pensamento abissal*. Esse quarto elemento hegemônico consiste na religião

---

"O pensamento crítico perante a hidra capitalista", abril de 2015 [Disponível em https://bit.ly/2U1vsRa – Acesso em 08/10/2018]).

44. Cf. MENDOZA-ÁLVAREZ, C. "Migration as a Theo-political Challenge Facing Global Violence". DIAS, D. (org.). *The Church and Migration*: Global (In)difference? Toronto: University of Toronto, 2019.

como sistema *sacrificial* que justifica a dominação neocolonial, sob novas narrativas simbólicas de subordinação, abnegação e morte. Não se trata, de tal modo, de desvirtuar a complexa realidade da estrutura socioeconômica e política da dominação com um elemento ideológico, mas de descobrir – para desmantelar esse processo vitimário – a base *antropológica* sacrificial de perversão do desejo que faz da intersubjetividade o território de enraizamento, em sua mais crua perversão, da hegemonia patriarcal, capitalista e colonial.

* * *

Neste contexto de violências múltiplas, a antropóloga social mexicana Xóchitl Leyva sustenta que o que está em jogo – neste momento de crise de época que vive a humanidade – é a urgência de nomear, desativar e resolver as múltiplas *guerras epistêmicas* que enfrentam as subjetividades, as comunidades e os povos em resistências múltiplas. Mas a sua proposta a vinculamos aqui com suas interseções e especificidades próprias da *an-arquia* que já descrevemos acima em seu fundamento teórico e prático, seguindo a Schürmann, que agora, no entanto, vemos em sua crua imposição política, econômica e social.

O que significa, que hoje, para a pensadora de Chiapas, é imprescindível aprender a analisar a *guerra global* na qual literalmente estamos arriscando a nossa sobrevivência como humanidade e como casa comum que nos acolhe. Segundo a sua análise, trata-se, em primeiro lugar, de desmontar os mecanismos do capitalismo[45] como "enriquecimento por espólio", conforme Raúl

45. "China e Rússia, na sua transição desde o comunismo para economias primordialmente capitalistas, experimentaram crescimentos significativos na concentração da riqueza. Assim, o 1% mais rico duplicou a sua participação tanto na China quanto na Rússia entre 1995 e 2015, passando de 15% a 30% no primeiro caso e de 22% a 43% no segundo" (CHANCEL, L. (coord.). *Desigual-*

Zibechi[46], que faz com que uma minoria da humanidade esteja se apropriando de territórios cruciais para a vida em comum de todo o gênero humano, e para a integridade da Casa comum que fora dada a todos.

Mas, mesmo assim, trata-se de estar presentes de modo ativo, tanto prático quanto teórico, nas trincheiras sociais, políticas e epistêmicas em que se põe a prova a dignidade, a criatividade e a esperança das pessoas e das comunidades que sobreviveram à implacável violência sistêmica que nos afeta.

Xóchitl Leyva, ao lado de um amplo grupo de pensadores antissistêmicos dos *caracóis* zapatistas – territórios de emancipação política – em Chiapas, México, é talvez a antropóloga social mais relevante no contexto mexicano pós-moderno que tem descrito e analisado o processo das *autonomias epistêmicas* em jogo. Realiza a sua proposta em diálogo com outros cientistas sociais latino-americanos como o brasileiro Eduardo Viveiros de Castro.

Segundo a análise de Xóchitl Leyva – resultado do seu trabalho de campo com as comunidades zapatista de Chiapas e com "caracóis" ou grupos autonômicos em outras latitudes do planeta – a guerra do Estado moderno global contra os povos originários tem várias dimensões. A primeira delas é a conquista dos territórios onde os povos originários vivem há séculos, em muitos casos compelidos pela migração a terras longínquas das cidades modernas, construídas com o sonho prometeico da razão iluminista. Tais territórios geográficos são agora, em meio do colapso ecológico produzido pela era industrial, o despojo cobiçado que perseguem o Estado e a sociedade extrativistas,

---

dade Global – Resumo executivo. Berlim, 2018, p. 11 [Disponível em https://bit.ly/3du175s – Acesso em 08/10/2018]).

46. Cf. ZIBECHI, R. *Latiendo resistencia, Mundo nuevos y guerras de despojo.* Madri: Zambra Baladre, 2016. • ZIBECHI, R. *Política y miseria.* Madri: Zambra-Baaladre, 2012.

porque ali se conservam os principais reservatórios de energias não renováveis que requer a máquina capitalista neoliberal para o seu funcionamento globalizado.

Mas outro aspecto da guerra é, para a antropóloga de Chiapas antissistêmica, a dos *epistemicídios*. A reivindicação que surge dos territórios recuperados – por exemplo pela rebeldia indígena maiense do Exército Zapatista de Libertação Nacional – é também uma *justiça epistêmica*. Isto é, um modo de ressignificação do mundo segundo a sabedoria dos povos originários, que vai desde a sua organização comunitária e de governo ("mandar obedecendo", segundo a máxima política de governança zapatista), até a recuperação de suas cosmovivências como sabedorias e *epistemei* alternativas. Neste âmbito dos epistemicídios haveria que incluir, a nosso ver, as espiritualidades que foram negadas por uma versão colonial do cristianismo que chegou às terras maias há meio milênio.

Como visibilizar o invisibilizado por séculos de patriarcado, racismo, colonialismo e classismo que dominaram as práticas sociais e econômicas, as instituições educativas e políticas, assim como os símbolos religiosos procedentes do mundo branco e mestiço dominantes? Que experiências de empoderamento das mulheres indígenas, pobres e rebeldes, é necessário recuperar como parte das *autonomias* que constroem os povos originários em resistência? Que formas de *comunalidade*[47] e autogoverno surgem de uma vida política experimentada como rebeldia com dignidade e como resistência política, social e cultural? Que epistemologias de cuidado da Mãe-terra – e não da posse ou de controle da natureza como objeto da ciência e da técnica modernas – são compatíveis nestes tempos de guerra global com esta *insurreição* dos povos originários? Quais narrativas e símbolos do sagrado potencializam estas lutas

---

47. "Comunalidade" é um termo técnico utilizado nas epistemologias do sul para distingui-lo de "comunidade" porque denota identidade. "Comunalidade" significa processo de subjetivação entre pessoas e com a Mãe Terra.

emancipadoras de mulheres, meninas e meninos, jovens, moças e moços, assim como da sociedade civil organizada, em autonomias territoriais de corpos, linguagens e ações múltiplas?

A proposta de Xóchitl Leyva – com os seus colegas de Cideci-Unitierra como Mercedes Oliveira e Raymundo Sánchez – consiste no desmantelamento das narrativas e práticas de colonialidade racista, patriarcal e de classe que submeteram por meio milênio, pelo menos, aos povos originários maienses. Para alcançá-lo também é necessário, como parte essencial da conquista das novas autonomias em processo de construção, elaborar as *etnografias do possível*[48], descrevendo com rigor analítico e sintético tais processos de subjetivação, para compreendê-los um dia como novos rostos da utopia. Tal projeto epistêmico emancipatório será possível a partir da recuperação das práticas de identidades negadas que se tornam agora rebeldia cultural, em particular nas comunidades maienses, aquelas que promovem uma economia solidária, com relações igualitárias de gênero[49] e práticas ancestrais renovadas de autogoverno.

Trata-se também de reconstituir o tecido social a partir da ressimbolização da vida por meio das artes que entretecem, de maneira autônoma, os *caracóis* zapatistas em territórios geográficos recuperados do assédio do capital transnacional. Mas tal autonomia também se desenvolve em outros territórios: aqueles dos corpos de mulheres, de jovens, moços e moças, de meninas e meninos que fazem da sua (des)subjetivação cultural em movimento uma luta social de emancipação e de mudança de mundo para eles e para as novas gerações que virão.

---

48. RIVERA-CUSICANQUI, S. *Sociología de la imagen* – Miradas ch'ixi desde la historia andina. Buenos Aires: Tinta Limón, 2015.

49. COMISION SEXTA DEL EZLN. "Palabras de las mujeres zapatistas en la clausura del Primer Encuentro Internacional, Político, Artístico, Deportivo y Cultural de Mujeres que Luchan". *Caracol Zapatista de la Zona Tzotz Choj*, 10/03/2018 [Disponível em https://bit.ly/2U4JjX5 – Acesso em 08/10/2018].

Vicenta Mamani ou a ecoteologia feminista da Pacha Mama

Neste contexto de resistências de povos originários convém agora ouvir com atenção as vozes dos colegas da Escola de Cochabamba, na Bolívia, que desde pelo menos duas décadas assumiram a virada *decolonial* do pensamento crítico, desde a perspectiva dos povos originários andinos, com a sua sabedoria ancestral da Pacha Mama e do Bem Viver.

A primeira é Vicenta Mamani Bernabé, teóloga aimará de tradição cristã metodista, que promove uma teologia do cuidado da Mãe-terra, potencializando assim a tradição quéchua à qual pertence: Mamani o faz com o seu modo próprio de estar-no-mundo, abrindo sua tradição ao diálogo com o cristianismo, mas decolonizando-o de suas pretensões de domínio simbólico, ritual, machista e patriarcal.

Como reitora do Instituto Superior Ecumênico Andino de Teologia, ela desenvolveu uma gestão acadêmica inspirada em projetos de uma universidade decolonial, do que falou, entre outras coisas, Boaventura de Sousa Santos. Desde a cosmo-vivência da Pacha Mama, Vicenta Mamani compreende sua identidade e sua reflexão cultural e teológica como uma recuperação da sabedoria de seus avôs e avós:

> Para nós esta Pacha, o universo, a natureza, a Pacha Mama é nossa Casa Grande, é o Templo de Deus, e ali a Pacha Mama é a nossa mãe que nos dá de comer. Aqui encontramos as plantas, a água, os animais. Tudo quanto existe na natureza tem vida, tem espírito e, portanto, convivemos como irmãos e irmãs da natureza, se se preferir como filhos e filhas da natureza. Mas os seres humanos não devemos sentir-nos superiores à natureza, uma vez que somos uma parte desses seres que existem como sujeitos na natureza. Relacionamo-nos com os bens da natureza como su-

jeitos, de sujeito a sujeito, não vemos como objetos as coisas da natureza[50].

Por isso, para Vicenta Mamani – graduada em 2004 como *magister* em Teologia pela Universidade Bíblica Latino-americana de São José, Costa Rica – a teologia não pode ser um saber por cima da sabedoria dos povos. Mas o trabalho teológico deve ajudar a manifestar os ensinamentos e os valores da Vida que compreenderam e potencializaram, há séculos, os povos originários, como seu povo aimará. Eles são depositários desse fogo da espiritualidade que dá coesão à humanidade e à sua relação com a Pacha Mama[51].

Como expressão das teologias contextuais surgidas após a irrupção da teologia da libertação na América Latina e no Caribe há mais de meio século, as teologias "índias"[52] ou indígenas têm ido mais longe ao articular "a voz dos sem voz", como dizia Mon-

---

50. MODINO, L.M. "Vicenta Mamani: 'Muchos valores cristianos ya estaban presentes en la cultura indígena'". *Religión*, 28/01/2016 [Disponível em https://bit.ly/3gKTdH3 – Acesso em 09/07/2018].

51. Cf. MAMANI, V. & QUISPE HUANCA, C. *Espiritualidades originarias*: Pacha. Tomo 1. Cochabamba: UCD, Instituto de Misionología, 2005. Sobre a espiritualidade aimará, cf. MAMANI, V. *Ritos espirituales y prácticas comunitarias del aymara*. La Paz: Creat, 2002.

52. Assim descreve uma comissão latino-americana da Igreja Católica o papel da teologia índia no presente da América Latina e do Caribe: "A teologia de cada povo tem a sua raiz e se nutre no território e no contexto histórico; por esta razão, as teologias indígenas também são teologias contextuais. Uma vez que existem centenas de povos indígenas, cada um com a sua própria teologia, cosmovisão e cosmovivência, o processo de inculturação do Evangelho deve respeitar tempos, espaços, processos, o que exige escutar sem ideias preconcebidas, considerando que o Evangelho é uma proposta e não uma imposição. É urgente enriquecer a compreensão das fontes tradicionais da teologia ("Bíblia, Tradição e Magistério": Cf. DV 10) e saber lê-las à luz das experiências humanas passadas e presentes, como os mitos, ritos, sonhos, jejuns, tradições, costumes, e a própria criação; assim como a sua dimensão simbólica e dinâmica. Reafirmamos que o método das teologias índias é fortemente simbólico, narrativo, cósmico e celebrativo. A espiritualidade dos povos originários é uma força vital que os fortalece como protagonistas de sua própria história" (CELAM. "Conclusões do VI Simpósio de Teologia Índia". Assunção, 18-23/09/2017 [Disponível em https://bit.ly/2Bkd53s – Acesso em 08/10/2018]).

senhor Romero, em narrativas de dignidade e empoderamento de suas raízes espirituais ancestrais.

Essas teologias são, em sentido agora inverso de reciprocidade decolonial, inspiração para outras teologias contextuais do Norte global que iniciam o caminho da reaprendizagem da multiforme expressão do Logos divino nas culturas dos povos, como reconhece o teólogo alemão Josef Estermann[53].

Finalmente, não se trata de uma espiritualidade desencarnada; mas, no contexto das mulheres indígenas aimarás que são pobres e migrantes[54], tal espiritualidade advém como um caminho de dignidade e empoderamento das mulheres indígenas e camponesas, com consciência política e de gênero, que as torna portadoras de uma potente crítica ao patriarcado, e as dispõe numa tradição pós-moderna de ecofeminismo teológico.

Roberto Tomichá ou a decolonialidade do saber em primeira pessoa

Outra das vozes andinas que adotaram o caminho da decolonialidade – e que assumiram um fecundo diálogo de Ocidente com o "extremo Ocidente" que se chama desde a antiguidade Abya Yala[55] – é Roberto Tomichá Charupá[56].

---

53. Cf. ESTERMANN, J. *Apu Taytayku*: Religion und Theologie im andinen Kintext Südamerikas. Ostfildern: Grünewald, 2011.

54. Em relação ao tema, cf. MAMANI, V. *Mujer aymara migrante*: hermana, ponte derecha y anda. Cochabamba: Verbo Divino, 2007.

55. *Abya Yala* é o nome dado pelo povo Kuna, do Panamá e Colômbia, às terras conhecidas. Foi uma expressão tomada pelo latino-americanismo da metade do século XX para afirmar "a questão indígena". Desde 1992 essa expressão é adotada por diversos movimentos sociais dos povos originários de América para expressar com ela sua rejeição à colonização europeia (cf. MUYULEMA, A. "Da 'questão indígena' ao 'indígena' como questionamento. Para uma crítica do latino-americanismo, o indigenismo e o mestiç(o)agem". In: RODRÍGUEZ, I. (org.). *Convergência de tempos*: estudos subalternos/contextos latino-americanos – Estado, cultura, subalternidade. Amsterdam: Rodopi, 2001. Cf. tb. BEVERLY, J. *Latinamericanism After /11*. Durham: Duke University Press, 2011).

56. TOMICHÁ CHARUPÁ, R. "Teologias ameríndias: uma introdução". In: DE MORI, G.L. (dir.). *Theologica Latino-americana – Enciclopédia Digital.*

Religioso franciscano conventual, é doutor em missiologia pela Universidade Gregoriana de Roma e é professor na Universidade Católica San Pablo de Cochabamba na Bolívia.

Tomichá teve de "desandar" o caminho da teologia ocidental acadêmica para reencontrar-se com a sua espiritualidade ancestral aimará-quéchua. Sem negar a vinculação das teologias indígenas de Abya Yala ou América com a teologia da libertação, Tomichá enfatiza o caminho de emancipação epistêmica que deverão realizar no futuro as teologias dos povos originários[57]. Deverão trilhar esse caminho acompanhando-o com as suas narrativas e cosmovivências próprias, com renovada memória histórica, e com propostas políticas e culturais de justiça e autonomia para os povos originários[58]. Por isso, há mais de uma década, Tomichá tem se dedicado, entre outros trabalhos como investigador, a promover a memória escrita da cultura andina, como editor da revista *Scripta autochtona*: *História Indígena das Terras Baixas Sul-americanas*, publicada pelo Instituto de Missionologia de Cochabamba, na Bolívia.

Em suas mais recentes investigações[59], Tomichá consegue articular a teologia indígena andina com o desafio epistemológico

---

Belo Horizonte: Faje, 2017 [Disponível em https://bit.ly/3gL0neB – Acesso em 08/10/2018].

57. Cf. TOMICHÁ CHARUPÁ, R. "Teologias da libertação indígenas. Balanço e tarefas pendentes". In: *Horizonte* – Revista de Estudos de Teologia e Ciências da Religião, vol. 11, n. 32, 2013, p. 1.777-1.800.

58. Cf. TOMICHÁ CHARUPÁ, R. "Espiritualidades ameríndias relacionais – Aproximações preliminares". In: *Perspectiva Teológica*, vol. 49, n. 2, 2017, p. 329-352.

59. Cf. a brilhante contribuição de Tomichá para o diálogo das três correntes de pensamento americano pós-moderno: a teologia da libertação latino-americana, a teologia do povo do Cone Sul e a teologia latina das comunidades migrantes nos Estados Unidos (TOMICHÁ CHARUPÁ, R. "Interculturalidad y misión em indoafroamérica". In: ARANGUREN, L.A. & PALAZZI, F. (orgs.). *Desafíos de una teología iberoamericana inculturada en tiempo de globalización, interculturalidad y exclusión social.* Boston: Convivium, 2017, p. 464-481).

da interculturalidade, em diálogo com a proposta liberacionista e filosófica de Raúl Fornet-Betancourt. Realiza-o no contexto global da violência sistêmica e da mudança de época que vive a humanidade, em diálogo também com as teses de Marià Corbí e de Boaventura de Sousa Santos. Sua reflexão, além disso, surge em sua qualidade de protagonista da reflexão teológico-pastoral que acompanhou o processo eclesial que culminou na realização da V Conferência Geral do Episcopado Latino-americano e Caribenho, celebrada em Aparecida, Brasil, em 2007.

Nessa perspectiva crítica, conforme Tomichá, a reivindicação dos povos originários de Abya Yala cobra toda a sua profundidade como rebeldia com a espiritualidade do cuidado da Mãe-Terra, em vista de uma teologia da vida com dimensão política, ecológica e sapiencial.

Por isso, o papel da espiritualidade dos povos ameríndios é central como parte constitutiva da sua cosmovivência e autocompreensão. Essa experiência fontal é descrita por Roberto Tomichá nos seguintes termos:

> No caso dos povos indígenas, tal ultimidade [do horizonte de sentido último proposto por Corbì] é vivida na experiência profunda singular e comunitária de *relação* com algum Mistério último, absoluto, que determina, permeia e dá sentido pleno à própria vida cotidiana. A espiritualidade é algo último e constitutivo, onde confluem outras dimensões da vida como o normativo, organizacional, ético, sociopolítico, econômico e também cósmico. Tal experiência indígena de relação com o Mistério, vivida em comunidade, coincide em seus fundamentos e métodos com os pressupostos da tradição teológica latino-americana[60].

---

60. TOMICHÁ CHARUPÁ, R. "Espiritualidades ameríndias relacionais. Aproximações preliminares". *Perspectiva teológica*, vol. 49, n. 2, 2017, p. 331.

Desse modo, a teologia indígena latino-americana, em sua versão andina pós-moderna, vai aprofundando, ao mesmo tempo, suas próprias fontes de sabedorias e livros sagrados ancestrais, ao tempo que entra em debate com as teologias contextuais ocidentais que abandonam a sua pretensão de domínio colonial.

Seguindo a Silvia Rivera-Cusicanqui, compatriota boliviana de Roberto Tomichá, essa teologia andina pós-moderna realiza uma autocrítica do "colonialismo interno" que marcou as práticas e narrativas, tanto sociais como políticas e espirituais, dos povos originários andinos:

> Em outras palavras, trata-se de superar uma colonialidade internalizada na mentalidade, atitudes e estruturas eclesiais que se expressam em afirmar a supremacia de uma visão ocidental dominante e que toma corpo, por exemplo, num estilo organizativo (poder, governo clerical) e modelo epistêmico (saber, teologia ocidental) único, relegando assim *outras* visões e estilos, *outras* epistemologias e saberes, *outras vivências* religiosas. Desde o indígena, tal paradigma eclesial monocultural e monoteológico impede de fato uma presença fraterna, ativa, propositiva e criativa nas comunidades cristãs[61].

Essa elaboração teológica indo-afro-americana está orientada, finalmente, a construir-se como uma teologia *decolonial* que responda aos problemas comuns da sobrevivência não somente dos povos originários, mas também da humanidade inteira, em tempos de violência sistêmica e global:

> Em outras palavras, desde os povos do Sul, onde se encontra a América Latina e o Caribe, falar de relacionalidade e transdisciplinaridade comporta, ao mesmo tempo, assumir uma postura decolonial (des-

61. Ibid., p. 342-343.

> construtiva, crítica) e propositiva (criativa, poética) como horizonte de vida e expressão para os demais povos do orbe[62].

Deste modo se expressa com vigor intelectual, histórico e espiritual uma nova idade do pensamento teológico decolonial latino-americano em perspectiva autóctone.

3 Três casos de espiritualidades vividas como resistências antissistêmicas

Como outro afluente do caudaloso rio do pensamento crítico latino-americano, propomos agora algumas narrativas nascidas do trauma da guerra, do luto assumido com esperança no meio do horror e da emancipação de corpos-territórios que foram resgatados da homofobia e transfobia patriarcais.

Javier Sicilia ou a espiritualidade das vítimas do horror

"A fé é o mesmo que o absurdo, mas com uma dose de esperança"[63], escreveu Javier Sicilia, depois do assassinato do seu filho Juan Francisco em 2011.

Como amigo próximo e profundo conhecedor do pensamento de Ivan Illich – junto com pensadores como Jean Robert, Sylvia Marcos e Patricia Gutiérrez Otero, mais a nova geração composta por Roberto Ochoa, Roberto Villanueva e Humberto Beck – Javier Sicilia viveu em carne própria o horror[64] da cruenta

62. Ibid., p. 337.

63. SICILIA, J. *Proceso*, 2016.

64. "São oito dias que estamos aqui, neste plantão que não é apenas o sinal de uma ferida aberta na pátria, mas também – na sua pobreza e instabilidade – do desamparo e vulnerabilidade em que há muito tempo vive a cidadania flagelada pela podridão de suas instituições e a irracionalidade demoníaca do crime" (SICILIA, J. "Mensaje previo a la Caravana por la Paz con Justicia y Dignidad". *Proceso*, 13/04/2011 [Disponível em https://bit.ly/2XuePQm – Acesso em 08/10/2018]).

guerra de dois sexênios presidenciais em conivência com o crime organizado no México. O resultado: mais de duzentas mil pessoas assassinadas e oitenta mil desaparecidas nos últimos doze anos. Mais vítimas do que as guerras de Iraque e Afeganistão juntas. Cada uma dessas mortes ou desaparições é um drama pessoal, familiar, comunitário e social de trauma, vivido como (im)possível luto, com corajosa dignidade e, inúmeras vezes, com surpreendente esperança, que são ambas expressões da resiliência dos sobreviventes.

Sicilia pensa a resistência antissistêmica, enraizado na crítica que fez Ivan Illich à Modernidade instrumental, aquela que produziu uma voracidade sistêmica que nos levará ao precipício se não determos a sua furiosa soberba. Entende por "mundo sistêmico" aquela lógica desaforada da razão instrumental que caiu na *desproporção* da relação do ser humano com a natureza em termos de um consumo ilimitado num mercado ilimitado:

> O mundo sistêmico gerou assim uma luta absurda pelo acesso a um universo uniformemente desmesurado que o único que pode conseguir é destruir a vida e seu entorno. Um mundo sistêmico, isto é, um mundo de consumos e interconexões ilimitadas e para todos é impossível. Nada pode crescer ao infinito. Cedo ou tarde, a natureza, que é autossustentável e diversa, ou seja, que vive da proporção, do equilíbrio e da diversidade, o destruirá[65].

Tanto em sua obra literária quanto em sua reflexão ensaística, Javier Sicilia vive essa resistência ao mundo sistêmico como uma *espiritualidade antissistêmica*. É, talvez, o cristão no México contemporâneo que mais se aprofundou no processo de uma espiritualidade nascida da dor, indignação e raiva pela morte dos inocentes.

---

65. SICILIA, J. "Lo sistémico". *Proceso*, 26/11/2016 [Disponível em https://bit.ly/3dAxBLK – Acesso em 10/07/2018].

Nestas páginas nos propomos resgatar, de forma concisa, as ideias centrais dessa espiritualidade vivida como resistência, que nasce das vítimas da violência sistêmica, com um plano de fundo de pensamento crítico e teológico explícito.

Na sua já longa história editorial com quatro revistas sob a sua direção – *Ixtus*, *Conspiratio*, *Resiliência* e *A Voz da Tribo* – Javier Sicilia não abdica no seu afã de ser "uma voz que clama no deserto" do espaço público no México. Deserto porque os intelectuais mexicanos – salvo algumas exceções no século XX como Ramón López Velarde, Gabriel Zaid e o mesmo Javier Sicilia – foram restringidos pelo anticlericalismo liberal do século XIX. O desprezo de Octavio Paz pela fé como modo de conhecimento, reforçado em sua obra sobre Sor Juana Inés de la Cruz, marcou gerações de escritores da segunda metade do século XX. Somente uma mente tão erudita e brilhante como a de Carlos Monsiváis pode sair desse feitiço, resguardado no seu agnosticismo, ao reconhecer na teologia e tradições religiosas um elemento crucial na vida cultural do povo mexicano e latino-americano.

Javier Sicilia é um poeta – agora em silêncio, após sua renúncia a escrever poesia depois do assassinato de seu filho – e um ensaísta que discorre em torno da cultura e da vida política mexicana. Contribuiu com a sua obra a pensar o *daimon* espiritual do México. O faz desde a sua fé cristã, de tradição católica, arraigada na mística espanhola e mexicana contemporâneas, assim como no pensamento filosófico e humanista cristão que esquadrinha o fundo transcendente – melhor ainda, *teologal* – da realidade social, erótica, política e cultural de nosso tempo.

Como parte da sua poesia da *an-arquia*, parece-nos relevante lembrar aqui o seu livro *Tríptico do deserto*. Nessa obra, o poeta mexicano e católico explora a experiência da fé desnuda, aquela que vive sem subterfúgios em imagens do divino que lhe deem sossego. Sicilia vive a fé como um *esvaziamento* que lembra os místicos renanos como Mestre Eckhart, precedente da mística espanhola do Século de Ouro:

> Vácuo, vácuo, vácuo,
> tudo vem do vácuo,
> a palavra e o cosmos,
> a luz e a escuridão,
> os espaços vazios
> e as águas de cima e as de baixo,
> tudo vem do vácuo[66].

Através dessa vacuidade originária surge a palavra.

Por isso o silêncio será a expressão mais radical da fé nua. Porque dali procede e ali retorna a palavra, nossa única morada neste mundo:

> No silêncio está o princípio
> e na palavra o fim e vice-versa
> assim o silêncio se move no escuro
> e escuro é o deus,
> obscura sua presença,
> obscura sua palavra contida que flutua no escuro,
> onde o vazio se abre de repente
> como um grito de amor na face do abismo,
> como um vão no nada,
> um suave retrair-se de deus e do escuro
> no desenlear do silêncio.
> E do vazio o verbo ecoando de deus,
> o silêncio feito canto na palavra[67].

Como descrição da aventura *an-árquica* da fé, é preciso ressaltar a sua trilogia de romances, construída a partir de per-

---

66. SICILIA, J. *Tríptico del desierto* – Panel 3: "La estría en el yermo" – Poema III. México: Era, 2009. Apud: MANZANO AÑORVE, M.A. "El misterio de Dios, la poesía de Javier Sicilia". *Revista Iberoamericana para la Investigación y el Desarrollo Educativo*, vol. 6, n. 12, jan.-jun./2016, p. 15-16 [Disponível em Dialnet-El-MisterioDeDiosLaPoesiaDeJavierSicilia-5850202.pdf – Acesso em 10/07/2018].

67. Ibid., panel 3, poema II.

sonagens da vida católica contemporânea, que se veem confrontadas à contradição da condição humana: *O cerne da noite*, sobre o sacrifício em Auschwitz do frade franciscano conventual Maximiliano Maria Kolbe; *O diário de Esteban Martorus*, onde se pergunta sobre a fé desnuda de toda segurança, através da história de um sacerdote rural no Estado de Morelos, no México; e *O desabitado*, romance autobiográfico que expõe o seu próprio luto, após o assassinato de seu filho João Francisco, um processo que o leva a descobrir o *amor da gratuidade* como única atitude digna perante o absurdo.

* * *

A obra literária (poética e narrativa) de Javier Sicilia não se compreende isoladamente. Ela é a contraparte dos seus ensaios jornalísticos e, na última década, do seu ativismo social intenso dentro do Movimento pela Paz com Justiça e Dignidade (MPJD). Ao longo de três anos esse movimento perpassou o México, recolhendo a indignação, as lágrimas e as resistências de dezenas de milhares de familiares de pessoas assassinadas ou desaparecidas nestas terras, muitas delas migrantes centro-americanos, exigindo verdade, memória, justiça e reparação do dano.

Desse modo, o MPJD conseguiu mostrar em poucos anos as feridas abertas do corpo social de uma nação inteira que está dessangrando. Colocou em xeque o governo mexicano nos *Diálogos de Chapultepec* de 2011, quando governava Felipe Calderón. Não obstante, durante dois sexênios o governo federal, como parte de uma mesma máfia no poder[68] sobre a fachada de Enrique Peña Nieto, fora incapaz de fazer justiça em nome do Estado mexicano.

---

68. Cf. ZAVALA, O. *Los cárteles no existen*: narcotráfico y cultura en México. México: Malpaso, 2018.

Após intensa pressão social, nacional e internacional, a Lei Geral de Vítimas foi decretada pela Câmara de Deputados a 9 de janeiro de 2013. Representou uma conquista simbólica, mas parcial e insuficiente, para a atenção às pessoas e comunidades que padecem este drama social. Sua grande limitação consistiu – conforme o parecer da sociedade civil organizada e do mundo acadêmico independente – em que essa lei foi cooptada pelos governos de turno para sua inoperância. Não contou com a suficiente autonomia em relação às autoridades políticas que são, ao mesmo tempo, juiz e parte do problema: um Estado em conluio atualmente com as máfias criminais, que alguns pensadores denominam *narcoestado*, caracterizado pela lógica do *necropoder*, segundo a expressão do filósofo camaronês Achille Mbembe.

A promulgação dessa lei significou, pelo menos, um avanço de alto valor simbólico na reconquista do espaço público da parte dos movimentos sociais. O MPJD, unido a muitos outros grupos de mães e familiares de pessoas desaparecidas, tem sido o elo fundamental que prosseguiu a herança dos movimentos sociais do século XX mexicano. São movimentos sociais de vítimas que viveram uma constante *insurreição*, embora reprimida pelo Estado em vários momentos decisivos, contra o sistema hegemônico que prevalece no México. Crítica a um sistema que já denunciaram os movimentos operário, camponês e estudantil da segunda metade do século XX, e que foi retomada depois, de modo mais radical, pelo Exército Zapatista de Libertação Nacional com o início das autonomias indígenas no México.

Mas o poeta adverte que o horror não cessa e que estamos no "tempo do fim", esse período da história da violência desencadeada que somente podem "deter" os sobreviventes para evitar a catástrofe:

> Vivemos o que na tradição cristã se chama "O tempo do fim". Não o Apocalipse. Antes do Apocalipse há

> um fato que se chama "O tempo do fim", uma realidade escatológica, e se caracteriza por uma exacerbação do mal. E ali está esse pequeno resto que se mantém adiando a catástrofe. O que na carta de São Paulo se chama o *Katechon*, aquele que retém. Aquele que impede que se estabeleça absolutamente a escuridão. Bem, os que resistimos somos *katechontes*. Somos os que pelo menos acendemos uma vela e fazemos que existam regiões iluminadas, embora não possamos iluminar a noite[69].

Uma espiritualidade como resistência antissistêmica surgiu a partir das vítimas. Converteu-se, assim, numa das vozes da *an-arquia* que tornam possível hoje, no meio do horror, falar de dignidade com esperança de um futuro que se torna presente através da memória dos inocentes vitimados, do clamor por justiça e da instauração de novas relações intersubjetivas, além da dominação capitalista, patriarcal, colonial e sacrificial que marcou a Modernidade instrumental predominante.

Mães centro-americanas e mexicanas "procurando tesouros"

Maria Herrera viu desaparecer seus quatro filhos na guerra do governo federal e do crime organizado. Há uns dez anos, ela os procura sem descanso. A dor pela ausência delineou em seu rosto uma contração permanente de sofrimento.

Quando toma a palavra, no entanto, em meio de uma caravana de mães, perante uma autoridade do governo federal, ou no meio de um fórum universitário, seu rosto se transfigura. Seu olhar se aguça e a sua palavra surge potente. Nomeia um por um aos seus filhos: Gustavo, Jesús Salvador, Luis Armando e Raúl,

---

69. SICILIA, J. "Advierte Javier Sicilia que México vive 'el tiempo del fin'". *Chicago Tribune*, 01/04/2016 [Disponível em https://bit.ly/2XtL7Lu – Acesso em 08/10/2018].

que desapareceram em 2008 quando vendiam peças quebradas de ouro em Oaxaca e regressavam ao seu Estado de origem, Guerrero. Também seus irmãos Gustavo e Luis Armando, que retomaram o negócio de seus irmãos, em 2010 foram capturados pelos militares em Veracruz e desde então não sabe nada deles. Passaram dez anos de uma insuportável ausência que Maria não se resigna aceitar. Ficou-lhe apenas um filho, Juan Carlos Trujillo Herrera, quem acompanha a mãe, com ele percorre os territórios onde familiares de outras pessoas desaparecidas encontraram fossas clandestinas. Juntos, mãe e filho sobreviventes, apresentam-se em juizados, caminham nas marchas e comparecem nas universidades e foros onde são convidados, acompanhando outras mães e familiares, para falar de suas histórias:

> Nessa etapa eu tinha perdido a esperança, encontrava-me morto em vida. Foi minha mãe quem manteve a fé; ela nos sugeriu participar do Movimento pela Paz em 2011. Aproximar-nos desse grupo renovou nossas forças, reconhecer nossa dor em outras pessoas permitiu-nos curar-nos também um pouco[70].

Criaram, com o passar do tempo, a associação civil chamada Familiares em busca – Maria Herrera, para unir a sua dor e a sua esperança a de outros familiares de desaparecidos, com o propósito de encontrar suas filhas e filhos. Conta Juan Carlos como passou da dor à esperança graças ao inaudito testemunho de sua mãe e à confiança depositada neles por outros familiares de pessoas desaparecidas:

> Eu comecei a fazer isso pelos meus irmãos, neste caminho percebi que proporcionar esperança e resultados a outros, também me fortalece. As pessoas encontram em minha mãe esperança, depositam em sua figura sua confiança. Quando se apresenta um caso,

70. https://bit.ly/3dvGA0q – Acesso em 10/10/2018.

> ela sempre responde: "vamos ajudá-los" e o fazemos. Ajudar é o nosso motor, nos dá a confiança de que vamos por bom caminho, avançamos compartilhando as experiências de outras pessoas[71].

Maria e Juan Carlos contam sempre alguma anedota da vida de seus filhos e irmãos. Rememoram as dificuldades para viver um impossível luto. Recordam como essa dor os preparou para escutar a dor de outras mães, pais, irmãos e irmãos de pessoas desaparecidas. Contam como a dor os irmanou com essas pessoas. E explicam como, de maneira paradoxal – "milagrosa", disse Maria – dessa dor partilhada brotaram dois rebentos: a consciência política dos grupos de familiares de pessoas desaparecidas e a espiritualidade de confiar no Deus de Jesus que fará justiça, salvará seus filhos desse absurdo silêncio e satisfará um dia seu anseio de vida plena.

Em meio à Marcha das Mães de Pessoas Desaparecidas de 2015, Maria Herrera expressou com clareza esta mudança de rumo em sua vida e a de tantas outras mães, com as seguintes palavras:

> Seguiremos lutando para alcançar a paz, a justiça e a verdade. Não devemos permitir que sigam arrebatando-nos os nossos filhos. Seguiremos levantando a voz cada dia mais forte. **Mas, não gritemos apenas... atuemos!** exijamos a quem couber que façam bem o seu trabalho para conseguir que procurem nossos filhos, pais, irmãos, esposos e familiares que hoje estão desaparecidos. Porque o disse claro e bem forte uma mãezinha o ano passado – isto ficou-me impresso no coração –: **"nossos governantes, pelo que parece, não têm mãe. Mas nossos filhos sim"**. E aqui continuamos. Nem perdão nem esquecimento. [...] E vou

71. Ibid.

> dizer algo mais: quando nossos seres queridos retornem não encontrarão a família que os obrigaram deixar. Encontrarão uma numerosa família que nos ajuda a procurá-los e viverão eternamente gratos, como todos nós[72].

Em síntese, a história de Maria Herrera, com o seu esposo, falecido durante esse luto, e de seu filho Juan Carlos, é a história dos sobreviventes de uma família desmembrada. Mas também lembra a história de dezenas de milhares de famílias mexicanas e centro-americanas que buscam os seus familiares desaparecidos. Seus testemunhos de dor, indignação, pranto, raiva, depressão e anseio de justiça são parte do trauma social que vivem o México e o mundo.

Histórias de morte que, pela resiliência das pessoas sobreviventes, convertem-se em *antecipações* de vida.

Antropólogas forenses acompanhando coletivos de mães de pessoas desaparecidas

Carolina Robledo e Aída Hernández são duas antropólogas forenses do Centro de Investigações e Estudos Superiores em Antropologia Social (Ciesas), localizado em Tlalpan, na Cidade do México. Suas trajetórias de vida, de nacionalidade e de estudos disciplinares, as fizeram coincidir – junto com colegas de outras universidades e meios de comunicação como *Pie de página* em Tijuana – no acompanhamento de familiares de pessoas desaparecidas na Colômbia, Centro-américa e México.

Particularmente, o problema das fossas clandestinas no México tem crescido de modo exponencial nos últimos doze anos, seguindo os dolorosos passos da Colômbia sob, pelo menos, 30

---

72. HERRERA, M. "Palavras de Maria Herrera, mãe de quatro filhos desaparecidos". In: *Marcha de la Dignidad Nacional*, 10/05/2015 [Disponível em https://bit.ly/2XUFipj – Acesso em 10/07/2018].

anos de cruenta guerra. Somente uma investigação em curso de mapeio de fossas clandestinas no México entre os anos 2009 e 2014 – coordenado pelo Programa de Direitos Humanos da Universidade Ibero-americana da Cidade do México e Tijuana – reporta no seu relatório *Violência e terror – Descobertas sobre fossas clandestinas no México*[73], a quantidade de 1.075 fossas clandestinas no território mexicano já situadas, sem contabilizar as que faltam reconhecer.

Tais descobertas são apenas a ponta do iceberg da violência sistêmica que atravessa o país, assim como um indício da estratégia de medo, submissão e ameaça constante que exercem os perpetradores desta guerra criminosa que, em páginas precedentes, temos denominado guerra do *narcoestado*. O relatório das fossas clandestinas mencionado faz, por si mesmo, um diagnóstico contundente:

> O anterior indica de modo inevitável que a exumação clandestina de pessoas em contextos de violência por possíveis atores estatais e não estatais é uma prática que, há quase três décadas da chamada "guerra suja", volta a ser recorrente em nosso país, embora com uma nova correlação de atores e contextos diferentes. Além disso, neste estudo argumentamos que tal prática tem hoje em dia o objetivo de "eliminar" os corpos de pessoas previamente desaparecidas, mas ao mesmo tempo, e de modo paradoxal, deixar visíveis os rastros da violência exercida sobre elas. O anterior com dois objetivos de caráter pedagógico: (1) gerar terror e, com isso, conseguir controle, e (2) alardear a impunidade com que se pode atuar no México[74].

73. *Violencia y terror* – Hallazgos sobre fosas clandestinas en México. Cidade do México: Universidad Iberoamericana, 2017 [Informe do Programa de Direitos Humanos da Universidade Ibero-americana da Cidade do México e da Comissão Mexicana de Defesa e Promoção dos Direitos Humanos].

74. Ibid., p. 82.

Dada a magnitude do fenômeno, a conclusão provisional deste relatório é gravíssima:

> Pela dimensão e as características das atrocidades que testemunhamos, não duvidamos que a crise de violência que se vive é um dos capítulos mais trágicos de nossa história e da América Latina nas últimas décadas, que exige a realização de mais investigações, incluindo, entre outros, o marco do direito penal internacional, como o fez recentemente Open Society Foundation, e sem descartar que o fenômeno das fossas clandestinas possa estar vinculado à comissão de crimes de lesa-humanidade[75].

Essa investigação segue seu percurso, experimentando agora um modelo estatístico desenhado por acadêmicos mexicanos e estadunidenses, para poder predizer, com alta probabilidade, os lugares onde poderão encontrar-se novas fossas e assim contribuir na busca, reconhecimento de cadáveres e início de processos de justiça e luto, para "devolver os corpos às famílias a fim de que possam enfrentar o luto e enterrá-los dignamente"[76].

Não foram as autoridades municipais, estaduais ou federais que conduzem estas investigações, em parte porque são superados pela magnitude do fenômeno social e, também, pelo provável encobrimento das organizações criminosas que têm se infiltrado nessas mesmas autoridades.

Os familiares das pessoas desaparecidas têm, por sua parte, maior liberdade de movimento, ainda que com poucos recursos financeiros e sem os equipamentos sofisticados da medicina forense. A principal motivação de sua busca não é o castigo aos criminosos. Antes, move-os o anseio de encontrar seus familiares para exigir justiça, contar suas histórias para que seus nomes não sejam esqueci-

---

75. Ibid., p. 83.
76. Ibid.

dos e para fechar o ciclo do luto, seja mediante um rito funerário ou alguma celebração religiosa que lhes ofereça consolo e esperança.

Maria Herrera, já citada em páginas precedentes, dizia há alguns anos em um colóquio universitário sobre fossas clandestinas: "Nós não buscamos cadáveres. Buscamos tesouros". E explicava-o de maneira crítica, dizendo que, obviamente, procuravam suas filhas e filhos como o maior tesouro de suas vidas, mas que também chamavam tesouros a esses restos humanos porque continham o DNA que tornaria possível reconhecê-los e, se possível, entregá-los a seus familiares para que lhes dessem sepultura.

Foi neste momento de diálogo que Saulo Enrique Mosquera Palacio[77] – um líder social e benzedor da comunidade de Bojayá, Colômbia, que há anos acompanha os familiares de pessoas assassinadas em um massacre – enfatizou com palavras contundentes o que significavam essas rezas, os cânticos e prantos, expressado pelas carpideiras afro-colombianas e suas famílias: "esses 'louvores' são um urgente clamor para respeitar o direito dos mortos de converter-se em ancestrais". E continuava explicando "Porque os mortos também têm direitos que os vivos não respeitamos".

Nessa perspectiva própria das vítimas, a espiritualidade adquire um significado de clamor pela vida que subverte toda ideia do "além". Trata-se, em sentido literal, da mudança da ideia de ressurreição pela de *insurreição*. O que significa, de fato, um processo de decolonialização da ideia religiosa mesma de uma vida no "além" da transcendência, porque se afirma um direito dos mortos no "aquém" dos vivos.

Trata-se, portanto de uma responsabilidade ética, política e espiritual que fica nas mãos dos sobreviventes aos massacres, às desaparições e covas clandestinas.

---

77. Cf. o documentário "Bojayá lhe canta aos seus mortos" como testemunho de Saulo Enrique Mosquera Palacio, no YouTube [Disponível em https://bit.ly/2AwkdcS – Acesso em 26/10/2018].

4 As espiritualidades libertadas do sequestro dos sistemas religiosos

Em tempos da Modernidade iluminista mostravam-se os limites das tradições religiosas perante a insolúvel questão do sofrimento dos inocentes. Então a razão moderna lançava uma pergunta dolorosa sobre o silêncio de Deus. Uma das respostas mais acertadas a este argumento da teodiceia moderna foi, a nosso ver, a de Andrés Torres-Queiruga, quando propôs passar da *teo-diceia* (no sentido moderno de Leibniz do juízo de Deus perante o mal no mundo) à *antropo-diceia*, isto é, o juízo dirigido a nós, os seres humanos por sermos incapazes de resolver o enigma do mal.

Porém o pensamento decolonial – de enraizamento pós-moderno, no sentido evocado por Schürmann – subverte essa pergunta para focar-se, não tanto no silêncio de Deus, senão na *resiliência* das vítimas. Em sentido ontológico, a pergunta pelo mal está associada à pergunta pela finitude da criação. Ainda que seja preciso recordar aqui que o argumento heideggeriano subordinava esta questão a uma afirmação anterior marcada pelo ser-para-a-morte: o mal é possível enfrentá-lo por meio do desapego de toda lógica a atribuição, significado e sentido. Ficamos, assim, à mercê da pura *gratuidade* do divino. Essa foi a melhor versão apofática da finitude humana à qual pôde chegar a Modernidade tardia ocidental.

No entanto, o pensamento decolonial vai mais longe, porque não parte do transcendente, nem do divino, mas surge do vulnerável das subjetividades negadas. Emerge da negatividade da história como um grito de indignação e rebeldia vivido pelas subjetivações vulneradas. Aparece no espaço público como afirmação da diferença e da diversidade do humano, diante de qualquer hipostação do normativo, o definitivo e, *in extremis*, contra toda suplantação imanente do divino.

Tal subversão do conhecimento que realiza o pensamento decolonial pós-moderno é já, por si mesma, uma *insurreição* epistêmica que traz consigo uma nova leitura da história, "de baixo e desde o seu reverso". Isso significa que a história contada a partir da negatividade das próprias vítimas adquire uma potência inusitada de ressignificação do sofrimento, da dor e da morte, a partir da indignação, resiliência e dignidade recuperadas.

Nessa perspectiva, os corpos vulnerados e vulneráveis – infame binômio do necropoder que já evocamos antes – são o indício do princípio *an-arquia* que será preciso manter com precisão e vigor no fio da história de dominação. Tal aventura se denomina "subjetivação" porque surge aquém do sujeito no seu afã narcisista, da identidade egoísta e inclusive da subjetividade autocentrada. Trata-se, por isso, de uma intersubjetividade vivida como intersubjetivação, em processo sempre inacabado de abertura à Outridade que nos convoca, invoca, impele, provoca, estremece e, talvez algum dia, nos absolva.

* * *

Como um dos iniciadores do pensamento crítico e decolonial no âmbito da filosofia da religião podemos citar a Raúl Fornet-Betancourt[78], conhecido como o pai da "filosofia intercultural". Esse pensador cubano, emigrante na Alemanha, começou a falar, na década passada, das espiritualidades dos povos como expressões históricas do pensar filosófico, escrito de maneira sapiencial, e remitido sempre à experiência, à vida e à comunidade cultural que procura sinais e símbolos de transcendência. Trata-se de aprender a fazer filosofia, mas desde o reverso da história, no "aquém" dos

78. Cf. FORNET-BETANCOURT, R. *La Philosophie Interculturelle* – Penser autrement le monde. Paris: l'Atélier, 2011. • FORNET-BETANCOURT, R. *Crítica intercultural de la filosofía latinoamericana actual.* Madri: Trotta, 2004. • FORNET-BETANCOURT, R. & TAMAYO ACOSTA, J.J. *Diálogo interreligioso y liberación* – I Simposio Internacional de Teología Intercultural e Interreligiosidad y Liberación. Estella: Verbo Divino, 2005.

conceitos e das categorias da razão iluminista. Por isso, a filosofia intercultural da libertação reconhece hoje o desafio prioritário de repensar a tarefa filosófica em perspectiva intercultural, num diálogo entre filosofia conceitual, cosmovivências de povos originários e cosmovisões de sabedorias ancestrais. Cada uma com seu próprio *daimon* cultural, simbólico e epistêmico.

Por outra parte, Boaventura de Sousa Santos, no seu livro *Se Deus fosse um ativista dos direitos humanos*[79], explora as teologias contextuais do Sul epistêmico como verdadeiras expressões da *ecologia de saberes* à qual está chamado o pensamento decolonial numa correlação entre disciplinas científicas, saberes populares e cosmovisões ancestrais. Para o pensador lusitano, a própria universidade deve passar por um processo de decolonização dos saberes dominantes, para escutar os movimentos sociais de excluídos, pobres e vítimas, estes que levam inscritas em seus territórios e corpos simbólicos e lacerados as marcas do pensamento hegemônico. Mas, sobretudo, a justiça epistêmica que procede dessa ecologia de saberes nos permitirá recuperar as espiritualidades dos povos que, durante séculos e inclusive milênios, resistiram à barbárie da dominação patriarcal.

Neste cenário de mudança de paradigma epistêmico, como já o mencionamos antes, Juan José Tamayo Acosta captou – da Espanha, mas em diálogo permanente com outras culturas do Sul global – a novidade da virada "decolonial" das teologias do Sul. O autor espanhol propõe uma geografia dessas narrativas *teológicas* suscitadas pelos povos originários e pelas comunidades em resistência na busca de uma reconstituição da utopia, depois do seu ocaso no século XX. Essa reutopização do mundo está hoje nas mãos, nas mentes e nos corações dos esquecidos da história hegemônica, situados no coração da história de dominação como verdadeiros povos resilientes.

---

79. SOUSA SANTOS, B. *Si fuese un activista de los derechos humanos.* Madri: Trotta, 2018.

* * *

Não obstante o atrevimento e a novidade das propostas desses três acadêmicos homens, em torno do pensamento decolonial e a sua conexão com as espiritualidades dos povos, suas propostas foram radicalizadas ainda mais pelas teólogas feministas e pensadores *queer* que, na última década, subverteram o pensamento colonial androcêntrico.

Tal é o caso de duas teólogas que aqui apresentamos, de maneira breve, mas pontual, pela sua impronta *subversiva* perante o pensamento androcêntrico. Elas abriram – com as suas vidas, seus corpos e suas narrativas – caminhos inéditos para prosseguir a reflexão teológica em perspectiva pós-moderna, decolonial e pós-patriarcal.

Margarita Sánchez de León é uma bispa das Igrejas da Comunidade Metropolitana (ICM)[80]. Porto-riquenha de origem, é mãe de dois filhos mestiços, fruto da confluência de sua tradição afro-caribenha com a tradição europeia de sua esposa Frida, procedente dos Países Baixos, e ativista social.

Margarita promove na sua igreja e nos foros de debate sobre estudos críticos de género, uma reinterpretação da espiritualidade como empoderamento das pessoas marginalizadas. Margarita denuncia – com grande paixão e acerto – o "sequestro da espiritualidade pelas religiões" e propõe resgatar "as espiritualidades" do seu cativeiro para recuperá-las nos corpos-territórios diferentes, libertados do patriarcado heteronormativo que dominou as sociedades ocidentais durante milênios.

Assim entende a bispa afro-caribenha seu ministério de formação de líderes em sua comunidade eclesial. Assim ressignifica a liderança, para entendê-la não como uma mera afirmação identi-

---

80. Disponível em https://bit.ly/3cp15KR – Acesso em 09/10/2018.

tária de uma minoria sexual discriminada, mas como um empoderamento de pessoas e coletivos no seu afã pelo "cuidado da vida", o carinho como expressão da Sabedoria divina e a promoção da justiça para as pessoas discriminadas por motivos de gênero.

Desde a sua pertença a uma Igreja minoritária no contexto latino-americano e caribenho, Margarita Sánchez de León constrói pontes com outras tradições cristãs – como a católica, a metodista e a luterana – no compromisso de uma pastoral do cuidado dos mais vulneráveis. Quando preside uma Eucaristia, sua presença desborda o rito para celebrar os corpos da assembleia congregada no Corpo *Queer* do Messias. Festim da vida e do corpo libertado, a consagração do pão é a bênção das pessoas reunidas, com as suas histórias quebradas pela discriminação, mas curadas pela compaixão e o amor de um casal, de uma comunidade e – no coração de ambas – a cura que procede da Sabedoria divina.

* * *

Marcella Althaus-Reid[81] dedicou-se a escrever uma *teologia indecente* do corpo de Cristo. Propôs uma teologia do corpo das mulheres – e dos homens também ressignificando as suas masculinidades – que foram reprimidos e subordinados por uma razão androcêntrica.

Um Corpo *Queer* do Messias[82] que se concreta nos corpos de mulheres de toda condição sexo-genérica, corpos de homens

---

81. Cf. ALTHAUS-REID, M. *The Queer God.* Londres: Routledge, 2003. • ALTHAUS-REID, M. *From Feminist Theology to Indecent Theology*: readings on poverty, sexual identity and God. Londres: SCM, 2004. • ALTHAUS-REID, M. *Teología indecente*: perversiones teológicas en sexo, género y política. Buenos Aires: Bellaterra, 2005.

82. Para o estado atual do debate das teologias *queer*, cf. KNAUSS, S. & MENDOZA-ÁLVAREZ, C. (orgs.). *Concilium* 2019/5: "Queer theologies: Becoming the queer body of Christ", nov./2019.

em diversidade de vivências de masculinidade, corpos sociais de "comunidades indecentes" que celebram o coito como gratuidade absoluta inscrita na carne aberta.

O corpo de Cristo – afirma com beleza e atrevimento a falecida teóloga argentina, emigrada ao Reino Unido – têm orgasmos. Ou seja, é um corpo chamado pela Sabedoria divina a viver o gozo do encontro com outros corpos, como sacramento primordial da redenção da criação inteira.

Por isso, Marcela Althaus-Reid procura, às apalpadelas, novos nomes para falar da Deusa como a fonte inesgotável de prazer, de erotismo e de gratuidade. "A vagina divina", profere com fruição – para ela e para a teologia *indecente* que propõe – é por isso o nome divino mais disruptivo e descolonizador que possamos agora imaginar para nomear o inominável do Amor.

A teologia *queer* que foi inaugurada pela obra de Marcela Althaus-Reid está expressando hoje com grande criatividade, nestes tempos pós-modernos, as moradas decoloniais e pós-patriarcais de teólogas e teólogos do Sul epistêmico que encontraram nela uma perspectiva preciosa para a desconstrução do patriarcado heteronormativo e falocêntrico.

A obra interrompida pela morte prematura de Marcela Althaus-Reid se tem prolongado na teologia *queer*, proposta pelos novos feminismos assim como pelas novas masculinidades que ressignificam a ideia de corpo, prazer e erotismo como lugares teológicos fontais. É o caso da teologia proposta por André Musskopf[83] no Brasil, assim como Marilú Rojas[84] e Ángel Méndez[85] no México.

---

83. Cf. MUSSKOPF, A.S. *Via(da)gens teológicas* – Itinerários de uma teologia queer no Brasil. São Paulo: Fonte, 2012. • MUSSKOPF, A.S. *Uma brecha no armário* – Propostas para uma teologia gay. São Leopoldo: Cebi, 2015.

84. Cf. ROJAS SALAZAR, M. "La 'Ecosofía' – Una propuesta ecofeminista liberadora desde América Latina" [Disponível em https://bit.ly/3dxtVKo – Acesso em 09/10/2018].

85. Cf. MÉNDEZ MONTOYA, Á.F. *Festín del deseo* – Hacia una teología alimentaria. Cidade do México: Jus, 2013. • MÉNDEZ MONTOYA, Á.F. "The

Se algo fica claro, após a contribuição da *teologia indecente* – como expressão do pensamento crítico e decolonial – é a necessária recuperação do corpo, da sexualidade, do erotismo e da racionalidade dos corpos como lugar primigênio de aparição do divino.

Muito além da vida precária proposta por Judith Butler, a *teologia indecente* celebra a proximidade erótico-agápica da vida como sacramento de gozo da Sabedoria divina, inscrita nos corpos-territórios como rubricas do político-glorioso que fora recuperado como experiência fontal de redenção por meio de uma insurreição da teologia indecente.

O processo de "acompanhamento espiritual e teológico mútuo": uma espiritualidade nascida das resistências

Concluiremos este sintético percurso na busca de uma genealogia do pensamento teológico decolonial americano, apresentando o processo de espiritualidade compartilhada desde as margens do sistema hegemônico chamado *acompanhamento espiritual e teológico mútuo*.

Trata-se de um caminho de *comunhão* espiritual e teológico realizado entre pessoas e coletivos – tanto de pessoas crentes de diversas tradições cristãs, como agnósticas – que vivem ao serviço das vítimas sistêmicas em diferentes países, realizando um trabalho pastoral ou social, seja nos Estados Unidos, no México ou no Peru. Seu denominador comum é que todas elas estão situadas em cenários de diferente marginalidade, vivendo sua própria subjetivação pessoal com um *fundo espiritual* que lhes permite manter-se com esperança em meio de situações de sofrimento, injustiça e discriminação.

Theology of Food: Eating and the Eucharist". In: AZARANSKY, S. (org.). *Religion and Politics in America's Borderlands.* Mineápolis: Lexington, 2013.

Referimo-nos a pessoas e comunidades que vivem confrontadas à migração forçada, ao racismo, à discriminação patriarcal contra os grupos de diversidade sexual LGBTQI, assim como enfrentando os feminicídios, ou a desaparição forçada de migrantes, jovens, mulheres e indígenas.

Esse processo nasceu em 2016 como fruto do encontro de um grupo de jovens pastores do Sínodo Luterano de Oregon, com o apoio de seu bispo Dave Brauer-Rieke[86], nos Estados Unidos, com teólogos latino-americanos da terceira geração, provenientes do México e do Peru. De diversas tradições cristãs como a luterana e a católica romana – desejosas de superar cinco séculos de guerras religiosas e desqualificações mútuas – estes grupos encontraram um terreno comum nas "histórias estilhaçadas" de muitas famílias de pessoas indocumentadas nos Estados Unidos, angustiadas e perseguidas pela política migratória estadunidense, sobretudo na era Trump.

O Sínodo Luterano de Oregon, que reúne mais de 120 congregações, optou no meio deste cenário por declarar suas congregações como "santuários" para pessoas indocumentadas, enfrentando assim diretamente a política do governo federal estadunidense. Outros sínodos luteranos e de outras Igrejas cristãs fizeram o mesmo, reativando assim com novas forças o Movimento Santuário que assistira o drama humanitário de umas décadas atrás nessa região do continente.

No México e no Peru, uma nova geração de teólogos católicos – envolvidos no acompanhamento das vítimas de desaparições, racismo e discriminação de gênero – estiveram procurando anos antes por uma chave interpretativa teológica dessas novas realidades de exclusão e morte. Experiências e cenários de exclu-

---

86. BRAUER-RIEKE, D. "There will be an answer..." In: *Sources of Authority in the Church.* Mineápolis: Lutheran University Press, 2011.

são que a primeira e segunda geração da teologia da libertação não conseguira responder nem entender.

Deste modo, a teologia pós-moderna da revelação que havíamos elaborado paulatinamente, de 1996 até 2007 – como recepção crítica da teologia da libertação em novos contextos, com uma análise da subjetividade vulnerada e vulnerável – começou a ser lida por esses grupos, que foram enriquecendo com suas próprias intuições espirituais e ideias teológicas e políticas que surgiram de sua própria experiência.

* * *

A partir desse trabalho teológico centrado na subjetividade pós-moderna, fomos percorrendo um diálogo com as epistemologias do Sul que enriqueceu profundamente o ponto de partida e o horizonte de interpretação teológica da história, mas desde o seu reverso e das suas múltiplas resistências. Já não era suficiente partir somente da *negatividade* da história – lida em perspectiva filosófico-política de Walter Benjamin e de Enrique Dussel na América Latina – que se expressava nos rostos da injustiça, empobrecimento e morte.

Era necessário analisar com profundidade as *intersubjetivações* emergentes em meio a essa negatividade – enfrentando-a, desconstruindo-a, indo além de sua fatalidade perversa – como um indício de novas experiências de resistência, resiliência, indignação e esperança.

Foi então quando a reflexão teológica que tínhamos escrito em perspectiva pós-moderna, compreendida pela análise da subjetividade surgida, abriu-se ao descobrimento da *negatividade*, mas agora expressa num binômio surpreendente e inspirador: (i) como *an-arquia* pelo fundamento filosófico-teológico que punha em xeque toda a pretensão totalitária; e (ii) como *resistência* espiritual nascida dos movimentos sociais antissistêmicos.

A *potência* dos pobres, das vítimas sistêmicas e dos coletivos de resistências múltiplas que padecem discriminação de gênero, racial ou de classe, começou a revelar-se como um surpreendente *processo de subjetivações emergentes.* Em perspectiva decolonial, tais cenários faziam possível a aparição de novos movimentos sociais de mudança de mundo. E, em perspectiva teológica, tais processos, cenários e novos atores emergentes podiam ler-se como sinais de *antecipação escatológica* da plenitude do Reinado de Deus anunciado por Jesus na Galileia.

Desse modo, os fios soltos enlaçavam-se a um nó que ia entretecendo com outros nós até criar uma rede de experiências, significados e compromissos sociais, políticos e espirituais: a subjetividade pós-moderna amarrava-se assim com as subjetivações das *resistências* antissistêmicas no nó da *negatividade* como *an-arquia* numa rede de comunhão na diversidade.

Após três anos, o *acompanhamento espiritual e teológico mútuo* reúne hoje mais de 70 lideranças sociais e religiosas do continente americano, comprometidos – desde suas instituições sociais, humanitárias, religiosas ou acadêmicas – para prosseguir o acompanhamento às vítimas sistêmicas, desde a própria vulnerabilidade assumida como lugar epistêmico e espiritual de encontro com os outros.

Seu comitê teológico[87]propôs os eixos temáticos que dão lugar a uma reflexão e compromisso, estruturados em três momentos correlativos – que são sempre experienciais, discursivos, políticos e espirituais – os mesmos que apresentamos aqui de modo sintético: (i) vulnerabilidade compartilhada, (ii) resistências entretecidas e (iii) celebração da vida.

---

87. Formado por Janet Parker dos Estados Unidos, Margarita Sánchez de Leão de Porto Rico, Glafira Jiménez e Juan Carlos La Puente do Peru, Saúl Espino dos Estados Unidos, e este autor, do México.

> (i) O primeiro momento consiste em reler a opção pelos pobres e excluídos – que a teologia da libertação tornara prioritária para as comunidades cristãs há meio século – mas agora a partir da própria vulnerabilidade, assumida como lugar *teologal* para encontrar-se com as vulnerabilidades dos outros.

É importante explicar com mais precisão essa virada pós-moderna da subjetividade da libertação. Primeiro, porque consiste em manter vigente a prioridade das vítimas (pobres, excluídos, segregados), mas sem desconhecer o diálogo fundante que acontece entre as subjetividades. Isto é, que é possível agora reconhecer a intersubjetividade como caminho de reconhecimento mútuo, sempre complexo e difícil. Se bem que a irrupção dos pobres e excluídos na história de dominação é crucial para iniciar a mudança social que a humanidade requer, a condição de pobres e oprimidos como subjetividades vulneradas e vulneráveis não fora assumida como princípio *antropológico* da mudança.

É por isso que, sem negar a importância da ação social e política dos pobres como sujeitos de sua própria história, a teologia pós-moderna da libertação aqui proposta retoma a experiência da solidariedade compassiva e misericordiosa de Jesus com os excluídos do seu tempo, como primeiros destinatários do anúncio do *tempo messiânico* que provoca uma inflexão subversiva na história de dominação e morte.

Em seu tempo, ao curar doentes e anunciar a boa-nova aos pobres, o Galileu tocava também a fibra mais íntima de sua condição humana, por meio do chamado à dignidade própria e dos outros, no cuidado da vida. Tal é o caso paradigmático dos relatos da ressurreição de Lázaro e da filha de Jairo (Mc 5,40-42): "*talita kumi*", "escute menina, levante-se"; e imediatamente, segundo a versão de Lucas (Lc 8,55), "retornou o espírito a ela, e levantou-se; e ele mandou que lhe dessem de comer".

No contexto pós-moderno da violência sistémica – analisada aqui, seguindo em primeiro lugar a Girard e depois a Illich junto com o pensamento antissistêmico – é imprescindível partir então da própria vulnerabilidade daqueles que "optaram pelos pobres". Mas, com a virada pós-moderna e descolonizadora aqui proposta, é possível então descobrir-se a si mesmos como subjetivações vulneráveis e, ao mesmo tempo, vulneradas em nossos tempos pelo sistema hegemônico com seu pensamento abissal. Então, assumidas na sua própria condição precária e vulnerável, e ao mesmo tempo potente, pelo pensamento decolonial, tais subjetivações se reconhecem como espaços intersubjetivos de múltiplas resistências de vida.

Desse modo, a opção pelos pobres se radicaliza até integrar no seu âmago o âmbito das condições da intersubjetividade que tornam possível o encontro com o outro pobre e excluído – e, na sua radicalidade extrema, também com o carrasco – para conseguir estabelecer um diálogo compassivo que redima a humanidade da contradição suprema à qual está sendo submetida pelo sistema do necropoder.

O *acompanhamento espiritual e teológico mútuo*, por isso, iniciou seu processo recuperando as narrativas de vulnerabilidade que cada pessoa e grupo podem e desejam compartilhar com os outros. Desse modo é possível estabelecer – como ponto de partida no caminho ao lado dos pobres e excluídos – uma conexão *vital* de caminho compartilhado na procura da dignidade, justiça, verdade e esperança.

> (ii) O segundo momento do processo consiste em reconhecer as diversas *resistências* entrelaçadas das pessoas e comunidades excluídas que vivem sua indignação perante a injustiça e a exclusão, que detém "em seus próprios corpos" (cf. Ef 2,14) a espiral do ódio, através de novas práticas de justiça, verdade, inclusão e cuidado da vida.

Após assumir a própria vulnerabilidade e reconhecer a vulnerabilidade dos outros, então é possível estabelecer uma relação de diálogo, solidariedade e ação mútua entre subjetivações em processo de diferentes resistências, com maior profundidade antropológica, social e espiritual.

De fato, a reconstituição do tecido social – ferido de morte pela lógica do necropoder – apenas é viável na medida em que seja possível tecer novamente vínculos de mútuo reconhecimento, na aceitação da nossa diversidade de gênero, etnia, classe e experiências espirituais. Mas o que prevalece neste momento *fundacional* é a prioridade do empoderamento das vítimas sistêmicas – sejam pobres, migrantes, minorias sexuais, étnicas ou religiosas, assim como aqueles que vivem as migrações forçadas do nosso tempo – que é viável na história como uma *mudança de mundo* através de suas próprias práticas.

As múltiplas resistências das vítimas sistêmicas se expressam, não de modo exclusivo, mas de modo prioritário, nos movimentos sociais de emancipação de corpos e territórios. No caso, por exemplo, dos movimentos de autonomias dos povos originários, desde o Canadá até a Patagônia, em nosso continente. Mas também é o caso dos movimentos de familiares de pessoas desaparecidas ou assassinadas pela guerra de governos do mundo e as máfias criminais que tecem suas redes em diversos países, com frequência contando com a cumplicidade dos mesmos governos locais, em conluio com as máfias internacionais.

As resistências são, em sua complexa estrutura, como uma sinfonia de indignação, rebeldia ou "digna raiva", resiliência, compaixão e esperança. Todas elas se movem na marginalidade do poder estabelecido, seja político, econômico, social, ou inclusive, religioso. Além disso, convém lembrar aqui que esses grupos em resistência estão inspirados pela *an-arquia*, isto é, que colocam sob suspeita, nestes tempos funestos, a lógica do pensamento abissal, hegemônico e sacrificial cujo rosto global explicita-se no capitalismo patriarcal e colonial que é necessário desmantelar.

Em tais resistências subjaz sempre, de modo explícito ou implícito, um rastro de *utopia*, que é a concreção na história da esperança teologal que as sabedorias religiosas da humanidade celebram como dom divino.

Por isso, o terceiro momento do *acompanhamento espiritual e teológico mútuo* é a celebração da Vida.

> (iii) Celebrar a Vida como dom de gratuidade é um dom e uma tarefa. Dom que procede de uma fonte inesgotável amorosa e tarefa como responsabilidade histórica dos sobreviventes.

"Os mortos têm direito de converter-se em ancestrais", afirmava o benzedeiro de Bojayá, Colômbia, citado anteriormente. Por isso, os símbolos religiosos, os ritos funerários e as orações pelos desaparecidos ou pelas pessoas assassinadas têm uma dimensão espiritual e, ao mesmo tempo, política.

Os ritos e símbolos religiosos em memória dos desaparecidos ou das pessoas assassinadas pelo necropoder tornam visível de modo coletivo – recuperando o espaço público, com frequência sequestrado pelas máfias criminosas de todo tipo – a vontade de vida das pessoas e comunidades de sobreviventes.

Expressam o compromisso de *re-membrar* aqueles que foram aniquilados, para dar-lhes sepultura, reconhecer-lhes como ancestrais e, conforme a gramática de cada tradição religiosa, celebrar sua vida perene no coração da gratuidade divina.

Mas este momento simbólico e celebrativo tem também uma função de luto para aqueles sobreviventes, de uma (im)possível superação do trauma e de uma almejada cura coletiva da ferida aberta. Trata-se de um momento simbólico – de grande força regeneradora da memória, da história e da possível reconciliação – orientado a promover, como um compromisso referendado pela comunidade, o cuidado mútuo no dom do presente, de modo especial, o cuidado dos mais vulneráveis.

Em soma, a celebração da Vida é a dimensão espiritual das resistências epistêmicas e antissistêmicas que se negam aceitar a morte como última palavra sobre as pessoas excluídas, discriminadas, desaparecidas ou aniquiladas.

Por isso, não há nada mais *político* – no sentido mais radical e *an-árquico* do termo – do que uma celebração dos *mortos como viventes*, situados na rememoração que faz a comunidade de sobreviventes.

E, assim, abre-se caminho "a esperança contra toda esperança" evocada pelo Apóstolo (Rm 4,18).

II
O pensamento crítico em meio ao horror

Após o Holocausto de hebreus perpetrado pelo nazismo, em meados do século XX na Europa, a Escola de Frankfurt se perguntou pelo papel da filosofia para evitar que os justos continuem sendo aniquilados e que os algozes sigam triunfando. A teoria da ação comunicativa que se desenvolveu a partir desse trauma europeu – sobretudo com a segunda geração, formada por Jürgen Habermas e Karl-Otto Apel – expandiu sementes de pensamento e ação nas diferentes latitudes do planeta, incluindo o resto das culturas europeias de tradição latina, assim como o pensamento do continente americano.

Na Espanha, por exemplo, Reyes Mate[88] foi um dos filósofos em língua castelhana que aprofundou a questão da *memória anamnéstica* como condição de possibilidade de toda a filosofia política. É verdade que teve ressonâncias na América Latina, mas nestas terras tal questionamento foi ainda mais

88. MATE, R. *El tiempo, tribunal de la historia.* Madri: Trotta, 2018. • MATE, R. *La piedra desechada.* Madri: Trotta, 2013. • MATE, R. *La herencia del olvido* – Ensayos en torno a la razón compasiva. Madri: Errata Naturae, 2008. • MATE, R. *Filosofía de la historia.* Madri: Trotta, 2005.

longe. No México, por exemplo, Enrique Dussel[89] – junto com Bolívar Echeverría e outros pensadores marxistas – realizaram um diálogo crítico com essa escola germana, retomando uma leitura rigorosa de Karl Marx e de Walter Benjamin para pensar a dialética da história desde a sua *negatividade*, mas sem esquecer nunca as condições *materiais* necessárias para toda democracia e ação comunicativa. Nessa perspectiva, o debate de Dussel com Apel[90] no México esteve marcado por uma crítica à teoria da ação comunicativa devido a sua falta de análise de tais condições "materialistas" para a constituição histórica da democracia participativa e social, que procurasse ir além da democracia formal.

Nesse cenário de *precariedade* da vida, o pensamento crítico nasce numa terra espoliada, mas apelando a autores mais radicais, já situados no continente teórico, inexplorado ainda, da *decolonialidade*. Frantz Fanon, Ivan Illich, Walter Mignolo[91] e Immanuel Wallerstein[92], foram as vozes iniciais. Mais tarde o debate tornou-se ainda mais abundante e complexo graças aos feminismos de diversas índoles, como o de Angela Davis[93] e de

---

89. DUSSEL, E.D. *Hacia una filosofía política crítica.* Bilbao: Desclée, 2001. O pensador argentino-mexicano está por publicar o terceiro volume da sua magna obra, *Política de la liberación* (Vol. III: La crítica. Buenos Aires: Docencia, 2019), onde analisa de modo pontual o tema do messianismo político. Cf. os dois volumes prévios, publicados em 2013: *Obras selectas*, vol. 26/I: Historia mundial y crítica; vol. 26/II: Arquitectónica [Disponível em https://bit.ly/3eMHRAE – Acesso em 09/10/2018].

90. DUSSEL, E.D. & APEL, K.-O. *Ética del discurso y ética de la liberación.* Buenos Aires: Docencia, 2013 [Obras Selectas, 21].

91. Cf. MIGNOLO, W. *Historias locales/diseños globales* – Colonialidad, conocimientos subalternos y pensamiento fronterizo. Madri: Akal, 2003.

92. Cf. WALLERSTEIN, I.M. *¿Tiene futuro el capitalismo?* Cidade do México: Siglo XXI, 2016. • WALLERSTEIN, I.M. *Capitalismo histórico y movimientos antisistémicos* – Un análisis de sistemas-mundo. Madri: Akal, 2004.

93. DAVIS, A. *Mujeres, raza y clase.* Madri: Akal, 2001.

Judith Butler[94] nos Estados Unidos, ou o proposto por Sylvia Marcos[95] no México e Rita Laura Segato[96] na Argentina. Essas autoras latino-americanas problematizaram o pensamento antissistêmico com uma proposta feminista *decolonial*, vinculada às diversas resistências políticas, sociais, de classe, culturais, étnicas e espirituais das mulheres latino-americanas.

Por isso, na *genealogia* inicial da decolonialidade latino-americana que aqui esboçamos, nos deteremos, neste capítulo, para propor algumas ideias inspiradoras das resistências antissistêmicas atuais – práticas, mas também teóricas – que descrevemos no primeiro capítulo no seu aspecto social, cultural e espiritual como sobreviventes em meio ao horror.

Faremos isso seguindo o percurso do pensamento crítico contemporâneo, a partir de três eixos fundamentais que serão úteis para compreendermos o entretecido ético, político e cultural que conforma tal crítica antissistêmica. O primeiro desses eixos é a *decolonialidade interna* proposta por Silvia Rivera-Cusicanqui, entre outros, como uma necessária desconstrução do colonialismo externo, enquanto autocrítica de como temos permitido a sua predominância nas crenças, valores e práticas assumidas como povos colonizados. A seguir, nos deteremos na crítica ao patriarcado heteronormativo, mas desconstruindo seu modelo binário de sexualidade sexo-genérica, com a crítica iniciada por Judith Butler, continuada depois pelas teorias *queer* não religiosas. E,

---

94. Cf. BUTLER, J. *Vida precaria* – El poder del duelo y la violencia. Buenos Aires: Paidós, 2006. • BUTLER, J. *El género en disputa* – El feminismo y la subversión de la identidad. Madri: Paidós, 2007.

95. Cf. MARCOS, S. *Cruzando fronteras* – Mujéres indígenas y feminismos abajo y a la izquierda. Santiago do Chile: Quinamntú, 2017.

96. Cf. SEGATO, R.L. *Críticas de la crueldad*. Buenos Aires: Prometeo Libros, 2018. • SEGATO, R.L. *La guerra contra las mujeres*. Buenos Aires: Traficantes de sueños, 2016. • SEGATO, R.L. *Crítica de la colonialidad en ocho ensayos*. Buenos Aires: Prometeo Libros, 2015. • SEGATO, R.L. *Las estructuras elementales de la violencia*. Madri: Prometeo Libros, 2010.

finalmente, abordaremos o eixo da *autonomia política*, próprio das resistências antissistêmicas dos povos originários; esta última proposta tem sido um divisor de águas no pensamento antissistêmico em todo o mundo, graças à sua realização histórica no *movimento zapatista* do México nos finais do século XX.

Retomamos aqui a proposta de Pablo Romo Cedano[97] – que ainda falta documentar a fundo – para chamar esta contribuição histórica mexicana ao pensamento crítico com dois apelativos gentilícios: a Escola de São Cristóbal e a Escola de Cuernavaca, uma vez que ambas formaram as duas vertentes pelas quais – no século XX – foi se entrelaçando o pensamento crítico no México.

1 Os cenários da decolonialidade: um debate pendente entre Boaventura de Sousa Santos, Silvia Rivera-Cusicanqui e Achille Mbembe

O pensamento crítico tem uma de suas vertentes mais fecundas nas "epistemologias do Sul", conceito proposto por Boaventura de Sousa Santos[98], criticado por diversas vozes até do próprio Sul, que recorrem a outras categorias e práticas diferentes de geração de pensamento para desmantelar a hegemonia moderna.

Por isso, propomo-nos aqui realizar um diálogo "imaginário" entre três vozes que desvendam uma nova linguagem, vislumbrando o horizonte comum de desconstrução da colonialidade. Realizam-no, no entanto, com características próprias que dão conta da diversidade de experiências históricas, de enfoques culturais e de opções políticas em jogo.

---

97. Cf. ROMO CEDANO, P. "El obispo de Chiapas: la acción pastoral de Don Samuel Ruiz García", 19/04/2012 [Disponível em https://bit.ly/2U5wCLE – Acesso em 09/10/2018].

98. SOUSA SANTOS, B. *Una epistemología del Sur.* México: Siglo XXI, 2009.

Boaventura de Sousa Santos ou o colonizador descolonizado

Promotor do Fórum Social Mundial, Boaventura de Sousa Santos[99] é um pesquisador português que realizou a sua obra com uma preocupação *decolonial* explícita, a saber: deixar para trás as pretensões do pensamento hegemônico, caracterizando a esse ídolo com pés de barro pela sua vontade de domínio como uma pretensão de *pensamento abissal,* que foi se conformando, ao longo do século XX, através de uma trilogia de capitalismo-patriarcado-colonialismo, que fora evocada no capítulo anterior.

A análise do pensador lusitano parte da crítica política ao direito moderno como um contrato social imposto pelos vencedores europeus e estadunidenses aos povos vencidos do Sul global. Assim, desenvolve uma crítica ao modelo de Estado-nação que foi implantado, por exemplo na África, de modo arbitrário e cruel como poucas na história moderna, pelas potências industrializadas do Atlântico Norte, após a Primeira Guerra europeia do século XX.

A propósito, essa divisão territorial de África fora apontada em anos recentes por Achille Mbembe como o início da "africanização do mundo", no sentido de uma estratégia de precarização globalizada da vida prescindível, isto é, daquela condição humana que é um estorvo para a ocupação estrangeira de territórios, a qual vai acompanhada pelo extermínio de povos e culturas inteiras.

Como parte desse cenário de morte, o papel do "negro" no primeiro capitalismo esteve associado à escravidão para designar o "nível zero" da condição humana:

> Na África e nas coisas negras, muitos viram duas forças deslumbrantes – quer um barro que o escultor mal tinha tocado, quer um animal fantástico –, mas sem-

99. SOUSA SANTOS, B. *Foro Social Mundial* – Manual de uso. Barcelona: Icaria, 2005.

> pre uma figura hierática, metamórfica, heterogênea e ameaçadora, capaz de explodir em cascata. É esta ordem de ebulição, metade solar e metade lunar, na qual o escravo ocupa um lugar fundamental, que se procurará evocar neste capítulo, que constituem, por outro lado, o subsolo de todo o livro, o seu nível zero. Ora, para compreendermos corretamente o estatuto do escravo negro na época do primeiro capitalismo, é importante voltar à figura do fantasma, Sujeito plástico, vítima de um processo de transformação através da destruição, o negro é, efetivamente, o reverso da Modernidade. Desprendendo-se da forma-escravo, comprometendo-se com novos investimentos e assumindo a condição de espectro que volta à vida, o negro foi capaz de outorgar-lhe uma significação futura a essa transformação por destruição[100].

Voltaremos mais adiante sobre a proposta de Achille Mbembe, mencionamo-la aqui apenas porque se encontra em relação – como uma nova voz no diálogo do Sul epistêmico – com aquilo que há umas décadas iniciara Boaventura de Sousa Santos como aventura intelectual.

De fato, a aposta do pensador português consistiu na promoção de *uma ecologia de saberes* que fosse capaz de recuperar a rica diversidade das epistemologias do Sul, cujo equilíbrio foi quebrado pela Modernidade instrumental. Por isso, tal iniciativa da "justiça epistemológica" não se realizaria de um modo meramente acadêmico, mas teria que estar vinculada de maneira intrínseca aos movimentos populares e sociais que reivindicam seus saberes como formas de vida, de trabalho, de comércio e de cultura, e inclusive de espiritualidade e de teologias, construídas sempre desde o reverso da história de dominação.

---

100. MBEMBE, A. *Crítica de la razón negra* – Ensayo sobre el racismo contemporáneo – Cap. 5: "Requiem para el esclavo". Barcelona: Futuro Anterior, 2016.

Boaventura de Sousa Santos tem sido criticado pelos seus colegas latino-americanos devido a certo desejo de resgatar o que já foi destruído, por exemplo, os saberes ancestrais das grandes culturas americanas originárias. No entanto, o jurista e sociólogo lusitano não cessa nos seus esforços de promover um processo de *descolonização* do conhecimento, onde há muitas trincheiras nas quais é preciso travar batalhas para realizar essa justiça epistêmica, a partir do resgate possível das sabedorias dos povos originários, até a subversão e descolonização da universidade moderna, a partir da ótica do pluralismo epistêmico.

Em relação a este tema, Boaventura de Sousa Santos[101], em suas últimas publicações, sugere às comunidades de pesquisas inseridas na universidade tradicional – movidas por esse propósito descolonizador do conhecimento – viver em meio da contradição. Isto é, que as universidades em tempos moderno-tardios que, atualmente, estão presas ao serviço do mercado global, são um lugar estratégico para inserir nelas *outros* processos de gestação de conhecimento. Deverão realizar essa práxis universitária sempre em alianças com movimentos sociais e populares, com um diálogo crítico em torno às suas propostas, de modo que se promovam a educação e a investigação alternativas, procurando sempre a *incidência social do conhecimento*[102], no sentido de promover com projetos específicos uma decolonialidade cognitiva que supere a epistemologia instrumental dominante.

---

101. SOUSA SANTOS, B. "The University at a Crossroads". In: GROSFOGUEL, R.; HERNÁNDEZ, R. & ROSEN VELÁSQUEZ, E. (orgs.). *Decolonizing the Westernized University* – Interventions in Philosophy of Education from Within and Without. Londres: Lexington, 2016, p. 3-14.

102. Um debate recém-iniciado nas universidades mexicanas, como fruto desse debate coletivo, cf. GRUPO PISOR (Pluralismo, Interculturalidad, Socialidad y Resistencias). *Movimientos sociales, resistencias y universidad* – Sobre la incidencia social del conocimiento. Cidade do México: Gedisa, 2018.

Trata-se, finalmente, para Boaventura de Sousa Santos, de promover modelos plurais de universidade, além da academia tradicional com sua normatividade de produtividade livresca, quantificação de citações em revistas de referência ao serviço de consórcios internacionais de conhecimento, como mera tecnologia da informação, útil para o desenvolvimento industrial.

Por tudo isso, terá de ir criando-se com o tempo um novo modelo de *universidade decolonial*, com novos critérios de avaliação da pertinência e a incidência social do conhecimento. Do mesmo modo, como parte dessa imensa tarefa de justiça epistêmica, será imprescindível ir promovendo redes de tecido cognitivo com diversos protagonistas, que permitam outro modo de *comunidade*, por meio do trabalho da terra acorde às sabedorias ancestrais, a economia de mercado justo e produção de bens culturais que representem a vida e a cosmo-vivência dos povos que foram invisibilizados, negados ou submetidos pelo pensamento abissal.

A antropóloga aimará da decolonialidade interna

Silvia Rivera-Cusicanqui é, em sentido pleno do termo boaventuriano, uma "intelectual da retaguarda" que representa, com seu gênio próprio, o perfil *decolonial* do pensamento crítico latino-americano, em sua especificidade andina.

Como parte do Projeto Alice da Universidade de Coimbra, foram gravadas as *Conversas do mundo*, para promover o diálogo entre pensadores do Sul epistêmico. Numa dessas conversas, a antropóloga aimará e boliviana dialoga com o seu anfitrião português[103], cercados pela imponente cordilheira dos Andes. Nessa conversa, ela deixa claro que, se é verdade a importância do conceito de "epistemologias do Sul" proposto por seu colega português, o trabalho antropológico monográfico que ela desenvolveu

103. Disponível em https://bit.ly/3eKQJGL – Acesso em 09/10/2018.

sobre as lutas sociais do povo aimará deu uma virada inovadora, que a pensadora andina denomina *decolonialidade interna*.

Tal categoria antropológica e filosófica ao mesmo tempo – proposta pela acadêmica aimará – designa a inevitável crítica e o necessário desmantelamento do *colonialismo* que os povos andinos incorporaram a suas práticas e narrativas, como parte da sujeição colonial que padeceram primeiro, ao longo de trezentos anos, durante a época colonial espanhola; e, depois, ao longo de mais de duzentos anos, com o domínio dos crioulos e brancos na república independente da Bolívia, que impuseram sua lei branca, urbana e fundiária sobre a população originária.

Para Silvia Rivera-Cusicanqui resultou mais complicado do esperado a possibilidade de superar esse trauma histórico, social e cultural. De fato, esse colonialismo do invasor espanhol foi *internalizado*, ao longo de vários séculos de dominação vice-reinal. Um exemplo deste processo são os sistemas de castas – como aconteceu em toda América, desde Canadá, Estados Unidos e México, até Peru, Bolívia, Paraguai, Brasil e Argentina – que "normalizaram" a subordinação étnica, de gênero e de classe dos povos originários à elite crioula e branca governante. Uma elite comandada por homens patriarcais que exerciam o poder, em nome de uma suposta harmonia social que contava com a bênção religiosa do catolicismo dominante.

De fato, um dos pilares de tal *colonialidade internalizada* foi a religião católica – que se impôs em toda América, sob sua forma barroca e tridentina – sustentada em hierarquias de poder, com os atributos do gênero masculino e da raça branca vinculados ao domínio hegemônico "divinizado". Finalmente, tratava-se de uma tradução política e social da idolatria entregue à imagem de um deus branco.

De tal modo aconteceu esse processo de colonialidade político-religiosa na América hispânica e lusitana, que toda comunidade originária – como os povos andinos estudados pela pensadora aimará – leva inscrito em seu inconsciente coletivo como um complexo de inferioridade que lhe permite identificar-se, desde o começo, no conjunto da sociedade dominante, por exemplo, como comunidades de condição inferior àquelas que dominam. Nesse sentido, são hoje os empresários brancos e mestiços, urbanos ou fazendeiros, aqueles que representam a viva imagem daquele deus todo-poderoso que é a propriedade privada unida ao livre-mercado.

Um diagnóstico semelhante da dominação ocidental na América também fora proposto por Enrique Dussel[104], há cinco lustros, no contexto da comemoração dos 500 anos da chegada de Ocidente a Abya Yala. O sujeito colonizador legado a estas terras – afirmava o filósofo de Mendoza – tinha características bem exatas que tiveram um impacto político de dominação sobre as comunidades pobres e exploradas, os grupos de mulheres e, sobretudo, sobre as culturas originárias: o modelo de domínio era um sujeito europeu, cristão, branco e macho. Silvia Rivera-Cusicanqui acrescenta, a esta descrição da colonialidade, um quinto elemento da hegemonia: o fazendeiro[105].

* * *

Por tudo isso, a *decolonialidade interna*, além de representar o desafio de uma severa crítica à (de)subjetivação dominante apropriada pelo colonizado, manifestou prontamente também uma dimensão política e outra epistêmica.

---

104. DUSSEL, E. *1492: El encubrimiento del otro – Hacia el origen del mito de la modernidad.* Madri: Nueva Utopá, 1992.

105. RIVERA-CUSICANQUI, S. *Violencias (re)encubiertas en Bolivia.* Santander: Otramérica, 2012. • RIVERA-CUSICANQUI, S. *Ch'ixanakax utxiwa*: una reflexión sobre prácticas y discursos descolonizadores. Buenos Aires: Retazos-Tinta Limón, 2010.

De fato, a desmontagem da inferioridade aceita como um papel social e político já tem sido realizado pelos povos originários de Abya Yala, ao longo da segunda metade do século XX, através de suas lutas sociais de defensa da terra, de sua língua, seus modos de vida e de convivência com a Mãe Terra. De tal forma essas resistências indígenas cobraram força histórica, que conseguiram alterar a lógica da dominação por meio de práticas de *decolonialidade* vinculadas à defensa de territórios, como verdadeiras resistências *políticas* e autonômicas.

Essa resistência decolonial tem um fundo epistêmico que subjaz – de modo escondido desde há séculos – nas cosmovisões e cosmo-vivências dos povos originários. Mas foi necessário revelar a sua potência cognitiva porque é recriadora do político, tal como demonstraram os movimentos sociais dos povos originários, apoiados pelo pensamento crítico do final do século passado e inícios do século XXI.

Surgira dali – com potência inusitada, após cinco séculos de silêncio – a dimensão *cognitiva* da decolonialidade interna como uma revisão da condição de pessoas e povos subordinados, supostamente inferiores. E também como *ação afirmativa* de minorias étnicas emancipadas e empoderadas, conscientes das dimensões social, jurídica e política do seu direito à *diferença*.

Tal projeto emancipador de povos originários se traduz na defesa e promoção de seus antigos modos de produção, de suas experiências de governança e de recuperação da sua própria jurisprudência, junto com a defesa e promoção de suas expressões culturais como a festa, a espiritualidade e a sua filosofia do Bem Viver.

Um exemplo maior da decolonialidade interna foi a reivindicação política contemporânea dos povos andinos, que levou Evo Morales à presidência da Bolívia, como primeiro presidente indígena boliviano. Não obstante essa vitória histórica, a transição para uma democracia efetiva pluricultural – durante o seu primeiro mandato de governo – não foi fácil, justamente pelos efeitos alienantes da colonialidade interna no novo governo, além dos fatores exógenos às autonomias indígenas, como as pressões do mercado financeiro global e a corrupção[106]. A rejeição a muitas reformas necessárias para a justiça transicional – cultural, social e econômica sobretudo – depois de séculos de segregação étnica e de classe, tem sido lenta e nem sempre exitosa, uma vez que parte dos povos originários que migraram às cidades se tornaram consumidores acríticos do modelo capitalista de mercado. Ao mesmo tempo, foram objeto de manipulação dos partidos políticos para apoiar sua democracia sectária, ficando submetidos ao poder da indústria midiática que domina hoje o mercado em todo o mundo.

Além de reconhecer essa dificuldade estrutural para remontar esse passado colonial, tanto nas estruturas econômicas e sociais como no imaginário coletivo, para Silvia Rivera-Cusicanqui[107] – quem acompanhou com sentido crítico o projeto político contemporâneo de Evo Morales e depois distanciou-se dele – não é possível extrapolar sem mais esse processo de *decolonialidade interna* como uma teoria universal aplicável a todos os povos colonizados.

---

106. Sobre a oposição de Silvia Rivera Cusicanqui ao projeto de reeleição de Evo Morales em 2016, comentava Raúl Zibechi: "Mas a crítica mais devastadora a realiza a socióloga aymara Silvia Rivera Cusicanqui, um mito tanto para os intelectuais quanto para os movimentos. [...] Numa carta difundida na terça-feira 16, em que defende o voto contra a reeleição, acusa a García Linera de ter realizado uma aliança com os latifundiários de Santa Cruz a quem teria oferecido 'mudar qualquer lei ou decreto para favorecê-los'. Vai além ao destacar que 'reconheço nele a mais um dos carreiristas que encheram o nosso trajeto de opróbios, indignidades e derrotas'. Convoca às 'energias da nossa consciência rebelde e à luz dos ensinamentos índios e plebeias da nossa história' para evitar que ganhe a reeleição" (ZIBECHI, R. "El patriarca en problemas". *Brecha*, 1.578, Montevidéu, 18/02/2016 [Disponível em https://bit.ly/2XTL7n2 – Acesso em 09/10/2019]).

107. RIVERA-CUSICANQUI, S. *Oprimidos pero no vencidos*: luchas del campesinado aymara 1900-1980. Genebra: Instituto de Investigaciones de las Naciones Unidas para el Desarrollo Social, 1984.

A pensadora aimará propõe, sobretudo, que cada povo originário realize a autocrítica dos seus próprios condicionamentos histórico-políticos e culturais, pelos que se instalou a dominação externa e interna em sua história concreta. Dali surge a distância crítica que Silvia Rivera-Cusicanqui toma do conceito geral de "epistemologias do Sul"[108], uma vez que para ela trata-se de um conceito contraditório porque reivindica o diferente em uma única categoria que é o Sul como sujeito. Trata-se muito mais, segundo ela, de dar razão da plurivocidade da linguagem e de potencializar o caráter oral das sabedorias dos povos originários, cada uma com seu próprio estatuto epistêmico, preservando seu caráter irredutível a apenas um modelo de autonomia cognitiva.

Em síntese, seguindo o percurso da pensadora aimará, a *decolonialidade interna* é um assunto de diversas autonomias que hão de responder a heteronomias normativas – econômicas, políticas, sociais e culturais – de diversa índole que, por distintas razões e com múltiplos atores políticos e culturais, foram sendo aceitos como "normalização da mesmidade" do colonizador de antes e de hoje.

Trata-se, para a pensadora aimará, finalmente, de afirmar a diversidade de autonomias dos povos originários como uma verdadeira e justa *outridade* política, social e epistêmica perante os recorrentes golpes do Ocidente hegemônico.

O africano decolonial

Achille Mbembe é um historiador e cientista político camaronês que transita entre o pensamento da desconstrução pós-der-

108. Para um bom balanço das diferenças entre a epistemologia do Sul de Boaventura de Sousa Santos e a decolonialidade interna de Silvia Rivera-Cusicanqui, cf. SALATINO, M. "Más allá de una epistemología desde el Sur". *Revista de Filosofía*, n. 77, 2014/2, p. 61-84 [Disponível em https://bit.ly/2XqVdwC – Acesso em 09/10/2018].

ridiana do político e a crítica de Michel Foucault ao *biopoder* em direção da criação de um pensamento negro africano da emancipação pós-colonial, sobretudo de caráter cultural e epistêmico.

Em duas obras recentes o pensador africano articula seu potente argumento de crítica à Modernidade iluminista e colonial: *Crítica da razão negra*, publicada em 2013; e *Políticas da inimizade,* de 2016[109]. Ambas obras foram publicadas em francês em suas primeiras edições, traduzidas depois ao inglês, alemão e, mais recentemente, ao espanhol.

Situamos na crítica pós-colonial ao *biopoder* a base filosófica do seu pensamento, a partir de sua própria experiência de padecer múltiplas colonialidades. A primeira, aquela que viveu como membro de uma minoria anglófona bilíngue, em um país francófono por imposição colonial, fenômeno que invisibilizava ainda mais a diversidade étnica e linguística originária dessas nações africanas. E, a segunda, foi a reflexão posterior que seguiu à primeira colonialidade, que o pensador camaronês denomina "africanização do mundo", que consiste na pauperização e invisibilização dos descartáveis do sistema dominante em todo o planeta, à imagem e semelhança do que ocorreu com a África negra.

Para Mbembe, de fato, a expressão "africanização da sociedade" significa não a idealização do africano num mundo por fim globalizado que assumiria os valores exóticos da África negra, mas a sua caracterização como símbolo da *pauperização* e *invisibilização* crescentes de muitos mundos num único mundo que não se atreve a olhar essa diversidade.

> "Negro" – não se deve esquecer – refere-se também a uma cor. A cor da escuridão. Sob esse ponto de vista, o

109. MBEMBE, A. *Crítica de la razón negra* – Ensayo sobre el racismo. Barcelona: Futuro Anterior, 2016. • MBEMBE, A. *Políticas de la enemistad*. Barcelona: Futuro Anterior, 2018. • MBEMBE, A. *Necropolítica.* Madri: Melusina, 2011. • MBEMBE, A. *On the Post-Colony* – Studies on the History of Society and Culture. Berkeley: University of California Press, 2001.

> "negro" é aquele que vive a noite, na noite, aquele cuja vida está feita de noite. A noite, esse é o seu primeiro envoltório, o tecido no qual forma-se a sua carne. É seu brasão e sua vestimenta. Essa residência na noite e esta vida enquanto noite são as que o tornam invisível. O outro não o vê porque, definitivamente, não há nada para ver. No máximo, se chegasse a vê-lo, somente veria sombra e trevas, isto é: aproximadamente nada. Envolto na sua noite pré-natal, o próprio negro não se vê. Não vê que desse modo, batendo com tudo o seu corpo num muro sem porta, sacudindo-se com todas as suas forças para exigir que se lhe abra uma porta que não existe, voltará a cair cedo ou tarde para trás, sobre a calçada[110].

Tal condição noturna do "negro" denota um fenômeno complexo de exclusão cultural: por um lado, a invisibilização social-cultural e, por outro, em sua expressão mais criminal, a pauperização da vida humana que se estende à comunidade universal. Segue refletindo Mbembe:

> Só existe o universal enquanto comunidade de singularidades e diferenças, comunidade que é, ao mesmo tempo, colocada em comum e separação. Aqui, a preocupação do "homem negro" não tem sentido porque abre a via para outra imaginação da comunidade universal. É esta idade da guerra sem fim e dos múltiplos retornos ao colonialismo; uma crítica desse tipo está longe de ter alcançado o seu fim; ainda é indispensável nas condições contemporâneas, seja no que concerne às questões de cidadania, da presença de estrangeiros e das minorias, às figuras não europeias do devir humano, ao conflito de monoteísmos ou, inclusive, à globalização[111].

---

110. MBEMBE, A. *Crítica de la razón negra*. Op. cit., cap. VI: "Clínica del sujeto", n. 6.1: "El amo y su negro".

111. MBEMBE, A. *Crítica de la razón negra*. Op. cit., cap. VI: "Clínica del sujeto", n. 6.3: "Un crecimiento de humanidad".

Por isso, Mbembe foi sensível, nos últimos anos, ao fenômeno da migração massiva de africanos – de países situados ao Norte como ao Sul do Saara – para Europa e, em tempos mais recentes, para a fronteira do México com os Estados Unidos. E, desde ali, interessou-lhe pensar – a partir da história e da filosofia política – sobre os mecanismos da exclusão colonial que o explicam.

O fenômeno das migrações forçadas, que se estendeu por todo o mundo, tem na África negra a sua expressão icônica mais brutal justamente porque é um fenômeno de invisibilidade na geopolítica global, irrelevante para os meios de comunicação internacionais. Quando muito, os governos, os meios de comunicação e as agências internacionais de ajuda humanitária falam das "guerras tribais" que atingem a vários países africanos, desde os anos do genocídio em Ruanda-Burundi, até as guerras nacionalistas no Congo, ou na fronteira da Etiópia com Eritreia. Mas o fazem, sobretudo, quando a guerra afeta os interesses de empresas multinacionais, ou quando a crise humanitária desborda as fronteiras do Sul para irromper de modo escandaloso ao Norte. Naturalmente, fala-se bem menos das migrações africanas internas no próprio continente, do campo para as megalópoles africanas, com massas de população movidas pelas miragens da enganosa prosperidade que produziu os portentosos investimentos do capitalismo financeiro chinês, indiano e europeu no Senegal, Nigéria ou na África do Sul.

Desse modo, para Achille Mbembe é necessário traçar um mapa com a geografia do *necropoder*, onde a vida humana fica "africanizada". Essa categoria não se refere somente à *vida precária* caracterizada pela violência econômica e de gênero que se transforma em dominação política – como afirmou Judith Butler ao se referir à violência de gênero –. Essa vida precária fica, segundo Mbembe, submetida ao colonialismo global, isto é, exposta a uma *submissão* de ordem política além das fronteiras dos estados-nação modernos, por meio de novas formas de marginalização, injustiça, sofrimento, morte e extermínio massivo, para populações habitando "territórios de morte". Assim, o *biopoder* próprio do Estado moderno se tem transformado em *necropoder* dos estados pós-modernos e neocoloniais às ordens do poder financeiro multinacional global.

Como símbolo desse poder de morte, o *Mare Nostrum* interno da África que durante milênios foi o deserto do Saara – lugar de travessias, encontros e desencontros de civilizações – agora converteu-se numa "fossa clandestina ao ar livre". Suas dunas e planícies imensas cobertas de areia escondem – e, às vezes, de modo dramático também revelam porque as tempestades de areia os descobrem – restos humanos de dezenas de milhares de pessoas que tentaram cruzar o deserto para algum dia chegar ao Mediterrâneo com o anseio de alcançar as costas europeias. Milhares de pessoas encontraram ali a morte por desidratação, mordidas de serpentes, hipotermia e, como contradição suprema, porque foram assassinadas por máfias criminosas africanas e internacionais que fazem da migração forçada seu grande negócio.

Por outro lado, como uma pinça gigantesca que aperta ainda mais os corpos das pessoas na migração forçada, os *campos de refugiados* – situados ao longo das costas do Mediterrâneo, ou em regiões de conflito como a fronteira da Etiópia com Eritreia – são verdadeiros campos de concentração onde são recluídas milhares de pessoas pelo *necropoder* que as tornam invisíveis, em monstruosos lugares de "estado de exceção".

Um fenômeno político e social que, como dissemos no capítulo anterior, fora analisado também por Giorgio Agamben para pensar a corrupção do poder do Estado moderno, a partir dos regimes totalitários do século XX, que justificaram com leis feitas ao modo de produção de vida nua – *nuda vita*.

Essas coordenadas da "africanização" da vida humana mostram um modelo moderno de Estado-nação que entrou em crise, mas que agora está sendo controlado com eficiência criminosa por governos nacionais ao serviço de interesses de minorias financeiras globalizadas, ao mesmo tempo que é apoiado pelos nacionalismos identitários que estão de volta no contexto da confrontação global.

* * *

O mais desconcertante e surpreendente, no entanto, dessa "africanização" do mundo é que, em meio desses lugares de morte construídos pelo *necropoder* – sejam as fossas clandestinas do deserto ou os campos de refugiados – haja *fissuras* por onde brota a vida.

Será exatamente no centro desses novos campos de concentração – em sua versão pós-moderna de "campos de refugiados", projetados para o extermínio e a morte das massas tornadas invisíveis – ou nas pequenas embarcações e navios de carga onde os sobreviventes procuram alcançar as costas europeias no Mediterrâneo, onde surgem com potência as *resistências* que resultam das mesmas vítimas. Trata-se de algo similar ao que aconteceu na América Latina, no caso de familiares de pessoas desaparecidas por feminicídios ou pelo tráfico de pessoas e de migrantes em mobilidade forçada, que caem nas redes das máfias criminosas. Resistências que já relatamos como princípio de uma *mudança de mundo,* no primeiro capítulo.

Desse modo, Mbembe construiu o seu pensamento no cenário devastador da colonialidade europeia no continente africano do século XIX, que se prolongou até finais do século XX. Seu pensamento foi se construindo na escuta das resistências dos povos africanos em sua experiência de "Modernidade desde o reverso". Mbembe promove assim, junto com outros intelectuais do Sul pós-colonial e seus aliados do Norte, fóruns de debate sobre o futuro da África, como símbolo da resistência daquele mundo invisibilizado que começou a despertar.

Não obstante as similitudes entre África e América Latina, o pensador camaronês e professor em Johanesburgo tem estado pouco vinculado até agora com o pensamento crítico em outras latitudes do Sul global. Mesmo assim, as coordenadas do *necropoder* se estendem em ambas regiões do Sul, por exemplo, por meio dos mecanismos de redução dos corpos a lixo. Parece-nos, por isso, prioritário e urgente – para promover os múltiplos diálogos Sul-Sul – entrelaçar sua perspectiva africana *pós-colonial* com a práxis *decolonial* latino-americana e com o pensamento crítico que surge em ambos polos epistêmicos.

Essas duas contribuições parecem-nos ser contrapartes compatíveis de uma rede de resistências e de pensamento crítico, que coincidem no diagnóstico da inviabilidade do modelo moderno de civilização tecno-instrumental que tem submetido milhões de pessoas, povos inteiros e culturas ancestrais à hegemonia de um mundo de racionalidade instrumental. Pelo que se torna mais urgente a escuta mútua e o diálogo crítico, a fim de promover a articulação dessas muitas e inspiradoras resistências sociais, políticas e culturais contra a hegemonia do pensamento abissal.

Certamente, o pensamento crítico latino-americano insistirá, de modo mais intenso e urgente, na necessidade do desmantelamento da estrutura econômica, política e cultural do sistema hegemônico. Enquanto o pensamento pós-colonial africano, em que se alista Mbembe, enfatizará o despojo cultural ao que foram submetidos os povos da África negra pelas potências coloniais, sobretudo nos séculos XIX e XX, para afirmar com diligência a necessidade de uma emancipação cultural, epistêmica e espiritual africana.

Ambas posições antissistêmicas não estão em contradição, mas explicam-se mutuamente pelos diversos lugares de enunciação de seus autores e pensadoras, que reconhecem e nomeiam diversas cabeças da "hidra capitalista", aquela besta da qual falava o movimento zapatista no México.

Um diálogo de fundo sobre o debate entre o pensamento *pós-colonial* africano e o pensamento *decolonial* latino-americano, pelas suas implicações de autonomias territoriais e epistêmicas – com fundo político, cultural e religioso – será um conduto importante dos diálogos do Sul global que estão por vir.

2 O multiverso da diversidade sexual como projeto político e epistêmico: Angie Rueda, Jessica Marjane e Lukas Avendaño

O segundo eixo da revolução do pensamento crítico é a desconstrução da hegemonia de gênero que impusera o patriarcado capitalista, colonial e sacrificial.

No entanto, os movimentos feministas do século XX enveredaram por uma complexa elaboração, marcada em seus começos por reivindicações de mulheres europeias, brancas, urbanas e modernas, que centraram suas principais lutas sociais nos direitos da sexualidade das mulheres, a autonomia de seus corpos e seus direitos civis e políticos. Os feminismos negros nos Estados Unidos primeiro, e depois na África, ou de mulheres indígenas na América Latina, viram com desconfiança a visão moderna ocidental dos feminismos brancos.

Outra ruptura significativa no debate sobre o patriarcado foi colocada sobre a mesa pelo movimento da diversidade sexual – em seus inícios, o movimento *gay*, seguido do lésbico, mas que nos transfeminismos e nas transmasculinidades, assim como as novas masculinidades – encontrou vozes dissidentes com práticas disruptivas do modelo binário (homem-mulher) de gênero que predominou durante décadas nos debates sobre identidades, preferências, subjetividade e, agora, subjetivações sexuais diversas.

Por isso, como parte do pensamento crítico do século XXI é necessário incluir essa fronteira da crítica ao patriarcado, mas agora em perspectiva decolonial. O que significa, concretamente, a transversalidade da hegemonia machista e falocêntrica que tem acompanhado ao capitalismo colonial, para dar passo a novas formas de subjetivações sexo-genéricas, não binárias nem cisgêneras, que promovam a diversidade das pessoas e coletivos, com seus irrestritos direitos civis, sociais, políticos e espirituais, no centro das democracias participativas pós-modernas em processo de (des)construção.

Apresentaremos esse eixo transversal da crítica ao patriarcado, como parte do pensamento crítico, num tríptico de perfis que mostre a genealogia decolonial em processo: a marginalidade transfeminista de duas líderes mexicanas: Angie Rueda e Jessica Marjane; e, finalmente, a crítica ao modelo ocidental de gênero derivado da *muxeidade* como prática e performatividade do corpo libertado, em contexto indígena zapoteco, no Sudeste do México[112]. Fica pendente uma pesquisa posterior sobre as transmasculinidades, como outras vozes com dignidade e resistência política e espiritual; também a voz das pessoas não binárias, que não se reconhecem em nenhum desses coletivos de gênero trans.

---

112. Outros povos originários de América do Norte resgatam hoje suas diversas práticas de gênero, por exemplo o povo Tamarack, com o reconhecimento das pessoas "dois espíritos" (cf. LELAND, J. "A Spirit of Belonging, Inside and Out". *The New York Times*, 08/10/2006 [Disponível em https://nyti.ms/2MvrcFn – Acesso em 08/12/2017].

Esta breve genealogia da diversidade de gênero no México serve para documentar a história das resistências políticas, sociais e epistêmicas do Sul global.

Angie Rueda, Jessica Marjane e Lukas Avendaño ou a disrupção do gênero

O pensamento crítico feminista pós-moderno tem se diversificado segundo toda uma gama de feminismos pós-patriarcais, que vão além do modelo binário de gênero, seja de homens ou mulheres cisgêneros. De modo específico, os feminismos e novas masculinidades de pessoas e comunidades transgênero evidenciaram o debate político da questão de gênero que atravessa todas as subjetivações possíveis, de novos feminismos e novas masculinidades em processo de florescimento no espaço social.

Por isso retomaremos aqui o pensamento crítico e a ação política de duas ativistas transgênero mexicanas que – cada uma conforme a sua identidade sexo-genérica e a própria causa política – contribuem com as resistências epistêmicas uma diversidade inédita. Também apresentaremos a práxis política e performativa de um ativista social e coreógrafo *muxe*, que põe em questão as categorias ocidentais para abordar a diversidade sexual, desde a sua própria cultura zapoteca, no Estado de Oaxaca, ao sul do México.

Estas três contribuições ao pensamento crítico e decolonial será necessário escutá-las e conhecê-las, para estar em condições de estabelecer um diálogo crítico no espaço público sobre os empoderamentos de gênero em questão, da parte das minorias sexuais invisibilizadas pelo sistema heteronormativo patriarcal, cisgenérico e falocêntrico.

* * *

Angie Rueda[113] é conhecida pelo movimento LGBTQI do México pela sua postura radical – de cunho anarquista – hipercrítica às causas identitárias fechadas, próprias de qualquer dos grupos desta comunidade que promovem o respeito à diversidade sexual, mas fechadas em seus privilégios de classe, de identidade sexo-genérica acrítica e, finalmente, de visibilização social no espaço público. Como mulher trans desde sua condição originária de homem sexo-genérico, Angie Rueda passou desde um feminismo ingênuo a um *transfeminismo político* que exclui, por princípio a todo homem, de sua causa política, social e epistêmica, por considerá-lo cúmplice dos privilégios do sistema heteronormativo.

À luz dessa proposta, a luta dos transfeminismos no México do século XXI radica, de modo prioritário, no reconhecimento de seus direitos como mulheres, que deverão ser reconhecidos pelos feminismos tradicionais, assim como pelos grupos de homens *gays*, privilegiados pelo mercado laboral e de consumo de bens e serviços, um privilégio próprio de uma classe social acomodada.

Embora o transfeminismo anarquista reconheça o drama social dos crimes de ódio contra a comunidade homossexual de homens sexo-genéricos, não aceita com facilidade sua luta, por-

---

113. O tema dos direitos humanos da comunidade trans está no centro da atenção dos transfeminismos de hoje, como parte de um problema mais amplo próprio do capitalismo global: "DLF: Considera que o acesso ao emprego é uma das principais formas de discriminação que enfrentam as pessoas da população trans? ARC: Eu diria que é uma das principais formas de discriminação que existem no mundo; na Espanha, na Grécia e em outros países europeus. Essa é uma das consequências do capitalismo. Acontece com os países mais desenvolvidos e suas crises cíclicas, porque o capitalismo é um sistema amoral que não olha para as personas. Sua atenção está fixada para os Estados, os governos, às igrejas, às sociedades, aos partidos políticos. É implacável e quando há uma crise de produção, uma crise cíclica, necessita prescindir de milhões de pessoas e se torna problema dos Estados e ver o que fazem com elas" (RUEDA CASTILLO, A. "Direitos trabalhistas da população trans". Entrevista de David Ledesma Feregrino com Angie Rueda Castillo. *Asilegal*, 01/05/2013 [Disponível em https://bit.ly/3eDomKK – Acesso em 10/10/2018]).

que a julga cúmplice de um sistema heteronormativo patriarcal e falocêntrico.

Por outro lado, o transfeminismo caracteriza-se hoje pela sua crítica política ao capitalismo patriarcal. Dali a sua abertura a outros grupos que padecem exclusão, como o indica a pensadora de Tijuana, Sayak Valencia:

> O transfeminismo, como ferramenta epistemológica não se desliga do feminismo nem se propõe como a superação deste, mas como uma rede capaz de abrir espaços e campos discursivos a todas aquelas práticas e sujeitos da contemporaneidade e do *devir minoritário* que não haviam sido considerados de modo direto pelo feminismo branco e institucional. De igual forma, tece laços com a memória histórica e reconhece a herança contribuída pelos movimentos feministas integrados pelas minorias raciais, sexuais, econômicas e migrantes ao mesmo tempo que se nutre deles, tanto discursiva quanto politicamente[114].

Nesse sentido, o *transfeminismo* que representa Angie Rueda no México aponta para uma maior complexidade da questão da diversidade sexual, em que entram em jogo, tanto a crítica política ao patriarcado heteronormativo, como a severa desqualificação às identidades cisgenéricas acríticas.

Essa corrente, sobretudo, de *transfeminismo* anarquista denuncia os privilégios de classe de certas lutas de empoderamento lésbico-*gay*, tal como foram se construído no século XX, a partir dos movimentos da diversidade sexual, desde *Stone Wall* até nossos dias. Após cinco décadas de reivindicações sexo-genéricas – que levaram, entre outras conquistas, ao reconheci-

---

114. VALENCIA, S.M. “Teoría transfeminista para el análisis de la violencia machista y la reconstrucción no-violenta del tejido social en el México contemporáneo”. *Universitas Humanistica Javeriana* 78, jul.-dez./2014, p. 68 [Disponível em https://bit.ly/3cuweNh – Acesso em 10/10/2018].

mento do matrimônio civil entre pessoas do mesmo sexo[115] – é necessário sair do privilégio de classe e de identidades cisgenéricas, para se dirigir para uma nova política da diversidade sexual que inclua todas as subjetivações de gênero que existam na sociedade diversa.

* * *

Por outra parte, Jessica Marjane é uma voz inovadora na reivindicação transfeminista do século XXI, no México e América Latina.

Como masculino biológico de nascimento, Jessica iniciou a sua transição na adolescência a uma condição transexual. Ela é agora uma jovem advogada e ativista pelos direitos da comunidade transfeminista na sociedade contemporânea mexicana e internacional. Sua presença ativa em fóruns internacionais como a Comissão de Direitos Humanos da ONU em Genebra, Suíça, dá conta da dimensão internacional da fronteira jurídica em que Jessica Marjane fortalece o seu ativismo. Iniciou o seu trabalho social na Cidade do México com o coletivo Rede de Juventudes Trans, A.C., que fundou há alguns anos para oferecer orientação psicológica, assessoria legal, assim como acompanhamento comunitário a jovens que decidem transicionar em sua identidade sexo-genérica, ficando expostas por essa difícil decisão à rejeição familiar, à segregação no bairro citadino, ao *bullying* na escola e, em geral, à marginalização no contexto social e religioso em que vivem.

---

115. Importante sublinhar a relevância política e cultural do primeiro matrimônio igualitário realizado na Cidade do México entre duas mulheres ativistas pelos direitos da comunidade LGBTQI, a advogada Lol Kin Castañeda, e a teóloga Judith Vázquez, com o apoio do político parlamentar David Razú (cf. VILLALOBOS, J.M. "A mãe de todas as batalhas será inserir a diversidade sexual na educação. Entrevista com o Dr. Jordi Díez". *Revista Inerdisciplinaria de Estudios de Género*, ano 2, n. 3, jan.-jun./2016, p. 191-199).

A partir dessa experiência própria e de outros – que se move, de modo contraditório e paradoxal, entre a exclusão e o empoderamento – a proposta jurídica de Jessica Marjane consiste em promover, em fóruns nacionais e internacionais, a defesa do direito à mudança de identidade sexo-genérica das pessoas trans, seja transfeministas ou "transmasculinistas". Essa batalha jurídica supõe o concernente respeito irrestrito – da parte de autoridades de diversos âmbitos, desde o político até o educativo e o religioso – aos direitos civis, sociais e políticos das pessoas trans, em temas de saúde, patrimônio, trabalho, educação e desenvolvimento cultural.

Um capítulo à parte nessa luta, é o tema da violência de gênero contra as pessoas trans, em particular os crimes de ódio. Devido à marginalidade à que são obrigadas a transitar pelo contexto misógino e homofóbico em países como México, as pessoas que assumem seu transfeminismo ou sua transmasculinidade padecem uma tríplice exclusão: por ser mulheres ou homens trans, por ser pobres – em virtude de sua exclusão social que os conduz com frequência ao trabalho sexual – e por ser transexuais, homens ou mulheres, ou também pessoas não binárias. Os direitos desses coletivos, portanto, se veem pisoteados pelo sistema heteronormativo certamente, mas também pela discriminação social e religiosa que impõe o estigma da prostituição a muitas pessoas trans, sem que isso seja uma condição indispensável de sua opção transicional.

* * *

Daqui a relevância da contribuição ao pensamento crítico que se desenvolveu no México e América Latina de outro ator-chave das perspectivas das resistências sociais pós-modernas, Lukas Avendaño.

Desde a sua condição *muxe* – enriquecida pela sua formação como antropólogo zapoteca e expressa pela atuação como coreógrafo de performatividades críticas – a contribuição de Lukas Avendaño é fundamental para compreender a *transversalidade cultural e política* da questão de gênero. Sua obra performativa cênica[116] inscreve-se, de modo explícito, no marco das resistências contra o pensamento abissal nestes tempos de violência sistêmica e global.

Na primeira instância, a *muxeidade* que reivindica Lukas Avendaño é, por si mesma, uma resistência *epistêmica* contra os estereótipos ocidentais da homossexualidade. Ser *muxe* na cultura zapoteca do Sudeste mexicano – à que pertence Lukas Avendaño – não é um assunto idêntico à condição *gay* ocidental. Tampouco é uma identidade sexo-genérica que alguns antropólogos estadunidenses chamaram "terceiro sexo" há umas décadas.

A *muxeidade*[117] é uma prática cultural de diversidade sexual vivida por homens zapotecas em diferentes papéis sociais identificados como masculinos ou femininos pela cultura ocidental. Designa, na maioria dos casos, papéis sociais de cuidado – tradicionalmente designados às mulheres nas culturas ocidentais – da família e a casa, com funções como o cuidado da casa, o bordado, cuidado com o cabelo, a cozinha e o trabalho sexual. Mas também designa papéis "masculinos" de proteção, segurança, provedoria

---

116. Por exemplo, suas principais coreografias: *Não sou pessoa, sou borboleta* (2016), *Instalações para corpo humano* (2014), *Réquiem para um alkavarám* (2012), nas quais combina a crítica política com a defensa do copo-território da *muxeidade*. Uma amostra da sua obra cênica pode ser vista on-line, na plataforma Vimeo [Disponível em https://vimeo.com/166573227 – Acesso em 11/10/2018].

117. Cf. a pesquisa que realizamos sobre a espiritualidade dos *muxes* como resistência epistêmica e cultural: MENDOZA-ÁLVAREZ, C. & ESPINO ARMENDÁRIZ, S. "A Critical Approach to Gender Identities in the 'Muxe' case". *Humanities and Social Sciences* 2018, vol. 6, n. 4, jul./2018, p. 130-136 [Disponível em https://bit.ly/2zPJgYq – Acesso em 10/10/2018].

e comando, que vivem os *mayates*, ou homens – ativos sexualmente – mas que formam parte da rede de identidades *muxes*. Como parte dessa cultura *muxe* do Istmo de Tehuantepec, em Oaxaca, as famílias, especialmente as mães de família, assumem um papel de reconhecimento e apoio às pessoas que decidem formar parte dos coletivos *muxes*.

Mesmo assim, os *muxes* são respeitados pelos pais de família, os irmãos e até pelos sacerdotes da região. Por exemplo, quando organizam suas tradicionais "velas" ou procissões de confrarias para a veneração de seu santo padroeiro, como o caso de São Vicente Ferrer em Juchitán, Oaxaca, em abril de cada ano.

A partir dessa prática cultural de diversidade sexual *muxe*, Lukas Avendaño fez de si mesmo "objeto" do seu próprio discurso antropológico e coreográfico, transitando assim para uma reivindicação do corpo *muxe* como território de autonomia pessoal e comunitária ao mesmo tempo, com implicações políticas, culturais e espirituais. Suas *performances* incluem, por isso, mostrar o corpo *muxe* com sua forte carga erótica e política disruptiva, vestido como mulher *tehuana* em corpo de homem.

As representações cênicas de Lukas Avendaño expressam, ao mesmo tempo, a denúncia da violência de gênero a que são submetidos esses coletivos fora da cultura zapoteca, que tem sido seu hábitat cultural por séculos. Concretamente, devido à migração forçada do campo à cidade no México – que provocou uma severa crise econômica para os despossuídos pelo capitalismo global, como os camponeses e indígenas – a comunidade *muxe* padeceu também o trânsito a novos entornos que são hostis à sua cosmovivência da diversidade sexual.

Uma vez que migram, os *muxes* ficam expostos ao tráfico de pessoas, à prostituição controlada por máfias criminosas, à dependência química e às doenças de transmissão sexual, assim como à pobreza e à exclusão social em cidades hostis a sua cultura. Por isso os *muxes* migrantes padecem a falta de serviços de saúde reprodutiva[118] e, com frequência, são vítimas da marginalização laboral. Daí que a comunidade *muxe* padeça, como outros grupos marginais como os *gays* e as lésbicas cisgenéricos, a invisibilização social na escala mais baixa da discriminação sexo-genérica.

Uma dimensão constitutiva da *muxeidade* é, finalmente, o aspecto festivo e espiritual de suas confrarias e *velas*[119] – ou festas comunitárias com uma amálgama harmoniosa de orações ao santo padroeiro da confraria, dança, comida, concurso de beleza e encontros sexuais livres – que recria a comunidade *muxe* em sua diversidade, com o apoio da comunidade local.

É importante enfatizar que a espiritualidade *muxe* que expressa Lukas Avendaño está enraizada – para surpresa de muitos – na teologia da libertação que aprendeu nas comunidades de base da Dioceses de Tehuantepec, com Don Arturo Lona, bispo responsável por aquela comunidade. Nesse sentido, a comunidade *muxe* vive uma "libertação com Espírito" que a torna uma protagonista única da opção de Deus pelos pobres e excluídos, que a teologia latino-americana da libertação assumiu para si como tradução da opção de Jesus de Nazaré pelos excluídos do seu tempo.

Recentemente, o ativismo social do *muxe* Lukas Avendaño viu-se alterado de forma dramática, pela desaparição do seu ir-

---

118. Cf. MIANO BORRUSO, M. "Muxe: 'Nuevos liderazgos' y fenómenos mediáticos". *Revista Digital Universitaria*, vol. 11, n. 9, 01/09/2010 [Disponível em https://bit.ly/3cuwqft – Acesso em 11/10/2018].

119. Os estudos culturais lidam com o tema da espiritualidade *muxe*, ainda por ser pesquisado na perspectiva teológica *queer*. A aproximação das ciências sociais somente considera a expressão religiosa das velas *muxe* como práticas de *performance* (cf. TENOCH LAAKSONEN, S.T. *Entre fantasía y realidade* – Existencias transformadoras de los muxes juchitecos: explorando identidades discursivas y performativas de hacer género más allá de la heteronormatividad. Cidade do México: Ciesas, 2016 [tese de doutorado em antropologia] [Disponível em https://bit.ly/3cAq91S – Acesso em 11/10/2018]).

mão Bruno, jovem militar, quando visitava sua mãe, no dia 10 de maio de 2018. Bruno Avendaño é uma das 80 mil pessoas que desapareceram nos últimos doze anos no México. Essa experiência de incerteza, dor e agônica esperança que vive a família Avendaño em Juchitán, Oaxaca, tem sido um divisor de águas para radicalizar a palavra e a performatividade do coreógrafo *muxe* Lukas Avendaño[120].

A partir do trauma da desaparição do seu irmão, para Lukas Avendaño a reivindicação política da *muxeidade* ficou atravessada pela indignação política diante do horror da violência sistêmica que invisibiliza, desaparece e transforma em lixo vidas humanas ao serviço do necropoder, como o descreve na entrevista realizada por Tania Adam[121] para a televisão de Barcelona. É por isso que não consiste apenas – para o antropólogo e coreógrafo mexicano – em afirmar o direito à diferença de um coletivo *muxe*. Mas, ao mesmo tempo, essa resistência adquire uma nova dimensão ao exigir a aparição com vida de todas as pessoas desaparecidas, porque se trata de um problema *estrutural* ou sistêmico da sociedade mexicana e mundial.

Por isso, no seu discurso performático é necessário assumir a *transversalidade* das resistências das vítimas sistêmicas, em favor do direito à vida, a justiça e a verdade de quem foram invisibilizados pelo necropoder.

Como parte de tais resistências antissistêmicas – perante o crescimento da guerra global que vivemos no planeta – a resistência cultural dos *muxes* soma-se agora à resistência de familiares de pessoas desaparecidas pelas máfias criminosas que

---

120. AVENDAÑO, L. *Buscando a Bruno*. Barcelona, jun./2018 [Disponível em https://vimeo.com/277627522 – Acesso em 11/10/2018].

121. ADAM, T. "Entrevista a Lukas Avendaño, performer i antropòleg muxe". *Terrícoles/betevé*, 04/07/2018 [Disponível em https://bit.ly/36VHjFP – Acesso em 11/10/2018].

operam sob a lógica do narcoestado: em aliança com o capitalismo financeiro internacional, para benefício das empresas multinacionais que acolhem o Estado mexicano extrativista e os demais estados modernos. Porque, finalmente, é o patriarcado heteronormativo aquele que, como enfatiza Rita Laura Segato[122], submete corpos e territórios à sua lógica de dominação, hegemonia e morte.

Em síntese, podemos dizer que o pensamento crítico que nasce da *muxeidade* é um processo múltiplo com várias práticas de subversão: desmonta os estereótipos de identidades sexo-genéricas; torna evidente a discriminação cultural por razões étnicas; denuncia a discriminação social e política dos povos originários, no contexto de sociedades com predomínio mestiço e branco.

Tudo isso para viver com Espírito o empoderamento de uma comunidade sexo-genérica diversa, que celebra as suas raízes culturais zapotecas como hábitat onde florescem as personas *muxes* ao serviço da sua comunidade local e da Mátria grande.

3 As autonomias territoriais e políticas: os caracóis zapatistas como símbolos pós-modernos de corpos-territórios libertados

Como última parte deste tríptico das resistências epistêmicas, a outra contribuição significativa para a lenta e profunda elaboração do pensamento crítico *decolonial* no México é formada pelas contribuições de intelectuais antissistêmicos do que chamamos a Escola de San Cristóbal, em Chiapas. Como parte desta corrente de pensamento crítico, há aqueles que estão vinculados ao movi-

---

122. SEGATO, R.L. "Manifiesto en cuatro temas". *Critical Times Journal*, vol. 1, n. 1 [seção especial: McGLAZER, R. (org.). "Transnational Feminist Strikes and Solidarities" (International Consortium of Critical Theory Programs, 2018), p. 212-225]. [Disponível em https://bit.ly/2ZZ63vs – Acesso em 11/12/2018].

mento zapatista, ou à teologia da libertação, e alguns participando em ambos processos.

Com intelectuais importantes como o bispo Dom Samuel Ruiz Garcia[123], ao lado de historiadores como Andrés Aubry[124] e Jan de Vos[125], o pensamento antissistêmico aprofundou a sua memória histórica, na segunda metade do século XX, graças ao trabalho da Diocese de San Cristóbal de las Casas. Seguindo a pista da igreja autóctone, essa diocese promoveu a teologia índia como parte das resistências, no contexto do despertar dos povos originários, após cinco séculos de submissão colonial. Como parte desse processo de memória, o pensamento crítico enraizou-se, tanto nos *caracóis zapatistas* quanto nos processos de comunidades eclesiais *autóctones.*

Esse movimento de rebeldia inicial deu lugar, mais tarde, a uma reflexão mais aprofundada, que foi sendo gerada por meio de "conversatórios" e "sementeiras", organizados como encontros internacionais do pensamento antissistêmico, com a participação de cientistas sociais como Xóchitl Leyva de quem falamos no primeiro capítulo. A essas conversações foram associando-se mais recentemente escritores mestiços da importância de Juan

123. Cf. a entrevista que Jorge Santiago fez a jTatik Samuel antes da sua morte, que se tornou o seu testamento espiritual: SANTIAGO, J. *La pasión de servir al Pueblo*. San Cristóbal de Las Casas: Centro de Derechos Humanos Fray Bartolomé de Las Casas, 2016.

124. AUBRY, A. *Saberes en el camino (Compilación de artículos 1984-2007).* San Cristóbal de Las Casas: Cideci-Unitierra, 2017. • AUBRY, A. *Fray Pedro Lorenzo de la Nada*: misionero de Chiapas y Tabasco. Cidade do México: Fondo de Cultura Económica, 2013. • AUBRY, A. *Oro verde* – La conquista de la selva lacandona por lo madereros tabasqueños. Cidade do México: Fondo de Cultura Económica, 1988. • AUBRY, A. *La paz de Dios y del Rey* – La conquista de la selva lacandona, 1525-1821. Cidade do México: Fondo de Cultura Económica, 1988.

125. VOS, J. *Una tierra para sembrar sueños* – Historia reciente de la selva lacandona. Cidade do México: Fondo de Cultura Económica, 2002.

Villoro[126], ou jornalistas mexicanas reconhecidas, como Marcela Turati[127] e Daniela Rea[128].

Para fechar o segundo capítulo deste livro sobre a ressurreição como insurreição, vamos concentrar a atenção em pensadores antissistêmicos que, pela sua importância sobre o tema da crítica à violência global, nos ajudarão a compreender melhor os alcances das *autonomias epistêmicas* em processo de construção, desde as montanhas e a selva de Chiapas até o altiplano mexicano, mas com um alcance global nesta hora de violência sistêmica que está produzindo o necropoder.

Raymundo Sánchez ou o pensamento antissistêmico "no meio da tempestade"

Existem "intelectuais de retaguarda" que – há várias décadas – optaram por desvanecer a sua figura como autores "de vanguarda", para facilitar processos de autonomias cognitivas dos povos e coletivos esquecidos.

Tal é o caso de Raymundo Sánchez Barraza[129], diretor do Cideci-Unitierra em San Cristóbal de Las Casas, Chiapas. Sua

---

126. Cf. VILLORO, J. "¿Prohibido pensar?". *Reforma*, 20/04/2018 [Disponível em https://bit.ly/2U46Fw7 – Acesso em 11/10/2018].

127. TURATI, M. *Fuego cruzado* – Las víctimas atrapadas en la guerra del narco. Cidade do México: Penguin Random House, 2011.

128. Cf. REA, D. *Nadie les pidió perdón*: historias de impunidad y resistencia. Cidade do México: Urano, 2016.

129. Cf. a entrevista de In: *Motion Magazine* sobre o projeto da Universidade da Terra: PAGET-CLARCKE, N. "Una universidad sin sapatos – Entrevista con Raymundo Sánchez Barraza". In: *Motion Magazine*, 03/09/2005 [Disponível em https://bit.ly/2XZndWW – Acesso em 11/10/2018]. Uma análise da pedagogia deste projeto educativo, baseada na ideia illichiana de "convivencialidade", que tem se desenvolvido em Oaxaca e Chiapas, pode ser conferida em: ZALDÍVAR, J.I. "La Universidad de la Tierra en México. Una propuesta de aprendizaje convivencial". In: HERNÁNDEZ HUERTA, J.L.; SÁNCHEZ BLANCO, L. & PÉREZ MIRANDA, I. (orgs.). *Temas y perspectivas sobre educación* – La infancia ayer y hoy. Salamanca: Anthema, 2009, p. 285-298.

obra não consiste em publicações próprias, mas na organização temática de fóruns nacionais e internacionais de consulta sobre o rumo da história "vista de baixo e desde a esquerda". Sua voz se expressa nas muitas vozes que se conectam em colóquios de debate intercultural para confrontar os diferentes olhares sobre a crise epocal que vivemos.

Os *conversatórios e sementeiras* que Raymundo Sánchez delineia, junto com seus companheiros zapatistas, estão orientados ao aprofundamento do pensamento crítico que brota das resistências dos povos originários[130] – concretamente, dos povos maias que optaram pela rebeldia zapatista desde antes de 1994 – que se soma, muitas vezes como vanguarda no caminho, a tantas outras rebeldias.

Assim como Boaventura de Sousa Santos foi um dos principais promotores do Fórum Social Mundial desde 2001, ou Achille Mbembe que organiza os encontros African Futures no contexto da pós-colonialidade africana, Raymundo Sánchez é o arquiteto – ao lado do subcomandante insurgente Galeano, antes Marcos – dos célebres *Conversatórios* do Cideci-Unitierra Chiapas[131].

Para ponderar a contribuição desse teólogo e filósofo de profissão, mas sobretudo pensador mexicano "desprofissionalizado", trataremos aqui de dois encontros (seminário e conversatório) que propiciara em anos recentes: (i) *O pensamento crítico*

130. Sua metodologia está abalizada, ademais da convivencialidade, citada na nota anterior, num aprendizado não diretivo e comunal, como experiência de construção coletiva do conhecimento (cf. MAUSNER, G. *Lessons from Cideci Las Casas* [Disponível em https://bit.ly/3gPUhJO – Acesso em 11/10/2018]).

131. Os dois principais conversatórios organizados pelo EZLN no Cideci Uniterra foram: "El pensamiento crítico frente a la hidra capitalista" (maio de 2015) [Disponível em https://bit.ly/2z3frTM – Acesso em 11/10/2018]. Seguido do Conversatório "Miradas, esuchas, palabras: ¿prohibido pensar?" (abril de 2018). Pode ser visto no programa deste colóquio em: https://bit.ly/36Uip9s – Acesso em 11/10/2018].

perante a hidra capitalista em 2015; (ii) *Escutas, palavras, imagens – Proibido pensar?* em 2018.

(i) Seminário "O pensamento crítico perante a hidra capitalista"

Durante doze dias, 13 mesas, reuniram 65 palestrantes antissistêmicos de todos os continentes, primeiro no "caracol" ou município autônomo de Oventic, e depois no Cideci-Unitierra, em San Cristóbal de Las Casas, Chiapas. Apenas a participação dos anfitriões, que eram as mesmas comunidades zapatistas, foram cerca de cinco mil pessoas – meninas e meninos, moças e rapazes, mulheres e homens maduros – de todos os caracóis ou territórios autônomos em Chiapas.

Cabe ressaltar o reconhecimento da transversalidade do expansionismo capitalista, na sua versão neoliberal, como o problema comum a muitas violências que padecem os povos e coletivos marginalizados do mundo: desde os povos originários da América até as minorias étnicas no Curdistão ou os sobreviventes do holocausto nuclear no Japão.

Diferente do mundo acadêmico que falou nesse fórum sobre o ocaso do sistema patriarcal capitalista hegemônico, as e os oradores provenientes das comunidades zapatistas em rebeldia, com o Comandante Moisés como porta-voz, previram muito mais o apogeu do sistema. A seu ver, o capitalismo financeiro global não está em crise, mas se encontra no seu momento de globalização suprema, sustentado em um modelo de Estado extrativista e na partidocracia como seu parapeito de democracia formal, contando com a manipulação da informação controlada pelos meios de comunicação. O todo, sustentado por uma ideologia "religiosa" do mercado como deus com uma teologia da prosperidade, que converteu em consumidores massivos os povos submetidos pela tirania do "mau governo". Esse conluio do capitalismo com o fundamentalismo religioso cristão se encontra na base do retorno dos movimentos sociais e políticos de recorte fascistas na Europa, nos Estados Unidos e mais recentemente no Brasil.

Muito além da linguagem "revolucionária marxista", própria dos anos setenta do século passado, o que nos parece vigente desta crítica antissistêmica é a advertência dos povos originários sobre a *voracidade* do monstro patriarcal capitalista: esse sistema não se cansará de prosseguir com as guerras de despojo, agora sobre territórios que conservam a riqueza natural do planeta, prostituindo assim a Mãe Terra, exterminando os povos originários e levando a humanidade inteira ao risco de extinção.

Neste cenário de devastação global, o pensamento antissistêmico fez um chamado a multiplicar as resistências, encontrando as veias que as unem, e criando um entrelaçado[132] da solidariedade da rebeldia, da "digna raiva" e das autonomias de corpos-territórios, que façam frente à omnipresença do mercado global. Desse modo se propôs, por exemplo, que o feminismo indígena tem como desafio encontrar-se com os feminismos urbanos de mulheres mestiças ou brancas, e com as lutas emancipatórias dos transfeminismos e demais minorias sexuais, para desconstruir o patriarcado capitalista hegemônico.

* * *

Cabe ressaltar a metodologia de "desaprendizagem" – que retoma e atualiza a ideia illichiana de "desescolarização" – proposta como procedimento inicial nesses fóruns e como condição de possibilidade da gestação de outros tipos de conhecimento

132. O processo "Tecendo vozes pela casa comum" foi uma iniciativa dos movimentos sociais e algumas universidades do México para propiciar um diálogo crítico orientado a pensar o futuro do México "de baixo e desde a esquerda", para fortalecer uma democracia muito além da partidocracia, em vistas ao processo eleitoral de 2018 (cf. ESTEVA, G. "Tejidos y deshilados". *La Jornada*, 23/11/2015 [Disponível em https://bit.ly/372RZCz – Acesso em 11/10/2018]).

decolonial, pós-patriarcal e anticapitalista. A *escolinha zapatista*[133] torna-se, assim, um exemplo, entre outros, para aprender a olhar o mundo "desde baixo e desde a esquerda", como expressão antissistêmica de formação de consciência social e de resgate das sabedorias ancestrais. Seu objetivo consiste em tornar possível – desde os invisibilizados pelo sistema e suas múltiplas lutas pela dignidade – a justiça com verdade, e a democracia participativa surgida a partir do povo.

No fundo, trata-se de uma proposta de reutopização do mundo, em meio a discriminação em escala global que gera o capitalismo patriarcal, para manter acesa a esperança em um futuro comum para a humanidade.

(ii) Conversatório "Escutas, palavras, imagens - Proibido pensar?"

O outro processo de diálogo e debate de pensamento antissistêmico, organizado pelo Cideci-Unitierra Chiapas, foi realizado em 2018. Procurava estender pontes do movimento zapatista e o Conselho Nacional Indígena (CNI) com protagonistas culturais, sociais e políticos, no cenário das eleições presidenciais no México onde, por primeira vez na história do país, uma mulher indígena era postulada pelo Conselho Indígena de Governo (CIG) para obter a candidatura à presidência da república.

---

133. Um processo de "desaprendizagem" da informação educativa tradicional, a partir da experiência das comunidades zapatistas. Abriu suas portas em agosto de 2013 a pessoas da academia e dos movimentos sociais do mundo inteiro, oferecendo uma experiência de "imersão" nos caracóis, os territórios autônomos onde se vive um processo de pensamento crítico inspirado na experiência dos povos originários (cf. COMISIÓN SEXTA DEL EZLN. *Fechas y otras cosas para la escuelita zapatista*, mar./2013 [Disponível em https://bit.ly/302Swmw – Acesso em 11/10/2018]). Desenvolveram-se dois níveis deste processo de educação alternativa, cf. os quatro livros do nível 1: "La libertad según l@s zapatistas" [Disponível em https://bit.ly/2AwiLqO – Acesso em 11/10/2018].

É necessário explicar aqui – embora suscintamente – a relevância fundamental do Conselho Nacional Indígena[134] do México em tempos recentes. Após cinco séculos de dominação – primeiro pelo Vice-reinado espanhol durante trezentos anos, e depois pelo Estado liberal moderno e "revolucionário institucional", durante dois séculos em conjunto – os povos originários do México sobreviveram a essa longa noite.

Conscientes de que "o amanhecer ainda está longe", os povos originários congregaram-se em 1994, após receber uma chamada de atenção e de despertar coletivo, da parte do Exército Zapatista de Libertação Nacional com seu levantamento armado em Ocosingo e San Cristóbal de Las Casas, em defesa das autonomias indígenas. Formou-se então um Conselho Nacional Indígena para acompanhar essa luta histórica, até chegar aos "Diálogos de Santo Andrés" em 1995, entre o Governo federal e o Exército Zapatista de Libertação Nacional (EZLN), com a promessa de uma reforma constitucional que reconheceria as autonomias indígenas territoriais no México. Uma promessa não cumprida, que nunca se traduz em leis novas, devido à cumplicidade do Congresso federal com os poderes fáticos no México, um congresso dominado pela aliança entre os partidos dominantes: o Partido Revolucionário Institucional e o Partido Ação Nacional. Nesses debates do congresso existia uma minoria opositora, o Partido da Revolução Democrática – então partido de esquerda que concentrava a luta dos movimentos sociais no México do século XX –, que nunca conseguiu a reforma constitucional nos termos acordados durante os Diálogos de Santo Andrés, assinados por ambas partes no conflito, em 12 de fevereiro de 1996.

---

134. Pode ser conferida a intervenção de Carlos González, presidente do Conselho Indígena de Governo do Conselho Nacional Indígena, fazendo um balanço das três etapas do movimento dos povos originários do México, fundado em 1996 depois do levantamento zapatista de 1992 [Disponível em https://radiozapatista.org/?p=26778 – Acesso em 11/10/2018].

O Conselho Nacional Indígena ficou, assim, desmobilizado por vários anos, até que o despertar coletivo da escala nacional, provocado pelo Movimento pela Paz com Justiça e Dignidade em 2011, reavivou a sua consciência de resistência perante um Estado falido que sacrificava cada vez mais inocentes.

Já no contexto próximo à mudança do governo federal em 2018, após uma complexa reflexão conjunta para promover uma "política reconstruída a partir de baixo" muito além da partidocracia, o CNI resolveu postular Maria de Jesus Patrício, indígena nahua do Estado de Jalisco, como sua porta-voz[135]. Com a consigna de "comandar obedecendo", Maria de Jesus Patrício foi enviada, junto com o Conselho Indígena de Governo (CIG), a recolher a voz dos povos originários, com a finalidade de levar essa agenda política de direitos coletivos, defesa da mãe terra e democracia participativa, à contenda eleitoral pela presidência da República.

As condições para obter o registro como candidata independente colocadas pelo Instituto Nacional Eleitoral foram desfavoráveis, desiguais e discriminatórias para os povos originários[136]. A autoridade eleitoral federal estava exatamente a serviço de tal sistema de partidos. Não obstante, a resposta da sociedade civil em escala nacional – em contextos tão diversos como o mundo camponês e o urbano, o indígena e o mestiço – conseguiu colher cerca de trezentas mil assinaturas (somente uma terça parte do exigido pela Lei Eleitoral), mas com 93% de transparência e legalidade. Algo que nenhum dos outros dois candidatos, supostamente independentes, conseguiu realizar, inclusive com o apoio mafioso do poder político.

---

135. A imprensa internacional deu a devida relevância a este acontecimento político (cf. CONCHEIRO, L. "Los pueblos indígenas de México eligen a su vocera e irrumpen en el escenario político". *New York Times*, 28/05/2017 [Disponível em https://nyti.ms/3eO3Fvs – Acesso em 11/10/2018].

136. Cf. VILLORO, J. "Paradojas de la honestidad". *Reforma*, 30/03/2018 [Disponível em https://bit.ly/3dGO3tX – Acesso em 11/10/2018].

O aprendizado desse processo de consulta democrática esteve no centro do conversatório de 2018 no Cideci-Unitierra.

Durante dez dias, nessa ocasião, as mesas de cultura, jornalismo, política, direitos humanos e gênero, por exemplo, estavam compostas por intelectuais, jornalistas e promotores de arte de diversas procedências ideológicas, sociais e políticas. A pergunta comum centralizava-se em como imaginar o futuro do México, muito além das eleições presidenciais de 2018, com a prioridade de reconhecer os direitos dos povos originários pelo bem de todo o país, conscientes de que a porta-voz do CNI não participaria da disputa.

Sobretudo, importava a Raymundo Sánchez, ao Subcomandante Galeano e a Juan Villoro[137] – quem fora coorganizador do evento como escritor de renome e membro de O Colégio Nacional, seguindo os passos de seu pai, o filósofo Luis Villoro, em anos anteriores – como tecer solidariedades no meio de um sistema político corrupto, para alguns nitidamente um narcoestado, que já havia entrado em cheio na lógica do necropoder.

A contribuição principal destes conversatórios no Cideci-Unitierra de San Cristóbal de Las Casas consistiu, a nosso ver, em tecer uma escuta mútua dos sinais de resistência que existem, no México e no mundo, perante o capitalismo selvagem globalizado, como um modo de geração de conhecimento, de novas narrativas e de novos cenários políticos, culturais e espirituais, que tem a potência de *reinventar a utopia* em meio ao horror que é hoje o México e o mundo.

Em escala global, vivemos em meio a territórios infestados de fossas clandestinas, de migrações forçadas e de estados protecio-

---

137. Pode ser conferida a intervenção de Juan Villoro, como coorganizador do conversatório ao lado de Raymundo Sánchez e o Sup Galeano, na mesa "E neste grito de silêncios, como falamos a verdade?" (in: *Conversatório Olhares, escutas, palavras: proibido pensar?* [Disponível em https://radiozapatista.org/?p=26778 – Acesso em 11/10/2018]).

nistas que somente salvaguardam os interesses vorazes de uma minoria da população da humanidade.

E, no meio da tempestade, os povos originários – diferentemente de muitos pensadores e movimentos antissistêmicos – vislumbram um novo amanhecer.

Sylvia Marcos ou os feminismos decoloniais

Os feminismos indígenas na Mesoamérica estão marcados, nos anos recentes, pela liderança de mulheres maias, muitas delas como parte dos *caracóis zapatistas*, mas todas em diálogo permanente com outros feminismos que se situam já "do outro lado" do pensamento hegemônico.

Como parte dos conversatórios já indicados anteriormente, realizou-se um encontro de mulheres decoloniais em 2018, convocado pelas mulheres do EZLN com o título: "Primeiro Encontro Internacional Político, Artístico, Desportivo e Cultural de Mulheres que Lutam"[138]. Foi realizado de 8 a 10 de março de 2018, no Caracol Morélia, situado nos vales de Ocosingo, em Chiapas.

Há alguns anos, na *Sexta Declaração da Selva Lacandona*[139] o tema da justiça e a igualdade para as mulheres indígenas, no contexto de uma secular cultura machista e racista – descrita de modo magistral, na sua obra literária, por Rosario Castellanos[140] – tinha sido colocado como prioridade da emancipação zapatista. Décadas atrás, o trabalho da Coordenadora de Mulheres (Codemuj) da Diocese de San Cristóbal de Las Casas – ratificado pelo Terceiro Sínodo Diocesano de 1999 – tinha iniciado a promoção

---

138. Disponível em https://bit.ly/377AuBj – Acesso em 18/10/2018.

139. O diagnóstico do EZLN de 2005, nove ano após a sua insurreição segue vigente (cf. EZLN. *Sexta Declaración de la Selva Lacandona*, jun./2005 [Disponível em http://enlacezapatista.ezln.org.mx/sdsl-es/ – Acesso em 11/10/2018]).

140. Cf. CASTELLANOS, R. *Oficio de tinieblas*. Cidade do México: Joaquín Mortiz, 1962.

da consciência das mulheres sobre seu próprio corpo, seu modo de estar no mundo e seu papel na vida da comunidade, por meio de diferentes lideranças na vida da família e a comunidade, como cuidadoras da terra, catequistas e outras funções no trabalho coletivo. Do mesmo modo, o trabalho social da associação civil Kinal Ansetik promoveu de modo explícito nas comunidades indígenas dos Altos de Chiapas e nos vales de Ocosingo a formação de lideranças de mulheres, com uma forte tonalidade feminista de reivindicação dos direitos das companheiras indígenas.

Considerando todo o anterior, é necessário reconhecer que o processo de "empoderamento" das mulheres indígenas maias transcorreu, ao longo de meio século nessa região do México, como um fenômeno que se explica não apenas por uma agenda feminista, mas como resultado de um longo e complexo caminho de reconhecimento de suas subjetivações, a partir da correlação entre cristianismo e Modernidade emancipatória.

Para a nossa reflexão sobre as resistências decoloniais é importante sublinhar que o processo de reivindicação das mulheres indígenas circulou entre a teologia da libertação, lida em perspectiva feminista, até o apoio de grupos feministas e algumas cientistas sociais que propuseram às comunidades indígenas como caminho de empoderamento. Até que as próprias mulheres maias disseram "basta" a esses novos colonialismos, e começaram a articular sua própria narrativa de afirmação feminista indígena. Essa foi a terra fértil para o nascimento de uma reivindicação *decolonial* dos movimentos feministas de hoje, desde os corpos e as vozes de suas próprias culturas maias de Chiapas.

Nesse conjunto de *decolonialidade feminista* é necessário situar a Sylvia Marcos[141]. Antropóloga dedicada aos estudos inter-

---

141. Cf. o blog da antropóloga de Cuernavaca, conferências, vídeos e outras publicações: https://sylviamarcos.wordpress.com/category/librosbooks/ – Acesso em 11/10/2018.

culturais – na linha aberta décadas atrás por seu amigo e colega Ivan Illich no Cidoc de Cuernavaca no México – ela desenvolveu projetos de pesquisa interdisciplinar em perspectiva crítica, desde seus trabalhos de campo, em sentido da antropologia colonial moderna, com comunidades de povos originários do México, mas também da Ásia e da África.

No entanto, a experiência das *autonomias zapatistas* de 1994 permitiu-lhe descobrir um novo ponto de partida para as suas próprias pesquisas antropológicas. Desse modo, Sylvia Marcos começou a "desaprender" aquele modo ocidental de fazer monografias antropológicas – que, no fim das contas, resultava ser antropologias neocoloniais eurocêntricas – e começou a se unir com a sua *expertise*, conseguida durante vários anos de pesquisa de campo com visão global, a um *novo modo* de fazer antropologia decolonial[142].

Nesse novo modelo, Sylvia Marcos elaborou – juntamente com comunidades de mulheres maias e curdas, por exemplo – estudos interdisciplinares e interculturais que foram dando conta das emancipações feministas, mas agora em perspectiva de afirmação social e cultural, como parte do entreamado da crítica ao capitalismo patriarcal, junto com a sua impressão de colonialidade racista. Dali surgiram projetos como a Rede de Feminismos Decoloniais[143], em colaboração com Márgara Millán, Ana Valadéz e Mariana Mora, em que colocam sobre a mesa a necessidade de uma epistemologia feminista decolonizante que assuma a autonomia política das mulheres como lugar de emancipação de seus corpos e formas de habitar-conhecer-cuidar-transformar a realidade.

Um conceito-chave desses novos feminismos decoloniais é a crítica à racionalidade objetivante do patriarcado ocidental, para

---

142. Cf. MARCOS, S. *Cruzando fronteras* – Mujeres indígenas y feminismos abajo y a la izquierda. San Cristóbal de Las Casas: Cideci-Unitierra, 2010.

143. Cf. https://feminismosdescoloniales.wordpress.com

propor um modo próprio de conhecimento e de cuidado da realidade, que se sintetiza na experiência do *sentir-pensar* como uma ação comunicativa originária própria das mulheres.

Uma expressão maior destes feminismos decoloniais foi a Lei Revolucionária de Mulheres do EZLN – fruto de um processo de consulta com as comunidades zapatistas durante vários anos, antes de 1993 – levado a cabo pelas comandantes Ramona e Susana, mulheres zapatistas, nos vales de Ocosingo. Tal lei começa afirmando:

> Em sua justa luta pela libertação do nosso povo, o EZLN incorpora as mulheres na luta revolucionária sem considerar raça, credo, cor ou filiação política, com o único requisito de tornar suas as demandas do povo explorado e seu compromisso de cumprir as leis e regulamentos da revolução. Além disso, considerando a situação da mulher trabalhadora no México, incorporam-se suas justas demandas de igualdade e justiça na seguinte Lei Revolucionária de Mulheres[144].

Nessa lei se plasma uma visão feminista decolonial na voz e as reivindicações sociais das mesmas mulheres zapatistas, de modo que não expressa a imposição do feminismo ocidental, mas o florescimento dos saberes das mulheres indígenas, reivindicadas pelo despertar dos povos originários, concretamente, dos povos maias de Chiapas.

Desse modo, os feminismos decoloniais formam parte, hoje, do pensamento crítico com a marca das mulheres dos povos originários, como uma potente crítica ao pensamento hegemônico, patriarcal e racista que subjaz ao capitalismo global.

---

144. Cf. EZLN. *Ley Revolucionaria de Mujeres*, 01/12/1993 [Disponível em https://bit.ly/302jISj – Acesso em 11/10/2018].

Raquel Gutiérrez ou a comunalidade em processo de gestação

Finalmente, outro rosto do pensamento crítico decolonial no México é o que representa Raquel Gutiérrez Aguilar[145], com o grupo de pesquisa sobre as novas *comunalidades* que tem como epicentro a Benemérita Universidade Autônoma de Puebla (Buap).

Raquel Gutiérrez faz parte do grupo de pesquisa intercultural de pensamento crítico, junto com colegas como John Holloway[146] da Escócia e, nos seus primeiros anos como pesquisadora em formação, Gladys Tzul Tzul[147] de Guatemala. Como grupo desenvolveram ao longo de vários anos, o Seminário de Subjetividade e Teoria Crítica, no Instituto de Ciências Sociais e Humanidades da Buap[148].

Após a sua trajetória como ativista social e guerrilheira na Bolívia, Raquel Gutiérrez Aguilar realizou um processo de subver-

---

145. Cf. GUTIÉRREZ AGUILAR, R. *Horizontes comunitario-populares* – Producción de común más allá de políticas Estado-céntricas. Madri: Traficantes de Sueños, 2017. • GUTIÉRREZ AGUILAR, R. *Desandar el laberinto* – Introspección en la feminidad contemporánea. Buenos Aires: Tinta Limón, 2011. • GUTIÉRREZ AGUILAR, R. *Los ritmos de Pachakuti*: movilización y levantamiento indígena popular en Bolivia. Buenos Aires: Tinta Limón, 2008.

146. HOLLOWAY, J. *La tormenta*. Buenos Aires: Herramienta, 2017. • HOLLOWAY, J. *Contra el dinero*. Buenos Aires: Herramienta, 2015. • HOLLOWAY, J. *Agrietar el capitalismo* – El hace contra el trabajo. Madri: Ediciones de Intervención Cultural, 2011. • HOLLOWAY, J. *Cambiar el mundo sin tomar el poder.* Madri: Ediciones de Intervención Cultural, 2003.

147. TZUL TZUL, G. *Gobierno comunal indígena y Estado Guatemalteco.* San José: Universidad de Costa Rica, 2018. • TZUL TZUL, G. "Mujeres indígenas: historias de reproducción de la vida en Guatemala. Una reflexión a partir de la visita de Silvia Federici". *Bajo el Volcán*, año 15, n. 22, mar.-ago./2015, p. 91-99.

148. Durante quase três décadas este instituto de pesquisa em ciências sociais, fundado por Alfonso Vélez Pliego, trabalhou um modelo *decolonial* de universidade. Por meio de suas pós-graduações em história, sociologia e ciências da linguagem, com sete campos de pesquisa, foi vinculando-se aos movimentos de resistências sociais perante o capitalismo global. Este trabalho universitário realiza-se com rigor crítico, sempre na escuta de tais movimentos, para a produção de um conhecimento pertinente para uma sociedade justa e inclusiva [Disponível em http://148.228.173.140/icsyhweb/ – Acesso em 12/10/2018].

são de fundo da sociologia moderna, a partir do estudo das lutas sociais pela água na Bolívia, durante a segunda metade do século XX, para descobrir novos enfoques decoloniais e emancipadores sobre a formação da intersubjetividade a partir da luta pela recuperação de territórios, corpos e subjetividades.

Os congressos organizados no último lustro pelo Seminário em questão, tem girado em torno à conformação de estudos sobre a *comunalidade*. Ambos dão conta – não apenas pela magnitude de seus participantes, mas pela qualidade de pensamento crítico que propõem – da vitalidade dessa revolução epistêmica posta em jogo como parte do pensamento crítico no México e América Central.

Em 2015, o primeiro congresso[149] esteve focado sobre o tema das "Lutas e estratégias comunitárias: horizontes muito além do capital". A *comunalidade* se definia então como a rede social que permite a reprodução da vida material, onde o Estado e o capital são superados pelas lutas sociais.

O segundo congresso internacional[150] de comunalidade foi realizado em 2018 em Oaxaca, ao redor do tema "A partilha face ao Estado colapsado na era nascente". Congregou quatro universidades estatais e três universidades interculturais, além de dezenas de movimentos camponeses e indígenas do México, com o seguinte *Pronunciamento*:

> Aqueles que participamos neste Congresso, consideramos que como pensamento de libertação e modo de vida, *a comunalidade se ergue como uma alternativa* ao modelo neoliberal civilizatório em crise.

---

149. *I Congresso Internacional de Comunalidade* – Luchas y estratégias comunitárias: horizontes muito além do capital, 26-29/11/2015 [Disponível em https://bit.ly/2U9vJ4S – Acesso em 12/10/2018].

150. Com um formato de "assembleia" inspirado nas práticas de comunalidade do povo Ayuujk em Oaxaca, este II Congresso esteve concentrado sobre três eixos: Educação, Terra-território e Comunicação [Disponível em https://bit.ly/3eITQiz – Acesso em 12/10/2018].

> A comunalidade é categoria/conceito e chave histórica da reprodução material, cultural e política dos povos originários e comunidades em resistência desde diversas regiões da Mesoamérica, e hoje inspira o envolvimento criativo de diferentes povos, comunidades, universidades e organizações em diferentes contextos. É um modo de vida, antagônico ao modelo econômico e político neoliberal, capitalista, patriarcal e neocolonial, que somente pode existir através da imposição, o espólio, o genocídio e o ecocídio. Essas políticas de morte se expressam em territórios indígenas pela imposição de megaprojetos como mineração, parques eólicos, fratura hidráulica, hidrelétricas, gasodutos, oleodutos, poços petrolíferos, aeroportos, rodovias e complexos turísticos[151].

Os eixos temáticos de suas reflexões giraram em torno do cuidado da terra, do papel das comunidades perante o Estado extrativista, e dos modos de governança que surgem das sabedorias dos povos originários como epistemologias antigas, mas ao mesmo tempo emergentes, que são como bússolas no meio da tempestade que atravessa a humanidade.

Esses congressos sobre a *comunalidade* são uma contribuição específica mexicana ao pensamento crítico que se faz na Mesoamérica e nos países andinos, numa rica confluência pela contribuição dos povos originários com suas filosofias do *Lekil Kulejal* maia, *Smuak Kawsay* aymara[152], ou o Bom viver mestiço.

---

151. O *Pronunciamento* completo do II Congresso Internacional de Comunidade em 9 de março de 2018 coincide com o Encontro Internacional de Mulheres que Lutam, convocado pelo EZLN em Chiapas [Disponível em https://bit.ly/2U5ryHb – Acesso em 18/07/2018].

152. Cf., p. ex., os 13 princípios do *Sumak Kawsay* ou Bem viver aymara, expressados por Fernando Huanacuni Mamani, ministro de relações exteriores do Estado Plurinacional de Bolívia desde 23/01/2017 [Disponível em http://rcci.net/globalizacion/2017/fg2953.htm – Acesso em 18/07/2018].

* * *

Finalmente, nesta mesma perspectiva de pensamento crítico, outra interlocutora principal das *Conversas do mundo* de Boaventura de Sousa Santos – como parte do Projeto Alice, Estranhos Espelhos, do Centro de Estudos Sociais da Universidade de Coimbra, em Portugal – é Gladys Tzul Tzul[153], socióloga maia *k'iché*. Ela está vinculada à área "Entremeados Comunitários e Formas do Político", também no Instituto de Ciências Sociais e Humanidades da Buap. Também é fundadora da Sociedade Comunitária de Estudos Estratégicos que tece reflexões sobre a produção do comum e *o comunal* indígena nos Andes e na Mesoamérica.

A categoria heurística de que parte Gladys Tzul Tzul é a *comunalidade* que não se refere à essência da estrutura abstrata da coletividade. Mas *comunalidade* designa as relações sociais que surgem como trabalho estratégico de formação de novos mundos para organizar a vida cotidiana. Seus atores principais são, em primeiro lugar, os povos índios com trama comunal, como o povo *k'iché* de Guatemala. Às vezes, esses povos originários contam com o apoio solidário da sociedade civil; e, em ocasiões, somam-se às suas lutas alguns partidos políticos de esquerda que lutam por um Estado democrático participativo.

Na tradição secular do povo maia *k'iché* de Guatemala, o vínculo com a terra define todas as estratégias de cuidado da vida que regem o princípio da *comunalidade*. Por isso, desde a produção de bens, até a governança, a vida democrática com os limites postos ao Estado ocidental, até os processos de luto das pessoas assassinadas em massacres, todas estas ações sociais estão atravessadas pela experiência *do comunal*.

---

153. Disponível em https://bit.ly/2XumEFI – Acesso em 12/10/2018.

As pesquisas de sociologia decolonial da socióloga maia *k'iché* entretecem a crítica pós-feminista indígena ao patriarcado, em suas versões ocidental ou indígena colonial, com a prática da *comunalidade* ao estilo do povo maia *k'iché* e as lutas antissistêmicas contra o capitalismo globalizado.

A crítica de Gladys Tzul Tzul ao feminismo ocidental reside no fato de que as feministas urbanas – brancas ou mestiças – que chegaram aos territórios indígenas da Guatemala na década dos anos oitenta e noventa do século passado, no contexto da guerra da ditadura militar, partiam de um modelo individualista de subjetividade, alheio à experiência das mulheres maia *k'ichés*, atuando como "senhoras ditadoras e prescritivas", que promoviam a libertação das mulheres pela via da sexualidade e do corpo, mas sem vinculação alguma com a terra.

A partir da própria experiência familiar e comunitária das terras comunais de Totonicapan na Guatemala, a socióloga da *comunalidade da terra* postula três princípios de tal estratégia: (i) as lutas sociais pela terra; (ii) o autogoverno comunal; e (iii) a dimensão comunal do luto.

Vejamos brevemente cada um destes elementos que resultam altamente pertinentes para a nossa pesquisa sobre as fossas clandestinas e as resistências dos sobreviventes.

(i) As lutas sociais pela terra na perspectiva da *comunalidade*

A sociologia ocidental denomina "agenciamentos sociais" aos processos de controle de um território. No entanto, para a socióloga *k'iché* decolonial trata-se de um processo e de uma estratégia permanentes para "assumirmos a vida": a própria, a dos outros e a vida da Mãe Terra.

Consequentemente, a partir desse sentido próprio *do comunal* que desobjetiviza a ação humana, a vida política consiste, a princípio, na organização da vida cotidiana para habitar a terra, trabalhá-la, cuidar dos seus bosques e rios, celebrar as festas e organizar a comunidade. Essa experiência *comunal* vai acumulando, com os anos e séculos, uma sabedoria e uma força histórica em torno do cuidado dos territórios, que em momentos de crise, expressa-se como resistências e lutas pela terra.

Foi o caso dos 48 cantões de Totonicapam – um dos quatro estados do antigo Senhorio de *K'iché*, junto com Huehuetenango, Solalá e Huehuetenango, na época moderna – que defenderam o caráter *comunal* de seu território desde o século XVII até os nossos dias.

Em tempos recentes, a consciência histórica do povo maia *k'iché* mostrou-se como uma resistência social contra o Estado guatemalteco neoliberal, após o massacre de Totonicapam a 4 de outubro de 2012, com o assassinato de seis pessoas e dezenas de feridos, que com milhares de pessoas se manifestavam contra a reforma agrária então em projeto, a supressão das escolas normais e o aumento das tarifas da luz elétrica.

Nesse sentido, o político define-se a partir do princípio da *comunalidade* como aquela trama de relações e estratégias que promove a vida para todos, mediante ações vinculadas sempre ao cuidado e à proteção da terra. E, desde ali, tal experiência e organização comunal impede a formação de Estado como único ator do político, erigindo-se então como uma resistência cultural e política ao mesmo tempo.

Em síntese, as lutas sociais lidas em perspectiva de *comunalidade* de um dos povos originários da Mesoamérica como é o povo maia *k'iché*, sempre estarão vinculadas à terra, como parte de sua ancestral cosmovisão e cosmovivência.

(ii) O autogoverno comunal

Se o político é o cuidado da vida pelo cuidado da terra, é então uma correlação constitutiva entre as subjetividades maia *k'ichés* e o território que define, por sua vez, a governança como autogoverno. O que significa que o autogoverno comunal está orientado a gerar as condições para a reprodução da vida cotidiana e, depois, cuidá-las com dedicação, isto é, administrá-las.

Tal gestão *do comunal* se realiza, seguindo o princípio da *comunalidade*, por meio da assembleia deliberativa, formada por delegados de todos os cantões. Essa assembleia tem como missão o cuidado cotidiano da justiça na administração da propriedade comunal. Mas também se encarrega de velar pela justiça no acesso à água, da distribuição dos bosques, o acesso aos caminhos, a partilha justa do alimento e a organização social das comunidades.

Desse modo, surge o autogoverno comunal como uma estratégia secular principal, que regulamenta a propriedade comunal da terra, por meio de alianças de parentesco, de cessão de terras para uso e cultivo, ou inclusive para a administração comunitária dos recursos como a água e os bosques.

Em sua longa história em tempos da colônia e da independência, as lutas comunais têm resistido ao poder político de turno – por exemplo, durante os 36 anos de guerra "civil" – exatamente pelo entrecruzamento do político em termos de *comunalidade*.

Em síntese, o autogoverno comunal está enraizado em uma prática coletiva de administração da propriedade, para regulamentar o uso e a distribuição dos bens necessários para a produção da vida.

(iii) O luto comunal

Um terceiro elemento da comunalidade maia *k'iché* – crucial para o nosso estudo sobre a ressurreição em perspectiva decolonial, objeto deste livro – é a experiência do luto pelas pessoas falecidas nos massacres por defender a terra, dos que se tem memória histórica ao longo de vários séculos de história comunal.

O caso do massacre acontecido a 4 de outubro de 2012 em Totonicapan é fundamental para compreender a estrutura do luto maia *k'iché*, com seus três momentos originários: (a) os três dias de luto; (b) os nove dias de defuntos; e (c) o retorno à terra.

O primeiro momento é o velório comunal inspirado pelo princípio de "tornar comum" o pranto dos familiares com o resto da comunidade, recebendo saudações e as condolências dos parentes, vizinhos e dos outros habitantes da comuna. A seguir, o segundo momento é dedicado à oração comunal pelos falecidos, onde os cargos religiosos realizam sua função ritual e simbólica, por meio de rezas, celebrações, cânticos e prantos, flores e música. Para fechar o luto comemora-se o "retorno à terra" dos defuntos, como símbolo da vida que prossegue para essas pessoas defuntas em primeiro lugar, mas também para as esposas, esposos, filhos e filhas, familiares em sua totalidade, que recebem a missão de continuar com o cuidado da vida pelo cuidado da terra.

O sentido final deste processo do *luto comunal* é celebrar a vida muito além da morte, reconhecendo os defuntos como ancestrais, mas sobretudo reconhecendo os mártires nas lutas pela defesa da terra e da vida.

Dessa experiência do *luto comunal* como chave interpretativa nos ocuparemos no capítulo dedicado ao luto vivido pela comunidade cristã primitiva à raiz do assassinato de Jesus de Nazaré, no ano 30 da Era Comum. Ambos processos de luto os proporemos como um binômio fecundo para compreender a práxis das comunidades de sobreviventes de hoje, em sua *resistência espiritual*. Será parte essencial da nossa contribuição para a intepretação da ressurreição em perspectiva decolonial a partir das resistências dos sobreviventes.

Em síntese, podemos afirmar que a obra – embrionária, mas significativa – da socióloga decolonial Gladys Tzul Tzul expressa, como uma das novas vozes do pensamento antissistêmico mesoamericano, a vigência do pensamento crítico para as novas gerações das subjetivações pós-modernas latino-americanas.

III
Trauma e luto como desafios para as subjetivações decoloniais

Os totalitarismos do século XX foram o calcanhar de Aquiles do sonho prometeico moderno. Tanto no âmbito da práxis política quanto do pensamento crítico, esses regimes representaram o desafio mais radical para promover a *vida em comum* em escala planetária que tinha ficado severamente danificada pela violência social e política. Após o Holocausto, os *Gulags* soviéticos, a Revolução Cultural chinesa e as ditaduras militares em todos os continentes, o gênero humano já não podia imaginar um futuro viável sob essa lógica de guerras modernas. A pólis moderna tinha ficado devastada.

Um muro de contenção a tal violência planetária começou a erigir-se com a criação da Organização das Nações Unidas em outubro de 1945. Mas poucos imaginaram que o horror do Holocausto pungindo ainda a consciência coletiva, encontraria novas e terríveis expressões na segunda metade do século XX. Violência de um monstro com novas faces que prolongaria a existência agônica por todas as nações do mundo, durante o novo milênio que estava por iniciar. Os atentados terroristas das últimas décadas do século XX – desde os tempos do ETA na Espanha e o

IRA na Irlanda, até o Al-Kaeda e Isis em vários países ocidentais e asiáticos – foram a "escalada para os extremos" denunciada por René Girard como enlouquecimento de Satã, arquétipo do desejo mimético fratricida e sororicida.

Naquele contexto de crise da Modernidade posterior a Auschwitz, Hiroshima e Nagasaki, o fascismo representou também uma espada de Dâmocles para as ciências sociais e humanas desenvolvidas em Ocidente, encarregadas de pensar, com sentido crítico, a experiência da *vida em comum* possível para a humanidade. Dali que diversas disciplinas como a psicologia, a antropologia, a filosofia e a teologia desenvolveram – sobretudo na segunda metade do século XX – estudos críticos para analisar a experiência das pessoas e das comunidades de *sobreviventes*. Jean-Pierre Dupuy[154] – seguindo os passos de seu colega e amigo René Girard – após ter estudado como economista a experiência dos sobreviventes de catástrofes nucleares da segunda metade do século XX (Chernobil na Ucrânia e Fukushima no Japão), propôs desenvolver uma racionalidade surgida do *catastrofismo ilustrado* como princípio de responsabilidade e de ação política.

Nesse sentido, os estudos sobre o trauma coletivo, o luto (im)possível depois de situações de violência extrema e a (im)possível reconciliação das pessoas sobreviventes com seus algozes têm sido os eixos principais da reproposta da racionalidade moderna tardia. De fato, o esgotamento da racionalidade moderna em sua versão instrumental tinha sido captado – de modo paradoxal, mas convergente – tanto pelo niilismo pós-moderno como pelas sabedorias ancestrais dos povos originários si-

---

154. DUPUY, J.-O. *Pour un catastrophisme éclairé* – Quand l'impossible est certain. Paris: Seuil, 2002. • DUPUY, J.-O. *Petite métaphysique des tsunamis*. Paris: Seuil, 2005. • DUPUY, J.-O. *La marque du sacré*. Paris: Flamarion, 2010. • DUPUY, J.-O. "Rational Choice before the Apocalypse". *Anthropoetics* XIII, n. 3, 207, inverno/2008 [Disponível em http://anthropoetics.ucla.edu/ap1303/1303dupuy/ – Acesso em 12/10/2018].

tuados desde o horizonte dos vencidos. Ambas correntes tinham vislumbrado, há décadas, que se incrementariam ainda mais o sofrimento e a injustiça no mundo. E se prepararam para enfrentá-lo com diferentes estratégias, seja a anarquia política surgida do niilismo, ou as resistências autonômicas impulsionadas pelos povos originários.

Por isso falamos aqui – nos dois capítulos iniciais deste livro – das *resistências múltiplas* de pessoas e comunidades de *sobreviventes*. São aquelas pessoas e coletivos que vivem seu presente com dignidade, sustentados por uma esperança difícil, após terem sido confrontados de modo brutal com o aniquilamento de justos e inocentes. Nesses dois capítulos quisemos ouvir primeiro as vozes dos movimentos sociais de vítimas sistêmicas de nossos dias no México e em outras terras americanas, assim como o pensamento surgido de tais resistências. E, depois, propusemos ouvido atentamente as vozes críticas que acompanharam – sobretudo desde as epistemologias do Sul e o pensamento crítico – essa dolorosa viagem por terras de terror, rebeldia e resiliência.

Agora devemos concentrar a escuta cordial e o olhar atento em um discurso de segundo grau. Trata-se de uma reflexão que depende da *vivência interior* própria da condição humana vulnerável pela sua própria finitude, mas que, além disso, tem sido *vulnerabilizada* por uma violência sistêmica. Move-nos a pretensão reflexiva de compreender os processos das subjetividades pessoais e coletivas que continuam marcadas pelos traumas históricos das múltiplas guerras que padece a humanidade.

Pelo que faremos extensiva a pergunta pelo significado do trauma e do luto daqueles que viveram nos campos de concentração do século XX, mas pensando agora também nas pessoas que estão submetidas às migrações forçadas e aos campos de refugiados em nossa época atual. Propomo-nos indagar o que significam o trauma e o luto para os familiares das pessoas desaparecidas, ou para aqueles que procuram enfrentar com dignidade o horror dos feminicídios e dos crimes de ódio, buscando curar essas e tantas outras *feridas abertas* da humanidade como corpo social.

* * *

Façamos primeiro um inventário do caminho percorrido pelo pensamento ocidental no século passado. Recordemos que a ciência política, a filosofia e a teologia ocidentais – que foram escritos após Auschwitz – procuraram caminhos para enfrentar o drama que significou a *Shoah* ou o Holocausto do povo judeu perpetrado pelo regime nazista. Alguns optaram por uma interpretação polêmica que a pensadora britânica Gillian Rose[155] chamou "a teologia do Holocausto". Essa reflexão falava do aspecto "inefável" do mal que padeceu o povo judeu. Esta interpretação sublinhava a incompreensibilidade do mal padecido, como fenômeno em si mesmo incompreensível. De onde sugeria a impossibilidade de nomeá-lo e, consequentemente, a incapacidade de enfrentá-lo. Pela mesma razão, essa "teologia" resignava-se a que somente poderíamos, como humanidade, narrar o mal padecido, esperando que fosse suficiente para evitar a sua repetição na história.

Outra via foi aquela da filosofia posterior a Hegel e Marx, como a escrita por Walter Benjamin[156] e Jacques Derrida[157]. Esses pensadores propuseram retomar a categoria de *reconhecimento* intersubjetivo como o caminho viável para as sociedades submetidas à violência extrema, a fim de superá-lo em perspectiva messiânica e histórica. Para estes autores, a única *antecipação* possível da re-

155. ROSE, G. *Mourning becomes the Law*: Philosophy and Representation. Cambridge: University of Cambridge, 1996. • ROSE, G. *Love's Work* – A Reckoning with Life. Nova York: 2011.

156. Cf. BENJAMIN, W. *Tesis sobre la historia y otros fragmentos*. Cidade do México: Itaca, 2008.

157. DERRIDA, J. *Espectros de Marx*. Madri: Trotta, 2012. • DERRIDA, J. *Márgenes de la filosofía*. Madri: Cátedra, 2008.

denção aconteceria através de ações políticas fragmentadas, por meio de resplendores de um futuro incerto. A humanidade estaria assim confrontada à sua incapacidade de resolver, de uma vez para sempre, o mal presente, ficando reduzida sua ação a uma política provisional, mas radicalmente insuficiente para superar o mal.

No entanto, neste debate característico do pensamento moderno tardio, quase não se ouviu as próprias vítimas, com a sua capacidade crítica de indignação, de rebeldia e de resiliência, tal como propõem agora as epistemologias do Sul que aqui colocamos no centro do debate. Na melhor das hipóteses, o pensamento judeu do século XX conseguira ouvir as vítimas *judias* como contadoras de histórias, para tornar visível em primeiro lugar o mal infligido pelo nazismo. Por esse meio, o judaísmo moderno procurou ressarcir o mal padecido pelo povo judaico, ajudando-o assim a integrar seu trauma coletivo através da memória, dos relatos e da exigência de justiça restaurativa.

Mas a história do extermínio não foi exclusiva do povo judeu. Na segunda metade do século XX aconteceu algo similar em outra região do planeta. Perante as histórias de violência coletiva produzida por um sistema econômico capitalista voraz, sustentado sobre regimes políticos que protegiam as minorias privilegiadas da América Latina e do Caribe, África e Ásia, começaram a levantar a voz os movimentos sociais de resistência social, econômica e política[158]. Mas a repressão, a prisão, a desaparição forçada e as execuções extrajudiciais foram a resposta do sistema.

---

158. Cf. ZIBECHI, R. *Territorios en resistencia* – Cartografía política de las perifereicas urbanas latinoamericanas. Buenos Aires: La Vaca, 2008. • ZIBECHI, R. "Movimentos sociais: novos cenários e desafios inéditos". *Observatório Social da América Latina* (OSAL), ano VII, n. 21, set.-dez./2006, p. 221-230. • MENDOZA GARCÍA, J. "Movimientos sociales: entre la resistencia y la confrontación, entre lo privado y lo público". *Polis* 2006, vol. 2, n., p. 179-215 (Cidade do México: Universidad Autónoma Metropolitana, Iztapalapa) [Disponível em http://www.redalyc.org/pdf/726/72620107.pdf – Acesso em 12/10/2018].

Nesse contexto, em países como Argentina, Chile, Colômbia e México começou a prosperar uma corajosa *resistência social*. Acompanhou-a uma narrativa jornalística, nutrida com monografias antropológicas e com estudos sociológicos e filosóficos que davam conta dessas resistências. Sua finalidade consistia em narrar, descrever e analisar as histórias de pessoas e comunidades que viveram submetidas às ditaduras, à violência das guerras de insurreição e, em anos recentes, ao império das organizações criminosas[159].

Desse modo, o pensamento crítico latino-americano foi incorporando estas narrativas como parte de uma reflexão interdisciplinar que – iniciado o século XXI – pensa a possibilidade de restabelecer a verdade, a justiça e a democracia em sociedades quebradas, devido a essas condições de *precariedade social extrema* provocada por regimes políticos ditatoriais de diversas siglas no subcontinente.

Para percorrer – com sentido cordial e crítico ao mesmo tempo próprio do pensamento decolonial – esta geografia do terror e da dignidade ameaçada ao longo do século XX, vamos percorrer primeiro à psicologia do trauma. Reuniremos aqui as ideias surgidas – sobretudo em contexto de língua inglesa, mas também em castelhano – de sobreviventes judeus e sul-americanos, que foram acompanhados por terapeutas, cientistas sociais e líderes espirituais para enfrentar seu próprio trauma coletivo.

Esse enfoque biopsicossocial foi desenvolvendo um fecundo pensamento para conhecer os mecanismos da subjetividade afetada, entre outros fatores, pelo que se conhece como a Síndrome

---

159. Cf. BUSCAGLIA, E. *Lavado de dinero y corrupción política*. Cidade do México: Grijalbo, 2016. • BUSCAGLIA, E. *Vacío de poder en México* – Cómo combatir la delincuencia organizada. Cidade do México: Debate, 2013.

de Estresse Pós-traumático[160] (PSTD pelas siglas em inglês) que foi o resultado inicial do acompanhamento clínico aos judeus vítimas da *Shoah*. Concretamente, essa pesquisa concentrou-se sobre as emoções e afetos que entram em jogo nas subjetividades de pessoas judias que foram confrontadas ao sofrimento, à tortura e ao espetáculo do extermínio de outros semelhantes, nos campos de concentração do nazismo.

Em sentido análogo, apresentaremos as afetações nas pessoas sobreviventes a outro trauma coletivo como foi o caso da ditadura da Junta Militar no Chile. Suas vítimas padeceram a prisão em "casas de segurança", que são um tipo de campo de concentração, assim como execuções e desaparições.

Falta realizar, algo parecido, no México com as vítimas de sequestro, tráfico de pessoas, desaparição forçada[161] e o assassinato de mais de duzentas mil pessoas nos últimos doze anos, entre 2006 e 2018. Essa violência difusa tem múltiplos atores: desde os policiais municipais, estaduais e federais, em frequente conivência com máfias criminosas e grupos paramilitares, assim como as polícias da imigração da América Central, México e dos Estados Unidos.

Esse desafio terapêutico, social e espiritual forma parte do pensamento decolonial que ainda falta desenvolver na Mesoamérica e no Sul epistêmico, de modo que possa contribuir com a atenção às vítimas das guerras do necropoder no contexto regional e global.

---

160. Cf. GIBEROVITCH, M. *Recovering from Genocidal Trauma*: An Information and Practice Guide for Working with Holocaust Survivors. Toronto: University of Toronto Press, 2013.

161. Cf. a recente pesquisa que vincula a Guerra Suja no México da década de 1970, com a guerra contra o "crime organizado" dos anos recentes: GAMIÑO MUÑOZ, R. *La Patria de los ausentes* – Un acercamiento al estudio de la desaparición forzada en México. Cidade do México: Universidad Iberoamericana/ Plaza y Valdés, 2019.

Em um segundo momento, abordaremos a terrível questão do *sem sentido* do horror, quando o vazio, o absurdo e a desesperança se instalam na vida das pessoas e comunidades de sobreviventes. Para isso, iluminar-nos-ão os estudos da filosofia do luto, inspirados na psicanálise freudiana e na hermenêutica moderna – de Ricoeur, Blanchot e Derrida – que desenvolveram a pergunta pelo sentido possível em meio à ausência que dói por aqueles que já foram arrebatados da comunidade. Também vamos recorrer à contribuição da Escola de Frankfurt para compreender o fenômeno do trauma social como "desconhecimento" do outro no centro das democracias formais europeias.

Todas elas são olhares ocidentais, certamente, que foram criticados pelos discursos pós-coloniais, devido a que esses olhares permanecem circunscritos à experiência eurocêntrica. Por isso, abordaremos o olhar decolonial que está surgindo no Sul epistêmico para acompanhar com pensamento crítico o luto. Pelo seu profundo sentido simbólico, ritual e espiritual, os povos originários e afrodescendentes da América Latina e do Caribe vivem o luto como parte de um processo de comunhão com os mortos. Eles não foram aniquilados como se pensa numa lógica moderna, mas vivem em "outro mundo" e, por isso, é necessário manter a comunhão com eles como *ancestrais*. Desse modo, o luto não é vivido somente como ausência no seu sentido *trágico*, mas o mundo dos mortos interpela os vivos como a quem agora têm a responsabilidade irrenunciável de rememorar, recordar e ritualizar a comunhão com esses *ancestrais* que se foram, mas ao mesmo tempo, mantêm vínculos com a comunidade que os rememora.

Essas análises decoloniais estão sendo inspiradoras de novos questionamentos sobre a experiência do trauma e podem ser significativas para resolver os enigmas do absurdo e do sem sentido em pessoas e comunidades vulneradas, de modo coletivo, por novas formas de violência social, cultural e espiritual.

Tal será o propósito que levaremos adiante com determinação, através do olhar e do coração colocados no presente incerto, mas ao mesmo tempo, esperançado que surge das mesmas vítimas como sobreviventes com resiliência e esperança.

Finalmente, voltaremos a atenção para a escuta atenta e o olhar crítico que emerge das teologias – tanto judaica quanto cristã – do trauma e do luto que foram escritos depois do Holocausto do século XX. Representam uma significativa tentativa para encontrar um (im)possível sentido à morte dos inocentes, acompanhado pela (in)certa resposta de Deus e das comunidades crentes a tão tremenda interrogante existencial, ética, política e espiritual.

Esta última seção do capítulo nos permitirá preparar o *flashback* que proporemos no quarto capítulo do livro, dedicado ao *luto esperançado* da comunidade cristã primitiva. Uma comunidade que – como tantas outras na tortuosa história humana – enfrentou um trauma coletivo. Ela fez em sua qualidade de ser uma minoria judia no contexto hegemônico da *Pax Romana*, como o grupo do galileu que padecia – em sua marginalidade cultural – a prática do controle religioso saduceu no Templo de Jerusalém sobre o seu judaísmo ancestral e piedoso.

Não devemos esquecer que aquela comunidade *jesuânica* esteve confrontada com o horror provocado pelo assassinato "do justo injustamente executado", como disse Gustavo Gutiérrez há uns anos desde o Peru, para falar da cruz do Galileu em perspectiva da teologia da libertação. Certamente, Jesus de Nazaré foi um pregador itinerante, perseguido pela religião hegemônica do seu tempo, depois torturado por umas horas durante a jornada prévia ao *Shabbat*, e finalmente assassinado no extramuros de Jerusalém, capital religiosa da Palestina, no ano 30 da Era Comum.

Sua comunidade de pregação itinerante – formada pelos galileus que eram pescadores e camponeses iletrados, mais alguns artesãos e algumas mulheres comerciantes da região do Lago de Tiberíades – teve de aprender a lidar com a sua ausência. Mas também essa comunidade jesuânica teve que superar a culpa que carregava por ter abandonado o amigo e mestre na hora de sua tortura e execução. Essa pequena comunidade de profetismo messiânico ficou órfã na Galileia do I século da Era Comum. Teve de aprender a desdobrar uma estratégia de memória, acompanhada por relatos da ausência significativa do crucificado. Essa *ausência* tornava-se *presença* durante a simbolização e ritualização da palavra e das obras do *rabi* Jesus a cargo de algumas mulheres e seus discípulos mais próximos.

Propomos aqui que vivem algo análogo – de um modo ou de outro – todos os sobreviventes da violência no mundo quando recordam os seus mortos.

Somente assim, com tal bagagem narrativa e crítica coletada nos primeiros quatro capítulos, estaremos em condições de desenvolver o último capítulo deste livro que será dedicado a recolher a experiência de dignidade recuperada e de esperança plausível para as vítimas de hoje.

Esta será a nossa forma de contribuir com a construção coletiva de uma práxis e de um pensamento adequados para uma experiência da ressurreição como insurreição e antecipação messiânica em perspectiva *decolonial*: no "aquém" da história violenta do mundo e desde o coração da Sabedoria divina que continua nutrindo todos os povos da terra com saberes de cuidado da vida.

Portanto, detenhamo-nos no pensamento proposto pelas humanidades do século XX, em torno dos enigmas do trauma e do luto, vividos por aqueles que sobreviveram ao horror. Essas pessoas e comunidades de sobreviventes balbuciaram uma linguagem cheia de perguntas e rebeldias, mas também marcada com alguns fulgores de dignidade e esperança. Tal será a tonalidade da voz que guia a nossa palavra de esperança naquela vida que, não obstante a violência e o horror, "é tão forte como a morte" (cf. Ct 8,6).

1 O trauma como experiência de subjetividade vulnerada, temporalidade alterada e disrupção histórica

No contexto da violência *sistêmica*[162] que vive o mundo globalizado, no momento de analisar as experiências do trauma social que marca as sociedades confrontadas com o predomínio do necropoder, será necessário considerar os fatores fenomenológicos, psicológicos, sociais, políticos, históricos e espirituais. Referimo-nos a experiências como a prisão em campos de migrantes como novas expressões dos "estados de excepção", mas também evocamos aqui as desaparições forçadas, os feminicídios e os crimes de ódio, o racismo e a discriminação de classe que provocam um trauma coletivo.

Somente a integração de todos esses fatores poderá oferecer-nos um marco explicativo dos processos e mecanismos que entram em jogo durante um acontecimento social traumático. De tal modo que, então, será possível procurarmos uma intervenção pertinente e oportuna, dedicada a promover o cuidado das pessoas e comunidades que foram vulneradas, mas que agora vivem como *sobreviventes*, com direito de reconstituir a sua dignidade ferida, não obstante o horror a que foram submetidas.

---

162. A expressão "vítima sistêmica" a tomamos da teoria mimética, tal como foi desenvolvida por Jean-Pierre Dupuy (cf. HALÉVY, S.; BOURBAKI, P. & ROBERT, J. *Jean-pierre Dupuy*: la crisis económica, su arqueología, constelaciones y pronóstico. San Cristóbal de Las Casas: Cideci-Unitierra, 2012. Cf. tb., no sentido das ciências sociais do Sul, os seguintes estudos: ROSEMBERG SEIFER, F. "Algunas reflexiones sobre la violencia sistémica: México como escenario". In: ZÁRATE VIDAL, M. & HITA, M.G. (coords.). *Actores sociales, violencias y luchas de emancipación*: lecturas desde una antropología crítica. Cidade do México: Juan Pablos, 2014. • SALAZAR GUTIÉRREZ, S. "Violencia sistémica, subjetividad del riesgo y socialidad de resguardo en el escenario de la ciudad fronteriza de Ciudad Juárez, México". *Frontera Norte*, vol. 26, n. 51, jan.-jun./2014 [Disponível em https://bit.ly/2XQNK92 – Acesso em 12/10/2018]).

Como fenômeno histórico específico, a expressão "trauma social" designa os efeitos devastadores de ruptura do corpo social que provoca a hegemonia da razão instrumental moderna, campeando sobre o mundo globalizado. Por isso, devemos considerar que, em sua dimensão política, o trauma social é o resultado de uma disfunção da vida em comum em escala local, regional e global. É produzido por uma *técnica* de criação de significados de sofrimento e morte, destinada a controlar uma população por meios diretos de submissão, tais como a privação da liberdade, a tortura ou o sequestro; assim como por meios indiretos, em particular hoje por intermédio dos meios eletrônicos como a televisão digital, as redes sociais e as tecnologias da comunicação que controlam o fluxo de significados.

Também será necessário considerar o trauma social dentro do tecido da democracia moderna[163] compreendida como construção histórica e social da vida em comum. Compreendemos aqui a vida política como um modo histórico de vida em comum, que desenvolvem os povos através de práticas de produção, consumo e partilha de bens econômicos, sociais e culturais. Essas práticas políticas são mediadas por instituições, regulamentadas por estratégias e realizadas por modos de produção – do conhecimento e de organização social, entre outros bens – que dão identidade própria a cada comunidade política.

O terrorismo como exemplo de trauma global

Um exemplo inédito da *estratégia* do trauma social em escala global é o *terrorismo*[164] que padeceram as sociedades modernas em todas as latitudes do planeta, em meio ao contexto da globa-

---

163. Cf. RANCIÈRE, J. *La haine de la démocratie*. Paris: La Fabrique, 2005. • RANCIÈRE, J. *El espectador emancipado*. Buenos Aires: Manantial, 2010.

164. Cf. SEDMAK, C. *Hacia una ética para pensar el terrorismo*. Guadalajara: Cátedra Kino SUJ, 2008.

lização do capitalismo neoliberal. O exemplo predominante de terrorismo em Ocidente são os ataques às Torres Gêmeas em 11 de setembro de 2001, em Manhattan. Mas não foram únicos nem o mais devastador ataque terrorista, uma vez que não se deve esquecer, por exemplo, os numerosos atentados terroristas na África e na Ásia contra as minorias religiosas e étnicas que, em conjunto, cobraram mais vítimas do que aquelas que morreram de modo trágico nas Torres Gêmeas.

O poder do ataque terrorista contemporâneo explica-se, na sua lógica simbólica e midiática, pelo uso propagandístico dos meios de comunicação eletrônicos para submeter populações ao medo coletivo. Nesse sentido, Daniel Ross define o terrorismo contemporâneo como:

> [...] uma forma de ação política enraizada na crença de que as modernas tecnologias audiovisuais oferecem significados pelos quais o aparentemente fraco converte-se em forte [...] e, de modo específico, na crença de que, expondo as audiências às imagens traumáticas, sua conduta pode ser significativamente influenciada numa direção calculada[165].

Daí que um aspecto constitutivo do trauma terrorista seja a indução ao medo como estratégia de controle coletivo.

O terrorismo fundamentalista do nosso tempo inclui e transborda o trauma como mera questão individual e familiar, tal como é o caso de um abuso sexual, um sequestro ou alguma outra invasão da subjetividade por qualquer alteridade violenta.

Em ambos os casos, trata-se de uma experiência de agressão à integridade física e emocional da pessoa ou da comunidade, que sempre leva consigo uma dimensão social e política que será necessário desentranhar. Não esqueçamos dos casos de violação

---

165. ROSS, D. "Politics, Terror and Trauma typical Imagery". In: NOONAN, M.; SHARPE, M. et al. *Trauma, History, Philosophy*, 2007, p. 231.

sexual coletiva como estratégia de guerra[166] que tem sido empregada há tempos por diversos regimes políticos. Na história contemporânea temos documentação exata desse tipo de trauma coletivo empregado nos conflitos de Camboja, Bósnia, Ruanda e Guatemala ao longo do século XX.

No caso do trauma coletivo, no entanto, produzido pelo terrorismo, as estratégias tecnológicas exercem um papel ainda maior e decisivo no acometimento da população, em escala global, ao medo e à manipulação do perpetrador. O terrorista, aparece muitas vezes como um inimigo difuso que ameaça com a realização de uma, sempre maior, destruição que levará a sociedade atual ao seu colapso. Tal uso da violência terrorista se justifica como meio para propiciar a purificação do mal que pretende extirpar através do ataque letal sem importar o sacrifício de inocentes.

As feridas abertas na subjetividade vulnerada

Mas é necessário dar mais um passo para compreender o sentido do trauma social. O trauma que entendemos aqui no seu sentido *fenomenológico*[167], como a irrupção violenta na subjetividade *vulnerável* que se torna *vulnerada* por uma outridade que nega a integridade da vida humana que é corpo, dignidade, liberdade e consciência. Assim, a subjetividade – vulnerável de modo constitutivo pela sua constituição relacional – fica, além disso, vulnerada pela irrupção violenta do outro que se impõe.

Daí que, como experiência de impacto negativo que destrói a vida humana, o trauma – tanto pessoal quanto social – deve com-

166. Cf. FRANCO, J. "Violación: un arma de guerra". *Debate Feminista*, vol. 37, abr./2008, p. 16-33 [Disponível em https://bit.ly/2XrVK15 – Acesso em 12/10/2018].

167. Cf. STOLOROW, R.D. *World, Affectivity, Trauma* – Heidegger and Post-Cartesian Psychoanalysis. Nova York: Routledge, 2011 [Psychoanalitic Inquiry, vol. 35].

preender-se na complexidade da constituição das subjetividades e das intersubjetividades, situadas sempre num momento exato da história e num determinado contexto cultural.

Um segundo aspecto da análise fenomenológica do trauma – pessoal ou coletivo – é a experiência da *temporalidade* que implica tal irrupção de uma alteridade invasiva, manipuladora e danosa para a integridade e a sobrevivência da pessoa ou do grupo. O modo em que a subjetividade assume as vivências traumáticas o faz viver no conflito entre um passado traumático, um presente doloroso e um futuro inimaginável. Tal intromissão do outro como agressor gera ansiedade, acompanhada pelas disfunções psíquicas que alteram a estabilidade da pessoa ou do grupo.

Por isso, Bernard Stiegler[168] – seguindo a fenomenologia de Husserl – sugere nomear o trauma psíquico como uma "afetação" negativa do mundo exterior para a subjetividade. Deve compreender-se tal afetação em sua relação com a *temporalidade* vivida pela sensibilidade humana. Nesse contexto de afetação, existem experiências "estéreo-típicas" que são aquelas que correspondem à afetação do mundo exterior como aprendizado de coexistência e que constituem a memória *sin-crônica* da subjetividade. Enquanto existem outras experiências "trauma-típicas" que afetam de modo *dia-crônico* a subjetividade como ruptura, na experiência de uma temporalidade marcada pela agressão, violência e sofrimento. Em suma, a diferença entre experiências *estéreo-típicas* e *trauma-típicas* reside na experiência da temporalidade na relação com o idêntico ou com o estranho da afetação da outridade na mesmidade[169].

---

168. STIEGLER, B. *Dans la disruption*: Comment ne pas devenir fou? Suivi d'un Entretien sur le christianisme. Paris: Les Liens qui Libèrent, 2018. Cf. tb. CYRULNIK, B. *Mémoire et traumatisme*: L'individu et la fabrique des grands récits. Entretien avec Denis Peschanski. Paris: 2012.

169. ROSS, D. "Politics, Terror and Trauma typical Imagery". In: NOONAN, M.; SHARPE, M. et al. *Trauma, history, Philosophy*, 2007, p. 235.

Um terceiro elemento constitutivo da análise do trauma como experiência fenomenológica, além da sua experiência da outridade como negação da mesmidade, é a sua *historicidade*. A diacronia ou sincronia das experiências acontece como uma construção da intencionalidade da parte da consciência. Nesse sentido, aponta novamente Rosen, a *vivência* se transforma em *experiência* enquanto a subjetividade constrói uma "seleção" de experiências, trazidas ao presente da consciência da subjetividade, num entrelaçado de imagens que chamamos *memória*:

> Uma experiência traumática é aquela que concentra certo potencial que provoca uma mudança na minha organização do estereotípico. De onde o traumático inaugura una transformação de quem sou como subjetividade[170].

Daí que a tríade vivência-temporalidade-historicidade constitua como que o conector das etapas da subjetividade afetada no caso do trauma social. Essa aproximação fenomenológica nos ajuda a compreender a trama (inter)subjetiva que constitui a *experiência* do trauma, lido agora, porém, em perspectiva fenomenológica. Essa trama nos será útil para desenrolar os elementos subjetivos que geram confusão e ansiedade na hora do acompanhamento terapêutico, com as suas repercussões sociais, políticas e espirituais, como veremos mais adiante.

A psicologia da Síndrome do Estresse Pós-traumático

Os estudos psicanalíticos e psicológicos em torno da experiência traumática dos judeus sobreviventes da *Shoah* do século XX proporcionaram importantes luzes para a compreensão dos efeitos e sequelas nas vítimas e em seus familiares.

---

170. Ibid., p. 237.

Igualmente, as pesquisas realizadas no Chile com vítimas de tortura e com familiares de pessoas desaparecidas – realizadas, desde a década de 1980, sobretudo pelo Vicariato da Solidariedade da Arquidiocese de Santiago[171] – dão conta das sequelas que não se apagam, inclusive depois de anos de tratamento psicológico, apoio social e assessoria espiritual, nas diversas gerações de pessoas afetadas.

Não obstante a importância desta (im)possível cura que descreveremos a seguir, aqui nos resulta de enorme ajuda descrever as alterações da personalidade descritas pela psicologia moderna nas pessoas sobreviventes.

Abordaremos aqui quatro aspectos das emoções que são afetados pelo que a Associação Americana de Psiquiatria caracterizou desde o ano 2000 como "Síndrome de Estresse Pós-Traumático" (PTSD). Esta síndrome caracteriza à pessoa que padece uma disfunção de conduta nos seguintes termos:

> A pessoa que experimentou, testemunhou ou foi confrontada com um acontecimento ou vários acontecimentos que incluem morte ou ameaça de morte ou alguma ferida severa, ou que tenha vivido uma grave ameaça à integridade física própria ou de outras pessoas, assim como a resposta da pessoa que inclui um medo intenso, desamparo (*helplessness*) e sentimento de horror[172].

A hipótese da qual parte a caracterização clínica de PTSD é que "os sobreviventes diferem do resto das pessoas que não foram expostas às atrocidades massivas. A vitimização prolongada tem afetações psicológicas no corpo e na mente"[173] das pessoas.

---

171. GIBEROVITCH, M. "Impact and Trauma: Vulnerability and Resilience". In: *Recovering from Genocidal Trauma*. Op. cit., p. 67.

172. Ibid., p. 70.

173. Ibid.

Os sintomas como a ansiedade e a depressão são os mais recorrentes, embora existam outros como a insônia, a perda de peso e as alucinações em estado de vigília.

Trata-se de uma experiência de desamparo profunda que Elie Wiesel – um dos mais notáveis autores, entre os sobreviventes judeus da *Shoah* – descreveu com as seguintes palavras:

> Para a pessoa sobrevivente a morte não é o problema. A morte era um acontecimento que ocorria todos os dias. Aprendemos a viver com a morte. O problema era nos acostumarmos a ajustar-nos à vida, aprender a viver. Vocês terão de ensinar-nos a voltar a viver[174].

Conforme o mesmo Relatório IV da ASA estadunidense, os "sintomas principais" do PTSD são os seguintes: (i) a revivescência do acontecimento traumático através de pesadelos, *flashbacks* e alucinações em estado de vigília; (ii) a repressão das lembranças dos acontecimentos traumáticos; e (iii) uma série de transtornos emocionais, tais como perda de sono, irritabilidade, medo, raiva, incapacidade de concentração, estados de vigilância extrema e reações emocionais desproporcionadas[175].

No entanto, essa caracterização do PTSD para vítimas do Holocausto deve ser contextualizada para referi-la à situação dos judeus, como minoria étnica e religiosa que foi submetida pelo nazismo na Europa.

Outros povos sofreram estresse pós-traumático em condições específicas diferentes, por exemplo, os sobreviventes de regimes políticos autoritários. Um caso específico é o dos povos originá-

---

174. KRELL, 1989, p. 216, apud GIBEROVITCH, M. *Recovering from Genocidal Trauma*. Op. cit., p. 69.

175. As pesquisas sobre vítimas do Holocausto judeu, publicadas no Canadá e nos Estados Unidos ao final do século XX, informam que o desenvolvimento do PTSD se dá entre 39 e 65% dos sobreviventes (YEHUDA et al., 1998, apud. Ibid., p. 69-70).

rios da Guatemala[176] que foram massacrados pela ditadura militar. Outro caso emblemático latino-americano é o das vítimas das ditaduras do Cone Sul, como Argentina, Brasil e Chile[177]. Cada um desses grupos de vítimas terá modos próprios de vivenciar e de processar essas experiências de horror, tanto pela sua bagagem cultural, pela estrutura social em que vivem, como pelas instituições sociais e políticas que os acompanham.

Vejamos o caso das vítimas da ditadura da Junta Militar no Chile, que governou durante o período 1973-1990. O contexto histórico que marca a análise das instâncias que foram criadas para dar seguimento a tal trauma social se radica no fator sociopolítico. Essa característica configurou um modo próprio de rememoração e possibilitou um tratamento específico do trauma social que foi produto das execuções, as desaparições e a sobrevivência daqueles que padeceram na prisão e persecução pelas suas ideias políticas.

Em relação ao tema, a pesquisadora chilena Daniela Sepúlveda descreve o papel das duas comissões que o Estado chileno criou após a ditadura militar – para acompanhar as vítimas – da seguinte maneira:

> Ambas comissões responderam a soluções institucionais para reconstruir a forma e magnitude das inumeráveis violações aos direitos humanos que a ditadura militar aplicou ao país. No caso do Relatório Rettig, este constituiu um esforço realizado pela Comissão Nacional da Verdade e Reconciliação muito mais para, quantificar os assassinatos políticos acontecidos no período em questão. A pesquisa foi entregue em 1991,

176. Cf. IRAHETA MONROY, M.R. "Psicotrauma en sobrevivientes de guerra en Guatemala". *Medicina Legal de Costa Rica*, vol. 20, n. 2, set./2003 [Disponível em https://bit.ly/2A0p2Lx – Acesso em 12/10/2018].

177. Para o caso chileno, cf. EVYA J., E. (org.). "Dictadura, trauma político y psicología. El quehacer de la psicología en el contexto de las violaciones a los derechos humanos en Chile". *Psicología Hoy,* n. 28, ago./2008 [Disponível em https://bit.ly/2Xud1qH – Acesso em 14/10/2018].

> dando conta de 2.279 pessoas falecidas por causa do Regime (entre 1973 e 1990), das quais 1.115 devido à violação direta aos seus direitos humanos e 164 como vítimas de violência política. Por outro lado, a Comissão Valech aventurou-se num esforço muito mais ambicioso: dar conta das identidades exatas das pessoas que sobreviveram a episódios de prisão, tortura e violação de seus direitos através da narração da experiência vivida, concluindo com mais de 35.000 testemunhas que o país conheceu de forma parcial no ano de 2004[178].

Ambas comissões chilenas formaram parte de um doloroso processo de reconciliação nacional que promoveram, de maneira conjunta, a sociedade e o governo chilenos no período posterior à ditadura militar. Mas esse processo foi interrompido por negociações políticas com os perpetradores a favor de uma anistia e uma suposta "reconciliação nacional". Embora essas comissões tenham sido valiosas para o planejamento de uma justiça transicional, foram mutiladas pelo processo de negociação política do período pós-ditadura.

No horizonte daquela reconciliação nacional contemplava-se uma reparação de danos para as vítimas e seus sobreviventes, assim como uma política de "controle" da memória coletiva desse trauma social. Mas a negativa de levar os perpetradores aos tribunais manteve aberta a ferida:

> Como o Chile pretende superar o trauma da tortura e da violação de direitos humanos, sob circunstâncias de que para ratificar [a sentença] a Corte Penal Internacional, [*sic*] impôs como condição a não investigação dos delitos cometidos entre os anos de 1973-1990?[179]

---

178. SEPÚLVEDA, D. "Memoria y reparación: el tratamiento institucional a las víctimas de violación de derechos humanos en Chile". In: *Política – Revista de Ciência Política*, vol. 52, n. 1, 2014, p. 212-213.

179. Ibid., p. 226.

A lição histórica do processo chileno de rememoração do trauma social reside, ao nosso ver, no postulado ético-político de que "sem a verdade não haverá justiça", nem tampouco reparação do dano, nem reconciliação alguma que tenha enraizado na memória coletiva de um povo. Não será possível para as vítimas ter acesso ao horizonte do perdão e, menos ainda, do esquecimento.

Outro aspecto do tratamento do trauma social chileno foi o terapêutico. Elizabeth Lira Kornfeld é uma especialista no tema de atenção às vítimas da ditadura militar chilena, pela sua participação desde jovem estudante no Vicariato da Solidariedade da Arquidiocese de Santiago do Chile. Atualmente é pesquisadora na Universidade Alberto Hurtado e na Pontifícia Universidade Católica do Chile, assim como assessora de organizações da sociedade civil chilena. Sua trajetória acadêmica e social tem sido reconhecida pelo Estado chileno democrático ao outorgar-lhe o Prêmio Nacional de Humanidades e Ciências Sociais 2017.

As pesquisas terapêuticas de Elizabeth Lira distinguem, pelo menos, três tipos de sobreviventes: as vítimas de tortura, as pessoas que sobreviveram a execuções, e os familiares de desaparecidos. A terapeuta chilena relatou, que após três gerações de sobreviventes, os netos de pessoas desaparecidas seguem vivendo o trauma da orfandade não resolvido por não saber o que aconteceu com suas avós ou avôs ausentes. E, não obstante o fato de que *recordar* era um imperativo – ético e terapêutico ao mesmo tempo – que procurava reconstituir o tecido social chileno, os efeitos na segunda e terceira geração não foram os esperados:

> Durante os anos da ditadura "recordar" e "manter a memória" foi um tema das vítimas. "Não esquecer" era a sua resposta permanente, forjada desde as lealdades viscerais com os seus mortos, seus projetos e as suas esperanças, diante da proposta de esquecer o regime que se manifestava nos discursos da vida diária. Contar o que

> aconteceu, procurar a verdade sobre o fato tinha, às vezes, um efeito ritual aliviador exatamente porque "meu relato se preservaria como uma história externa a mim, independentemente da minha lembrança" e então "eu poderia talvez esquecer" ou, pelo menos, "não teria de ter o compromisso de lembrar de forma permanente"[180].

Daí que o trabalho terapêutico, com fins clínicos, que se realizou anos posteriores à ditadura militar para atender às vítimas, vinculara-se posteriormente com uma necessidade social de justiça. Mas era necessário distinguir sempre, na prática terapêutica, entre o relato clínico, o testemunho com fins de justiça e a memória escrita como parte de um patrimônio cultural imprescindível para o futuro da nação chilena:

> [...] o testemunho entregue no espaço terapêutico assemelha-se, em muitos aspectos, às histórias de vida e outros relatos pessoais da chamada história oral, também às histórias clínicas e aos testemunhos judiciais. No entanto, possui diferenças metodológicas importantes que têm a ver com a sua finalidade específica: a de aliviar o sofrimento que aflige a pessoa que consulta, e permitir-lhe que retome o curso da sua vida como protagonista dela e não fechada na condição de vítima[181].

Havia intersecções entre uma e outra ferramenta metodológica como parte da reconciliação nacional procurada, tanto pela sociedade civil quanto pelo Estado chileno. Porém, sempre era necessário mantê-las separadas: uma ferramenta como parte do processo terapêutico; e outra como elemento valioso para o processo sociopolítico das comissões da verdade.

---

180. LIRA, E. "O testemunho de experiências políticas traumáticas: terapia e denúncia no Chile (1973-1985)". In: PÉROTIN-DUMON, A. (dir.). *Historizar el pasado vivo en América Latina.* Santiago do Chile: Universidad Alberto Hurtado, 2007, p. 40 [Disponível em http://www.historizarelpasadovivo.cl/downloads/lira.pdf – Acesso em 31/07/2018].

181. Ibid., p. 38.

A novidade era a consciência social de que, cedo ou tarde, esse processo de cura pessoal teria um impacto social na justiça transicional desejada:

> A possibilidade de utilizar o testemunho numa denúncia que tivesse valor legal teve grande importância no processo terapêutico. Desse modo direcionava-se a hostilidade vivenciada pela vítima ao ser submetida a tratamentos desumanos e degradantes para o "fazer justiça", "colocar as coisas no lugar" nos percursos legais e judiciais[182].

Os dois casos aqui esboçados – o dos sobreviventes da *Shoah* e o dos sobreviventes da ditadura militar chilena – dão conta da complexidade do trauma social em cada contexto histórico. Também faz um alerta sobre a necessidade de distinguir o processo clínico do processo social de promoção do direito à verdade e à justiça. Embora estejam intimamente associados, é indispensável mantê-los no seu âmbito próprio para reparar o dano no que for possível, primeiro na ordem da integridade pessoal e depois no tecido social ferido.

Da profilaxia do estresse traumático à justiça transicional

Dado o trauma pessoal e social que padecem as vítimas do horror das guerras, o extermínio, a repressão política e o terrorismo – aqui descritos como exemplos emblemáticos contemporâneos daquela violência ancestral que a humanidade conhece desde as suas origens – é necessário considerar agora os modos, as estratégias, os procedimentos e os processos pelos quais as sociedades procuram curar tais feridas abertas.

Apontávamos na seção anterior os sintomas do PTSD, situados na subjetividade alterada pela violência do campo de concentração nazista. Porém, vimos como, no caso das vítimas da

182. Ibid., p. 27.

ditadura militar chilena, embora predominasse uma preocupação social, também era imprescindível a atenção clínica especializada para a superação do trauma pessoal.

Um aspecto fundamental para o tratamento terapêutico em ambos os casos foi a capacidade de *rememoração* dos fatos, de modo que a pessoa ou a comunidade afetada conseguisse reconstruir suas subjetividades fragmentadas por meio da narração. Um relato pode ser com frequência reprimido pelo inconsciente, ou inclusive manipulado pelo contexto social que é imposto pelo carrasco, como é o caso da anistia política. O poder da palavra está vinculado à *memória* como aquela dimensão da inteligência que traz para o presente o que foi vivido para libertar a pessoa pela lembrança que constrói uma narrativa de sentido em meio ao horror.

Como já indicara Paul Ricoeur[183], porém, tanto o trabalho terapêutico quanto a análise filosófica devem considerar as *disfunções* da memória. Estas se expressam, no sentido psicológico, como *amnesia* quando resulta impossível para a vítima lembrar a raiz do impacto do trauma vivido que ainda mantêm as lembranças reprimidas para evitar mais danos. E, no sentido sociopolítico, outra disfunção da memória é a *anistia*, quando um coletivo humano é obrigado, pelo poder político dominante, a esquecer ou, pelo menos, quando lhe é proibido expressar, publicamente, o que é rememorado, a favor de uma suposta reconciliação entre vítimas e algozes para conseguir uma ilusória reconciliação nacional.

Graças à experiência das vítimas aqui narrada, sabemos que contar histórias[184] é o primeiro modo de reconstrução da memó-

---

183. Cf. RICOEUR, P. *La memoria, la historia, el olvido*. Madri: Trotta, 2003. Cf. esp. cap. 23: "A memória exercida: uso e abuso", p. 81-124.

184. Cf. GODWIN PHELPS, T. *Después de la violencia y la opresión: ¿es posible crear justicia?* León: Cátedra Kino SUJ, 2007. • CHÁVEZ AVIÑA, M. *Un problema filosófico para la vida* – La reconciliación, camino posible para la paz. Cidade do México: Universidade Ibero-americana, 2017 [tese de doutorado em filosofia].

ria e, por isso, o princípio da subjetividade curada e emancipada. De fato, passar da amnésia à memória abre a possibilidade da resolução do conflito interno daquelas vítimas que não podem ou não desejam reviver o passado violento.

Porém, como também apontava Paul Ricoeur, em situações de violência extrema, contar histórias ainda é um ato político: "ou contamos histórias, ou contamos cadáveres" afirmava numa frase lapidar o filósofo francês.

Pelo que é necessário vincular a prática terapêutica da narração com o relato social e político que, entre outras instâncias, tem se expressado ao longo do século XX por intermédio das comissões da verdade e a reconciliação no Peru[185] e na África do Sul[186], com as suas variantes na Guatemala, Argentina, Chile e Colômbia.

---

185. Esta comissão esteve orientada pela ideia final de conseguir a reconciliação nacional: "A CVR entende por 'reconciliação' o começo de um processo de reestabelecimento e refundação dos vínculos fundamentais entre os peruanos, vínculos voluntariamente destruídos ou deteriorados pela eclosão de um conflito violento iniciado pelo PCP Sendero Luminoso nas últimas décadas, e em que a sociedade inteira se viu envolvida. O processo da reconciliação é possível, e é necessário, pelo descobrimento da verdade do acontecido naqueles anos – tanto em termos do registo dos acontecimentos violentos quanto da explicação das causas que os produziram–, bem como pela ação corretiva e sancionadora da justiça" (COMISIÓN DE LA VERDAD Y LA RECONCILIACIÓN EN EL PERÚ. *Informe final (31 de agosto de 2003)*. Vol. IX. [Disponível em https://bit.ly/3cx8h7M – Acesso em 14/10/2018]).

186. Baseado num modelo de "justiça transicional" como um ato de memória, justiça e reparação visando a reconciliação: "Dada a magnitude deste exercício, a busca da verdade por parte da Comissão deveria ser vista como uma contribuição para uma meta e visão de muito mais longo prazo. Seu objetivo na tentativa de revelar o passado não tinha nada a ver com vingança; tinha a ver, mais exatamente, com ajudar as vítimas a tornar-se cidadãos mais visíveis e mais valiosos através do reconhecimento público da confirmação oficial de suas experiências... Além disso, pondo em evidência o lado mais obscuro do passado, os responsáveis pelas violações dos direitos humanos podiam ser considerados responsáveis por suas ações. Durante o processo, foi-lhes dada a oportunidade de reconhecer sua responsabilidade a fim de contribuir para a criação de um nova sociedade sul-africana" (SOUTH AFRICAN TRUTH AND RECONCILIATION COMMISSION. "Concepts and Principles". *Report*, 29/10/2008, vol. 1, cap. 5, § 27-28 [Disponível em https://bit.ly/2U6Uu1w – Acesso em 14/10/2018]).

Embora o uso político hegemônico de tais instâncias sociais – em contextos de guerra civil, ditadura militar ou de partido tenha sido recorrente no século XX – é necessário lembrar que se trata de uma das poucas estratégias institucionais que foram pertinentes para o que Susan Rose no Canadá chamava de "justiça suficiente" e Reyes Mate na Espanha enunciava, com mais agudeza política, como "justiça transicional".

Nessa lógica, a narração – como princípio de reconstituição da memória pessoal e coletiva – exige um momento posterior para levar a cabo a possível reconciliação nacional. Consiste na reparação de dano, seja por meio de terapias de superação do trauma, ou através de julgamentos que levem os perpetradores aos tribunais ou, inclusive, por meio da restituição dos bens roubados pelos algozes.

No primeiro caso, a profilaxia consiste em oferecer às vítimas os recursos médicos, psicológicos e psiquiátricos para que possam recuperar uma estabilidade emocional, um ritmo de vida cotidiana com certa serenidade, assim como uma capacidade de comunicação com o seu entorno familiar e social. Assim o manifesta justamente uma das especialistas no tratamento terapêutico oferecido às vítimas da *Shoah*:

> É importante enviar às pessoas sobreviventes ao serviço médico para examinar as suas condições de saúde, uma vez que podem aparecer sintomas pós-traumáticos. Este é de especial importância para os sobreviventes que nunca foram examinados pelo pessoal médico. Algumas condições médicas poderiam explicar os sintomas. Por exemplo, problemas de tireoide, infecções urinárias, reações a medicamentos ou deficiência vitamínica pode provocar confusão. Sinais de demência (como mudanças repentinas de personalidade, incapacidade de concentração e memória, perda de interesse, isolamento social) podem

ser sinais de síndrome pós-traumática nos sobreviventes[187].

Além disso, nos últimos vinte anos, as neurociências ajudaram a compreender melhor as conexões neuronais que provocam o estresse pós-traumático nas vítimas e o modo como a neurobiologia poderia ajudar na recuperação das vítimas.

O primeiro fato que os estudos neuronais constatam é que o sistema límbico é afetado por um acontecimento traumático:

> Quando o cérebro é confrontado a um acontecimento traumático de ameaça de vida, o sistema límbico (hipotálamo, hipocampo, amígdala e outras partes), assim como o sistema nervoso simpático secretam hormônios que preparam o corpo para uma luta de sobrevivência. Certo número de respostas fisiológicas acontece no corpo: os músculos se contraem, o coração acelera, a pressão arterial aumenta, a respiração acresce, a vista e o ouvido aguçam, as glândulas de adrenalina secretam hormônios com energia de resposta. Tudo isso prepara o corpo para responder ao acontecimento traumático. Porém, quando a ameaça é percebida como extrema ou prolongada, e a fuga não é possível, acontece uma terceira resposta que é descrita como congelamento ou "morte iminente", que prepara o corpo para sentir menos dor quando enfrenta a morte próxima[188].

Graças a essas descobertas neurológicas, quando a pessoa sobrevive, a terapia psicológica deverá ser acompanhada por uma avaliação médica, de modo que possa realizar-se uma profilaxia adequada que inclui a reconstituição possível das conexões neuronais danificadas pelo trauma.

---

187. GIBEROVITCH, M. *Recovering from Genocidal Trauma*. Op. cit., p. 76.

188. ROTSCHILD, 2000, p. 11, apud GIBEROVITCH, M. *Recovering from Genocidal Trauma*. Op. cit., p. 80.

Comprovaram assim também os estudos neurocientíficos com pacientes em recuperação do PTSD. Concretamente, tem sido documentado que, entre outros fatores, um aspecto que ajuda na reconexão da rede neural é a *empatia*, compreendida como a rede de relações familiares e sociais de ajuda mútua. Um dos especialistas em neurobiologia interpessoal, Dan Siegel, afirma que "a estrutura da nossa arquitetura neural revela que precisamos de conexões com outras pessoas para perceber o equilíbrio e desenvolver o bem-estar"[189]. Sua pesquisa tem se concentrado em analisar os *neurônios espelho* como agentes da empatia neuronal que são capazes de coadjuvar na terapia para cura do PSTD enquanto permitem a geração de novas conexões sinápticas na rede dos neurônios. Esses estudos sobre os neurônios espelho corroboraram, certamente, a maravilhosa descoberta antropológica de René Girard sobre o desejo mimético como *double bind*, isto é, como imitação do desejo do outro numa estrutura triangular do desejo que gera reciprocidades que podem ser violentas ou pacíficas.

Mas não se deve esquecer que a atenção terapêutica e a análise neurocientífica não são fins em si mesmas, mas instrumentos para a cura das pessoas sobreviventes que vivem o trauma social. O que se persegue, no fundo – segundo a hipótese de Aaron Antonovsky de 1993 – é alcançar a *saúde integral* das vítimas que padecem estresse pós-traumático:

> mediante a integração de recursos como a identidade individual, a inteligência/conhecimento, o vínculo social, o sentido de controle, os bens materiais, a estabilidade cultural, os valores e crenças compartilhadas, as predisposições genéticas e o sentido de coerência[190].

189. Ibid., p. 82.

190. ALMEDOM, 2005, p. 255. Apud. Ibid., p. 85.

Em suma, a terapia do trauma social implica um longo processo de convalescência fisiológica, neurológica, psicológica, emocional e espiritual, que inclui a pessoa e o seu entorno. Assim surge o conceito psicológico crucial, *resiliência* como "a habilidade de uma pessoa, grupo ou comunidade, para superar a adversidade por meio de uma variedade de condutas de adaptação"[191].

Finalmente, como parte deste modelo de terapia integral desenvolvido para vítimas da *Shoah*, as pesquisas do PTSD propõem integrar o binômio *vulnerabilidade-resiliência* como horizonte de intervenção interdisciplinar. Nesse campo de reconstituição da subjetividade vulnerada – desde os sintomas fisiológicos até as emoções e as capacidades de socialização – as pessoas sobreviventes foram capazes de integrar sua vulnerabilidade como parte de um processo terapêutico de cura que lhes permite viver com *resiliência* tanto que são reintegradas suas redes de neurônios por meio de redes de empatia social.

Em relação às vítimas das ditaduras militares do século XX – como as do caso chileno acima apresentado – a terapia inclui, sobretudo, a atenção psicológica, médica e social, sem incluir ainda a contribuição das neurociências.

Concretamente, é importante ressaltar o papel central da exigência de justiça como parte do processo de reconstituição da vida pessoal e social que ficou machucada pelo trauma da tortura, a desaparição de pessoas detidas ou as execuções de cidadãos por razões políticas. Todos estes atos de repressão social foram realizados pela Junta Militar chilena durante dezessete anos. Nesse sentido, Elizabeth Lira descreve a sua experiência terapêutica na interrelação profunda entre terapia pessoal e justiça social nos seguintes termos:

---

191. COHEN et al, 2010, p. 531. Apud. Ibid., p. 86.

> A possibilidade de utilizar o testemunho numa denúncia que tivesse valor legal teve grande importância no processo terapêutico. Deste modo direcionava-se a hostilidade vivenciada pela vítima ao ser submetida a tratamentos humilhantes e desumanos para o "fazer justiça", "colocar as coisas no lugar" nos percursos legais e judiciais. Por outro lado, foi através dessas histórias que, além do círculo dos afetados, foram sendo conhecidos quem eram as pessoas que tinham sido perseguidas e o que lhes tinha acontecido. Era um relato em primeira pessoa, simples, descritivo, inclusive anedótico. Dava conta do vivido de um modo que permitia a identificação do leitor ou de quem escutava com as emoções comunicadas através do testemunho. Em alguns casos os dados entregues permitiam identificar a pessoa e as suas circunstâncias, mas em outros, os detalhes e lugares tinham sido mudados para proteger a sua identidade. Com exceção das denúncias enviadas às Nações Unidas e aos tribunais, os testemunhos circularam quase sempre com pseudônimos até 1984. Na maioria dos casos, a difusão dos testemunhos foi realizada pelos "testemunhantes" e não existe um registro que permita conhecer com detalhes sua distribuição e seu impacto[192].

Note-se a ênfase dada pela terapeuta chilena ao sentido social e político da terapia psicológica, uma vez que aponta a importância de recuperar a autoestima da vítima através da sua exigência de justiça. Porém, ao mesmo tempo, esses relatos permitiam a empatia com outros prisioneiros e abriam assim o caminho da intersubjetividade:

> Alguns ex-reclusos relatavam que no cárcere, entre os companheiros que haviam sofrido a mesma situação,

192. LIRA, E. "O testemunho de experiências políticas traumáticas: terapia e denúncia no Chile (1973-1985)". Op. cit., p. 27-28.

> dera-se espontaneamente uma comunicação profunda sobre o horror sofrido, e que tinham se sentido confortados pela compreensão e capacidade de acolhida do outro. Visto desde esta perspectiva, o testemunho não era apenas um texto que tinha ajudado a reconstruir a própria história, ou um registro do passado, mas podia ser utilizado pela pessoa para reivindicar o valor do seu compromisso político, da sua luta social e participação em partidos políticos e sindicatos antes da ditadura, e para reconhecer-se como alguém que havia sido perseguido por causa do mesmo[193].

Em síntese, devemos valorizar a necessidade primeira de promover a terapia pessoal para as vítimas. Mas como correlato indispensável para a reconstituição do tecido social resulta crucial – para alcançar certo grau de cura pessoal e coletiva – o fato de integrar esses processos rememorativos e testemunhais na estrutura comunitária e social.

Ali se entrelaçam as narrações como um complexo processo de memória, nutrido pelo anseio de justiça. De tal modo que a memória coletiva se recria com a narração feita pelos mesmos sobreviventes dos acontecimentos em seus processos pessoais terapêuticos. Numa cadeia de reconstrução intersubjetiva de sentido, esses relatos serviram para a elaboração de testemunhas judiciais e seu consequente emprego em processos nacionais e internacionais.

Tal é a contribuição própria da consciência política latino-americana para a análise e resolução do trauma social da violência global que aqui nos ocupa e preocupa a fim de compreender a possibilidade da remembrança de um corpo social desmembrado.

---

193. Ibid., p. 26.

2 Do (im)possível e (in)certo luto íntimo até a subjetivação simbólica e social

Todos somos sobreviventes de algum tipo de violência – estrutural, mimética ou sistêmica – pelo que somos chamados a um aprendizado para fazer memória dos nossos mortos.

Paul Ricoeur, o grande hermeneuta da *memória feliz*[194], avaliava a sua obra filosófica descrevendo-a como uma filosofia da vontade. E expressava, com clareza meridiana, o sentido profundo do luto psicanalítico que presidia a sua obra: deixar para trás o desejo da própria sobrevivência como uma miragem do ego do qual é necessário despertar[195]. Nesse contexto, Ricoeur confessava a sua fé na ressurreição dos mortos como uma dádiva humana e divina, mais do que uma necessidade egoica de sobrevivência: postulava desse modo o desejo de que, aqueles que nos sobrevivam, junto com Deus como fonte de vida, se lembrem de nós. E, nesse teor, o filósofo francês pensava em si mesmo como um duplo sobrevivente: a um campo de concentração e ao suicídio do seu filho. Teve de viver em primeira pessoa ambos os lutos, indo além de si mesmo, num doloroso, mas libertador, processo de memória que o conduziu a reconstituir-se como pessoa, depois do trauma sofrido.

Esses traumas de ordem pessoal e familiar, no entanto, permitiram-lhe *pensar* a história com outros olhos, com um agudo sentido crítico em perspectiva fenomenológica, para vislumbrar o *esquecimento* como horizonte do perdão nunca realizado completamente na história, embora sempre desejado, a partir do que chamou de uma "economia do dom":

---

194. Cf. RICOEUR, P. *La memoria, la historia, el olvido.* Madri: Trotta, 2003. Cf. esp. "Epílogo: O difícil perdão".

195. Cf. RICOEUR, P. *Vivo hasta la muerte*: seguido de Fragmentos. Cidade do México: Fondo de Cultura Económica, 2009.

> Uma terceira pista se abre para ser trabalhado: aquele do esquecimento que já não seria nem estratégia, nem trabalho, mas esquecimento despreocupado (*désoeuvré*). Excederia à memória, não a título de rememoração do que advém, nem de memorização de um *savoir-faire*, nem tampouco como comemoração dos acontecimentos fundantes da nossa identidade, mas de uma disposição atenta que se instala como duração. [...] Não existiria acaso um modo superior de esquecimento, enquanto disposição e modo de estar no mundo, que seria a despreocupação, ou melhor, a não preocupação?[196]

Inspirados pelo potente testemunho do grande pensador francês de confissão protestante, indagaremos nesta seção o sentido do luto possível para quem habitamos do outro lado do naufrágio do ego moderno. Primeiro, como o descreveu Freud, este grande mestre da suspeita do século XIX. Depois, verificaremos brevemente duas reações à versão freudiana do luto, como a que fez o seu colega Lacan, incluindo no final a crítica antipatriarcal feminista. Com essa bagagem procuraremos recuperar, no que for possível para a nossa época, o sentido da subjetividade "vulnerável e vulnerada" que emerge com a perda de quem amamos, daqueles que já se foram, ou que nos foram arrebatados. Nós o faremos evocando o luto como um sempre difícil e complexo processo de memória e relato que possibilite nos aproximarmos, sem ingenuidade, à esperança teologal na ressurreição dos mortos.

Esse momento psicanalítico inicial é tipicamente ocidental pela centralidade do sujeito individual, com escassa presença da comunidade que sempre nos acolhe e nos dá à luz em cada novo nascimento quando procuramos saber quem somos em diversas etapas da vida. Porém, nos permitirá compreender melhor a pro-

---

196. RICOEUR, P. *La mémoire, l'histoire, l'oubli*. Paris: Seuil, 2000, p. 655.

fundidade *subjetiva* do rito religioso da entrega dos mortos à terra que os povos originários da América mantêm vivo, como uma epistemologia alternativa da ausência-presença.

De fato, esses ritos funerários estão marcados com o simbolismo do retorno dos defuntos à Mãe-terra, constituindo um novo vínculo com a comunidade agora como ancestrais. Deste modo, a comunidade celebra com símbolos e celebrações funerárias o seu ingresso ao ciclo da vida que não acaba. Uma rememoração ritual que é promessa de vida, aqui e agora, sob nossa responsabilidade como sobreviventes.

Com ambas coordenadas do luto – uma ocidental psicanalítica, e outra ancestral simbólico-ritual – teremos a possibilidade de compreender melhor o sentido da ressurreição desde o "aquém" que desenvolveremos no último capítulo deste livro.

Para nos adentrarmos ao problema moderno da perda das pessoas amadas, propomos agora distinguir três etapas da análise psicanalítica do luto: primeiro a compreensão de Freud, seguida da interpretação de Lacan, para concluir com uma recepção crítica latino-americana, representada pela Escola de Tucumán, na Argentina, com uma acentuada perspectiva social e decolonial.

O sentido freudiano do luto: a subjetividade moderna sob suspeita

Aproximamo-nos agora do trauma do luto como a experiência de perda de uma pessoa amada, com a lente psicanalítica freudiana que marcou, para bem e para mal, a psicologia do século XX. Algumas correntes pronunciaram-se a seu favor, aprofundando as suas intuições, como foi o caso de Lacan. Outras, contudo, desmontaram essa interpretação do trauma em perspectiva de libido para procurar outras perspectivas de análise da subjetividade.

Há mais de cem anos, Sigmund Freud publicou em 1918, em Viena, o seu famoso ensaio *Trauer und Melancholia* [*Luto e Melancolia*], na revista que ele mesmo dirigia, a *Internationale*

Zeitschrift für Ärztliche Psychoanalyse[197]. Nesse texto, Freud falava não apenas de um modo "objetivo" dos sintomas do trauma e da melancolia – no sentido que hoje conferimos ao termo "depressão" – de pacientes que tinha tratado nas consultas. Mas, sabemos hoje, que exatamente nesses anos, o pai da psicanálise tinha experimentado em primeira pessoa com agudeza os sentimentos da perda – em certo sentido, poderíamos afirmar, aprendia a falar como um sobrevivente – porque seus dois filhos mais velhos tinham partido para a frente de guerra em 1915, durante a Primeira Grande Guerra europeia do século XX, e dois dos seus colegas mais próximos também[198].

Nesse artigo de pesquisa psicanalítica, Freud analisava o luto na sua relação com a constituição da subjetividade que se realiza através da libido. Desse modo o pensador de Viena relacionou a perda de um ser amado com a *melancolia*, compreendida como a neurose que surge pela impossibilidade de posse do objeto desejado que agora desaparecera com a morte da pessoa amada, ou com a ausência incerta ou definitiva daqueles que partiram.

Não esqueçamos que a psicanálise freudiana refere diretamente toda a vida psíquica ao trabalho do inconsciente, pelo que o luto também é compreendido nessa perspectiva hermenêutica e, por isso, é analisado justamente como um "trabalho de luto". A partir desse princípio, a terapia psicanalítica está orientada à integração da subjetividade marcada pela neurose, considerando os condicionamentos do desejo reprimido. Concretamente, no caso da perda de um ser amado, trata-se de reconstruir, no que for possível, a relação do ego com o inconsciente e com o superego, que ficaram desprovidos do seu objeto de posse em consequência

---

197. FREUD, S. "Trauer und Melancholie". In: *Internationale Zeitschrift für Ärztliche Psychoanalyse*, IV Jahrgang, 1916/1917, Heft 6, 1918, p. 288-301.

198. Cf. ROUSSET, M. "Una travail de deuil pour Sigmund Freud". *Le Monde*, 03/08/2017.

da ausência ou da morte do objeto de desejo. A melancolia seria, nesse sentido, uma neurose produzida pela impossibilidade de projeção do ego nesse objeto amado, porém perdido, sobre o qual já não há capacidade de controle nem de posse.

Por tudo isso, o trabalho de luto freudiano está diretamente vinculado a uma reconfiguração do ego, a partir da perda que altera, tanto o inconsciente incapaz de manipular o outro como objeto de desejo, como ao superego que não tem mais do que uma referência "ausente" para projeção da libido.

Dali surge a suspeita freudiana sobre o trabalho do luto como algo quase impossível. No caso da melancolia – que é o luto não realizado – a alteração da subjetividade fica *suspensa* entre a crescente repressão do inconsciente que já não tem o objeto de desejo, e a projeção narcisista do superego, embora agora submetida à angústia da ausência.

Essa aproximação freudiana do trabalho de luto é uma amostra confiável dos alcances e limites da psicanálise como ferramenta e metodologia para a análise da subjetividade e da intersubjetividade. Alcances porque submete a um rigoroso diagnóstico – através dos relatos, dos sonhos e da hipnose – a constituição do sujeito a partir das pulsões libidinais, aquém e além da consciência do ego. Um fenômeno que é típico dos mascaramentos da subjetividade que denunciaram – por outras vias e âmbitos como a economia e a liberdade – Marx e Nietzsche como outros mestres da suspeita moderna, de acordo com Paul Ricoeur.

Os limites da análise freudiana do trabalho de luto residem, conforme seus principais críticos, na ausência de uma crítica ao falocentrismo da libido dominante, denunciada pelo pensamento feminista pós-freudiano[199]. Especialmente, a episteme femi-

---

199. Cf., p. ex., a crítica de mulheres psicanalistas contemporâneas de Freud sobre o complexo de Édipo: "Horney e Riviere foram as mais radicais; elas insistiram em reconsiderar temas como o da inveja do pênis, o complexo de masculi-

nista denunciou, no século XX, a ideia de que o desejo de posse como penetração fálica seja uma condição universal da libido de posse. Nesse sentido, a teoria feminista lamenta a ausência de uma visão *relacional* das subjetividades – como a mesmidade aberta à outridade, porém sem uma necessária pretensão de domínio falocêntrico. Esta falha estrutural do conceito de luto na obra de Freud faz com que a libido, assim como a tríade inconsciente-consciente-superego, estejam abalizadas numa visão patriarcal e falocêntrica da subjetividade, pelo que são incapazes de dar conta do processo de narração, memória e acolhida da ausência em outra perspectiva diferente ao do domínio. Essa será a pretensão da psicologia feminista desenvolvida ao longo do século XX.

Em síntese, digamos que o trabalho de luto proposto por Freud há um século, nos alerta sobre os elementos inconscientes que projetamos na perda da pessoa amada. Também nos permite ir além de uma visão ingênua, acrítica e estéril dos mecanismos de desejo narcisista, pelos que estabelecemos nossa relação com o mundo, com os outros e com o Outro, sempre marcada por uma pulsão egoica que gera sofrimento, depressão e instinto de autodestruição quando não consegue superar o estágio do ensimesmamento.

Não obstante essa limitação, é necessário apreciar também o alcance do trabalho de luto. No "aquém" da subjetividade libidinal freudiana, pulsa um mundo de desejos reprimidos e de

nidade e a castração. Ernest Jones, embora defendesse a diferença da passagem edípica entre homem e mulher e também a importância da fase pré-edípica, o fazia sustentando a diferença com argumentos biológicos, afirmando, por exemplo, que a feminidade era inata, afirmação não compartilhada nem por Freud nem pelas outras psicanalistas" (BOCHAR PIZARRO, J.E. "Feminismos, perspectiva de género y psicoanálisis". *Géneros*, n. 20, época 2, ano 23, set./2016-fev./2017, p. 52 [Disponível em http://bvirtual.ucol.mx/descargables/5_35-64.pdf – Acesso em 15/10/2018]).

projeções narcisistas que – justamente como um trabalho de luto – é necessário reconhecer e desativar para refazer, na medida do possível, a subjetividade ferida.

Trata-se, de fato, de um lento e doloroso processo que, ao mesmo tempo, pode ser libertador quando se vive como cicatrização daquela ferida que provoca a ausência da pessoa desejada, com as marcas da sua lembrança.

De modo paradoxal, como indica a psicologia feminista, tais cicatrizes também podem ser vivenciadas em perspectivas de acolhida e de cuidado, mais do que apenas sob o sinal do conflito egoico e da depressão pelo bem não possuído.

Lacan ou a outridade ritualizada

Para Lacan, no entanto – tal como o desenvolveu em seus Seminários VI e VII – o luto é uma perda que deixa aberta uma *oquidão* na subjetividade, devido à ausência da pessoa querida. Mas essa ferida é indício de uma Outridade que pode ser resolvido através da ritualização social da perda.

Nesse ponto crucial do luto, Lacan reconhece o papel dos ritos funerários como parte constitutiva do luto, enfatizando – com um tom de admiração do século XIX pelo "exotismo" dos povos não ocidentais – a necessidade do trabalho comunitário do logos:

> E no final de contas, a que estão destinados os ritos funerários? A satisfazer o que se denomina a memória do morto. O que são esses ritos senão a intervenção total, massiva, do inferno até o céu, de todo o jogo simbólico? Quereria ter tempo para dar-lhes alguns seminários acerca deste assunto do rito funerário através de uma investigação etnológica. Lembro-me, há muitos anos, de ter passado bastante tempo sobre um livro que é uma ilustração verdadeiramente admirável sobre o tema e que adquire todo o seu valor, para nós exemplar, por corresponder a uma civilização bem

> distante da nossa para que os destaques dessa função apareçam verdadeiramente de modo brilhante. É o *Liji*, um dos livros chineses consagrados.
> Tais ritos funerários possuem uma característica macrocósmica, uma vez que nada pode preencher de significantes este furo no real, se não for a totalidade do significante. O trabalho do luto se consuma no nível do logos – digo isto por não dizer *ao nível do grupo* nem *da comunidade*, por mais que o grupo e a comunidade, como culturalmente organizado, sejamos seus sustentadores. O trabalho do luto apresenta-se primeiramente como uma satisfação dada aquilo que se produz em desordem em razão da insuficiência de todos os elementos significantes para enfrentar o rombo criado na existência. Há uma absoluta colocação em jogo de todo o sistema significante ao redor do menor luto[200].

Não é que Lacan ignore o trabalho do luto – em estrito sentido libidinal – proposto por Freud, nem que negue os elementos decisivos da tríade inconsciente-consciente-superego, como parte da psique humana, com suas neuroses correspondentes.

Porém, o que dará uma virada à versão freudiana da psicanálise é a consideração lacaniana da dimensão simbólico-ritual do trabalho de luto que, de agora em mais, chamar-se-á *subjetivação*.

Para Lacan, as transferências e projeções do inconsciente e do ego no superego formam parte de uma rede de significações que se constrói sempre como uma *trama* social de significações. Nessa rede de significações surgem os significados, isto é, os múltiplos e polissêmicos relatos que elabora a subjetividade através da linguagem – as lembranças, as narrações, os símbolos e os

---

200. LACAN, J. *Seminario 6: El deseo y su interpretación* – "Siete clases sobre Hamlet". Clase 18 "El deseo y el duelo" (22 de abril de 1959). Buenos Aires: Paidós, 2014, p. 372 [Disponível em https://bit.ly/3cquRiB – Acesso em 15/10/2018].

rituais religiosos – como a estrutura que configura à psique após colapso que significa a ausência da pessoa amada.

Portanto, toda a bagagem cultural própria da linguagem como sistema de representação será um fator essencial para a ressignificação da ausência, na hora de viver o trabalho do luto. Daí a relevância – para Lacan – dos rituais religiosos nas sociedades tradicionais, já que fizeram possível às pessoas e culturas, ao longo de milênios, levar a cabo a elaboração do luto como uma abertura à Outridade. Essa resolução *simbólica* do trauma permitia a tais culturas restaurar a subjetividade ferida, na hora do seu desamparo, quando acontecia a perda de uma pessoa querida.

O problema crucial do luto em tempos modernos – detectado por Lacan há mais de um século – radicava na *orfandade simbólica* do sujeito com pretensão de autonomia, direcionado inteiramente à sua mesmidade com escassos vislumbres de outridade, os que somente se manifestavam de modo indireto na relação social. Mas o papel da Alteridade religiosa tinha ficado desfigurado nas sociedades modernas, marcadas pela secularização do seu horizonte ético, epistêmico e espiritual.

Daí que, para Lacan, seja necessário recuperar de alguma forma uma *ritualidade secular* para promover o apoio terapêutico às pessoas e comunidades em luto, em meio à orfandade do Outro transcendente. Alguns exemplos desse tipo de ritualização do luto foram desenvolvidos por diferentes escolas de terapia lacaniana – em particular na América do Sul[201] – vinculando a subjetivação em luto com os símbolos e as narrativas de transcendência social, cultural e estética, em alguns casos recuperando a dimensão espiritual do luto.

O objetivo era encontrar, desde então, uma solução ao esvaziamento de significado transcendente que – na época da Moder-

---

201. Cf. ZEITOUNE, M. "Duelo y 'Disposición enfermiza' en la melancolía". *Revista de Psicología de Tucumán*, ano 15, n. 19, dez./2011 [Disponível em https://bit.ly/2AAgkUh – Acesso em 15/10/2018].

nidade tardia – fizera-se ainda mais urgente como crítica à secularização reinante. Nesse sentido, o pensamento decolonial foi recuperando, na segunda metade do século XX, a bagagem simbólico-ritual dos povos originários de todo o planeta, isto é, aqueles que resistiram ao processo de repulsão do divino no coração da história unidimensional que promovera a razão instrumental.

Com essa sensibilidade moderna tardia o Ocidente está se reencontrando com uma racionalidade simbólico-ritual que já foi apontada por Raimon Panikkar[202] e Xavier Melloni[203], com uma acentuada fascinação pelas tradições místicas orientais.

Tal episteme ocidental pós-moderna aberta à Outridade mistérica do mundo – agora num novo contexto próprio da decolonialidade, vista desde o Sul global[204] – está sendo reinterpretada e assumida pelos movimentos sociais de vítimas, pelas teologias contextuais e pelas espiritualidades emergentes em tempos de violência sistêmica e global, para processar o luto como modo de existência resiliente, aberta ao futuro.

Nesse sentido, desenvolveremos mais adiante a ritualização do luto, de modo mais detalhado, no último capítulo deste livro. Vale lembrar agora como os povos originários de Abya Yala mantiveram viva – após cinco séculos de resistência ao colonialismo religioso europeu – uma visão do rito funerário como um "direito dos mortos de se tornarem ancestrais", conforme àquela lapidária expressão do curandeiro de Bojayá que já citamos.

Devir ancestrais é um direito dos defuntos que os vivos devemos respeitar para manter vivo o ciclo da vida. De outro modo,

---

202. Cf. PANIKKAR, R. *La Trinidad* – Una experiencia humana primordial. Barcelona: Siruela, 2012.

203. MELLONI, J. *El Cristo interior*. Barcelona: Herder, 2010.

204. A este respeito, cf. TOMICHÁ CHARUPÁ, R. "Teologías de la liberación indígenas". In: ECUMENICAL ASSOCIATION OF THRID WORLD THEOLOGIANS (EATWOT). *III Minga / Mutirão. Teología de la Liberación 40 años*, vol. XXXVI, n. 4, out.-dez./2013, p. 113-130.

estaremos condenando, a nós mesmos, ao esquecimento, junto com aqueles que já foram aniquilados.

O luto como subjetivação social: a ritualização da ausência em perspectiva psicanalítica e decolonial

A psicanálise latino-americana aprofundou, com sentido crítico, a proposta freudiana e lacaniana do trauma e do luto, porém desde o contexto próprio da realidade sociopolítica do Sul epistêmico, crítico à Modernidade instrumental hegemônica.

Vejamos uma primeira aproximação proposta pela psicanalista argentina Maria Elena Elmiger:

> Pensamos também teoricamente os processos de dessubjetivação nos lutos como a que produz, por exemplo, a vida contemporânea. Na mesma foi situando-se uma banalização do luto, que deixa o sujeito escasso de recursos simbólico-imaginários com os que se poderia envolver o trauma que produz a morte de um ser a quem se ama. Essa precariedade de recursos que foi se instalando após as guerras mundiais e do triunfo da dupla discursiva ciência e capitalismo neoliberal, modificou, não apenas o mapa geográfico do mundo, mas o mapa geográfico do mundo subjetivo e social: produzem-se cada vez mais sujeitos sem recursos simbólicos para recompor suas vidas subjetivas, o laço social e a transmissão simbólica para as gerações vindouras. As mortes não são acompanhadas desde os mitos e ritos que antes propunha o Outro e se deixa aos enlutados sós com os seus mortos. A passagem ao ato suicida ou homicida, os lutos silenciosos impedidos aos enlutados e suas quedas em passagens ao ato, dependências, loucuras etc., vêm no lugar da resposta[205].

---

205. ELMIGER, M.E. "La subjetivación del duelo en Freud y Lacan". *Revista Mal Estar e Subjetividade*, mar./2010.

A escola psicanalítica de Tucumán, na Argentina, tem sido particularmente fecunda na prática terapêutica como subjetivação pessoal e social. Caso sejam bem aceitos os postulados freudiano e lacaniano do trabalho do luto – no seu sentido de resolução da libido arraigada no inconsciente e projetada no superego – não por isso desconhece a relevância da comunidade no processo de cura do trauma social através dos rituais simbólicos do luto.

Neste contexto, a psicanalista argentina, parte de um diagnóstico inicial em perspectiva tripartite para propor uma terapia psicanalítica, como *subjetivação* do público, do privado e *do íntimo*:

> Avançamos para o conceito de subjetivação porque o mesmo amplia o horizonte teórico além da palavra "trabalho" que, em Freud, refere ao trabalho do inconsciente; subjetivação toma em suas redes também o que escapa a essa lógica: articula os discursos sociais, políticos, religiosos que referem em cada tempo à morte das pessoas queridas – o público. Os modos, os costumes, estilos de viver o luto na vida privada de cada época – o privado – e a inscrição inconsciente dos mesmos – o íntimo[206].

Na Argentina trabalhou-se – entre outras linhas de pesquisa a partir da confluência entre Freud e Lacan – uma prática terapêutica psicanalítica que permite detectar primeiro as *dessubjetivações* do luto ainda não realizado, tanto nas famílias do defunto quanto no tecido social, para propor então terapias de cura subjetiva, intersubjetiva e social que incluam a articulação de significados do íntimo, o pessoal e o público.

Por isso, o primeiro diagnóstico que realiza esse procedimento psicanalítico é o estado da função *subjetivante* no luto. Isso implica reconhecer que, no meio do luto, o enlutado fica "esvaziado

---

206. Ibid.

de significantes para enfrentar o vácuo da ferida traumática"[207]. Isto é, que no luto existe um "colapso traumático" que é necessário caracterizar, por meio da narrativa do paciente. Tal colapso implica dois fatores: o sujeito a quem perde (a pessoa amada) e o que o enlutado perde em sua vida pessoal e íntima com essa ausência (uma trama significante).

A hipótese psicanalítica que propõe então Maria Elena Elmiger – seguindo a escola psicanalítica de Tucumán – é que o luto como subjetivação permite ao enlutado reconstruir uma rede de significações, desde a precariedade da sua própria vulnerabilidade, graças à intervenção do social e o público por meio dos rituais e símbolos de coletividade:

> Passar do real – o campo do traumático – à possível reinscrição da falta [isto é, a ausência] enquanto simbólica, o que admitirá que o sujeito volte a se encadear na corrente significante e possa representar-se na mesma e no laço social[208].

Aqui é necessário enfatizar que a pessoa que faleceu deixa um vácuo de significações que decompõe todo o dinamismo da subjetivação daqueles que a sobrevivem. A ausência de quem partiu se torna, portanto, princípio de dessubjetivação e pode conduzir ao enlutado a uma neurose de autodestruição que se expresse como um suicídio real ou simbólico, ou como o homicídio de um terceiro em quem se descarregue a ira pela ausência insuportável.

Daí, o papel crucial do recurso simbólico-social para coadjuvar na restauração da subjetividade dos enlutados em meio ao luto:

> Para subjetivar um luto é necessário que, como afirma Lacan no *Seminário VIII*, o que se perde possa ser traduzido em formas discursivas subjetivas e coletivas,

207. Ibid.

208. Ibid.

> para o qual propomos que é necessário a articulação entre o público, o privado e o íntimo[209].

E como em qualquer luto "deixará algum resíduo incontornável e incurável" – como já lembrava Elizabeth Lira no seu relatório clínico de acompanhamento aos familiares de desaparecidos no Chile que mencionamos anteriormente –, a função subjetivante do luto somente permitirá restabelecer uma parte do sistema de significações, a partir do único recurso que fica aos seres humanos nesta situação limite: a linguagem com suas múltiplas variáveis simbólicas.

Em suma, a subjetivação do luto articula três dimensões da intersubjetividade: (i) o público, como linguagem de significações, reconstruído em meio do horror da ausência; (ii) o privado, que designa as sequelas na subjetividade da falta da pessoa querida (culpa, saudade, ressentimento, reclamo, e tantos outros sentimentos que nunca mais serão resolvidos, uma vez que a ausência é inevitável e cada vez mais crescente); e, finalmente, o íntimo, como construção de uma fobia criada pela qual o enlutado se mantém de pé, "como uma metáfora do sujeito" em sua vulnerabilidade extrema.

Considerando o processo de subjetivação no luto assumido pelos enlutados – de modo sempre inconcluso – é necessário manter aberta a corrente de significações como parte da condição da subjetividade afetada pelo trauma do luto:

> Essa opacidade do sujeito e do Outro, está na complementaridade, é o que permite que, diante do encontro com a realidade da morte, o sujeito possa perder-se sem uma nova amarração à corrente discursiva. Mas também permite a função subjetivante no luto: o sujeito que fosse atravessado por ele, confrontado com o requerimento pulsional, com a satisfação (Freud) ao

209. Ibid.

> que o confronta a morte de um ser querido, com a insuficiência estrutural de elementos significantes para enfrentar o vazio criado na existência (Lacan), possa pelas vias da subjetivação recobrir o rombo no real (o traumático, a compulsão à repetição, a tentação à satisfação pulsional, a queda com o objeto) com a falta simbólica e reconectar-se – para sempre diferente – à corrente significante, ou seja, à sua condição humana[210].

Finalmente, o que fica após o luto vivido como *subjetivação* é a ausência ressignificada por uma comunidade de sobreviventes, cujas subjetividades vulneráveis ficaram, além disso, vulneradas pelo trauma. Porém, essas subjetividades foram ainda *reconstruídas* graças à memória, aos relatos e aos símbolos de uma ausência que certamente dói, mas que, de modo paradoxal, também inspira a continuar lutando pela vida e celebrar assim o presente como uma dádiva que nunca acabamos de receber totalmente.

3 Das falsas teologias dos holocaustos do século XX aos interstícios do tempo messiânico

Falamos em plural de holocaustos neste livro porque foram diversos os horrores de aniquilamento de pessoas inocentes que a humanidade presenciou.

Sem diminuir um grama da irredutibilidade da *Shoah* judaica pelo regime nazista, não podemos reduzir o significado da pergunta pela morte dos justos e inocentes ao drama do aniquilamento dos judeus nesses campos de concentração. Devemos incluir também os ciganos, os homossexuais e, os incapacitados que padeceram o extermínio da "solução final" nazista. E mais ainda, não podemos reduzir o drama dos holocaustos à política

210. Ibid., Conclusão.

criminal nazista, porém é urgente ampliá-lo aos fascismos, totalitarismos e narcoestados do século XX até os nossos dias.

Nesse contexto de época de traumas coletivos, a recepção do pensamento judeu do século XX será uma das fontes principais para propormos a pergunta pela banalidade do mal. Essa pergunta está unida à questão ético-política em torno da responsabilidade dos estados modernos na realização destas atrocidades, assim como a pergunta pela cumplicidade de religiões e ideologias diversas que deixaram passar por alto estes crimes de lesa humanidade. E, mais profundamente ainda, este questionamento nos coloca a todos os seres humanos perante a pergunta de como cada pessoa contribuiu para criar situações, processos e atos de violência enquanto negação do outro.

A filosofia ocidental moderna posterior a Hegel[211] também se perguntou pelas condições da vida em comum, o que o filósofo de Jena chamou de "intersubjetividade". E pensadores como Marx, Benjamin, Derrida e Foucault prosseguiram esta indagação teórica, vinculada à práxis histórica: como construir comunidades políticas e sociais de mútuo reconhecimento. A teoria crítica posterior – com suas duas gerações de pensadores alemães – também se perguntou pelo que se deveria fazer para que os justos não sejam mais aniquilados, e os algozes não sigam triunfando.

Vamos nos deter agora em três momentos desta reflexão moderna sobre a resposta propriamente *teológica* à questão do que fazemos nós, seres humanos, com o mal do qual somos vítimas, com frequência, porém, também responsáveis. A primeira, centrando-nos na interpretação política da negatividade da história que realizou Walter Benjamin. Depois, a proposta da pensadora britânica neo-hegeliana de Gillian Rose como "justi-

---

211. Cf. DRI, R. *La Fenomenología del Espíritu de Hegel* – Perspectiva latinoamericana. Vol. II: Intersubjetividad y reino de la verdad – Hermenéutica de los capítulos I-IV. Buenos Aires: Biblos, 2006.

ça suficiente". Para concluir com uma proposta pós-moderna e decolonial nascida da reinterpretação teológica do tempo messiânico como interrupção da história violenta que desenvolvemos em um livro anterior.

O tempo messiânico secularizado: de Walter Benjamin a Slavoj Žižek

O *Angelus Novus* de Paul Klee é o símbolo que sintetiza a leitura do tempo messiânico proposta por Walter Benjamin. Trata-se de uma estética da negatividade de um mundo destruído, de cujas cinzas apenas surgem lamentos de ira, indignação e raiva. Esse anjo representa o estado de alerta da consciência moderna pelo drama dos inocentes e os direitos dos mortos. Uma via marxista que coincide, pela sua própria lógica dialética, com os "direitos dos ancestrais" que cuidam e defendem os povos originários de Abya Yala.

Certamente em sua *Tese sobre filosofia da história*[212], o pensador judeu retoma a ideia hegeliana e marxista do fim da história, enquanto dialética da negatividade, para anunciar o advento de um tempo alterado pelos vencidos que redimem a história por meio de atos messiânicos de instauração da justiça, a retribuição e a destruição da lógica dos vencedores.

É preciso lembrar aqui que essa ideia crucial da negatividade da história surge do pensamento hebraico inspirado na Bíblia hebraica, atualizado por Hermann Cohen[213] no começo do século XX, desde a escola neokantiana de Marburgo. Esse processo de redenção da história será secularizado mais adiante por Walter Benjamin. Inclusive em autores como Franz Rosen-

---

212. Cf. BENJAMIN, W. *Tesis sobre la historia y otros fragmentos*. Cidade do México: Itaca, 2008.

213. Cf. COHEN, H. *La religión de la razón desde las fuentes del judaísmo*. Madri: Anthropos, 2004.

zweig e em Emmanuel Lévinas – como discípulos de Cohen – podemos rastrear ainda a fonte *teologal* do pensamento político judeu moderno. Porém já não existe tal reduto teologal em Walter Benjamin, nem em seus leitores marxistas, tanto europeus quanto latino-americanos, da segunda metade do século XX, tais como Hannah Arendt nos Estados Unidos e Bolívar Echeverria no México.

Enrique Dussel retomou – em tempos recentes no México – a ideia do tempo messiânico para prosseguir a sua *Política da libertação*, no contexto da crítica ao capitalismo neoliberal voraz, e no apoio aos movimentos sociais e políticos da esquerda latino-americana posteriores à queda do Muro de Berlim em 1989. Nesse sentido, Dussel saudou a chegada ao poder político nas décadas recentes dos governos de Lula da Silva no Brasil, Hugo Chávez na Venezuela e Evo Morales na Bolívia. Mais recentemente, com as seguintes palavras Dussel saudou a chegada de Andrés Manuel López Obrador à presidência do México:

> A função messiânica agora já não necessita da legitimidade conseguida graças ao voto, necessita agora a práxis participativa de todo o povo, cada um na sua trincheira. A função messiânica necessita da correção diária da crítica fraterna e responsável. Já não é tempo de aplaudir, mas de agir multiplicando a liderança em todos os níveis[214].

Para Dussel, de fato, os movimentos sociais de atos revolucionários como resistências anticapitalistas surgem desde a negatividade da história como uma *função messiânica* que é necessário manter ativa. E, na sua opinião, esses movimentos sociais de resistências são "lampejos" do tempo messiânico anunciado por Walter Benjamin, com toda a carga ético-política que significa

---

214. DUSSEL, E. "Benjamin y el mesianismo". *La Jornada*, 01/08/2018 [Disponível em https://bit.ly/3eKH2Ip – Acesso em 07/08/2018].

a experiência que têm tais movimentos sociais que subvertem a negatividade da história.

Infelizmente, no entanto, no caso do pensador argentino-mexicano, o fundo *teologal* do tempo messiânico desvaneceu-se, em prol de uma filosofia da história e uma filosofia política situadas nas coordenadas da dialética da negatividade, como único lugar da redenção humana. Não há transcendência possível na leitura que faz Dussel de Walter Benjamin, a diferença do que pensadores como Giorgio Agamben[215] sugerem hoje.

Em sentido oposto, a assim chamada "teologia do Holocausto" – distinta à leitura política de cunho hegeliano-marxista proposta por Walter Benjamin – foi uma criação de pensadores judeus europeus da segunda metade do século XX.

Embora essa "teologia" se refira na sua justificação teórica a algumas ideias de Walter Benjamin, consideramos que é necessário distingui-la da leitura política do filósofo alemão porque, como já comentamos antes, ao postular a inefabilidade do mal que supôs a *Shoah*, essa "teologia" imobiliza todo discurso e toda política.

Comentando a obra de Gillian Rose, em relação ao tema, Kate Schick afirma:

> O Holocausto, talvez mais do que qualquer outro acontecimento, chegou a representar a ruptura da Modernidade, seu fracasso na realização das promessas do Iluminismo [...] A "piedade do Holocausto" se pronuncia de modo enfática contra a sua representação e compreensão: argumenta que toda tentativa de compreensão está condenada ao fracasso, além de que essas tentativas domesticam, de

---

215. AGAMBEN, G. *El tiempo que resta* – Comentario a la Carta a los Romanos. Madri: Trotta, 2006. Contudo, esta abordagem secular e não teológica do messianismo continua a ser afirmada: LICEAGA, G. "Variaciones mesiánicas: reflexiones a partir de Sobre el concepto de historia". *Revista de Estudios Críticos*, p. 174-189 [Disponível em https://bit.ly/2MmZ47B – Acesso em 16/10/2018].

> modo inevitável, a experiência de horror vivida por milhões de pessoas[216].

Daí a severa crítica de Gillian Rose – cujo pensamento sobre a "justiça suficiente" veremos na secção seguinte – dirige-se ao coração do argumento dessa suposta "teologia do Holocausto": se o mal extremo que representaram, de modo emblemático, Auschwitz e Dachau no regime nazista é inefável, então ficamos inertes perante o seu poderio, desmobilizados de toda reação política e social que seja capaz de reverter o dano causado pelos algozes nazistas. Por isso, resulta inaceitável essa leitura do inefável em perspectiva de imobilidade.

Tal "mistificação do incompreensível" é vista por Gillian Rose e por outros pensadores europeus pós-hegelianos e pós-marxistas como uma afronta à razão e suas capacidades de desativação do mal. Inclusive chegam a criticar sem piedade a "etnografia do Holocausto" que foi promovida pela comunidade judaica internacional nos Estados Unidos, Canadá e Europa. Embora o seu objetivo fosse manter viva a lembrança do acontecido, contando histórias através da publicação de memórias escritas, de filmes e documentários, não foram capazes de *nomear* o mal. Essa "etnografia do horror" realizava-se numa perspectiva de interpretação própria da vitimização, que ao máximo que chegava era à exigência de restituição de bens materiais, de terapia psicológica e de algum reconhecimento social do dano. Porém, deixava intacta a tentativa de compreensão do mal padecido, suas causas, seus mecanismos e estratégias, e também renunciava a denunciar a corrupção do poder político como explicação do mal que provocou o Holocausto.

Para o pensamento crítico europeu de finais do século XX, era necessário ir além da melancolia ou depressão produzida por

216. SCHICK, K. *Gillian Rose*: A Good Enough Justice. Edimburgo: Edinburgh University Press, 2012, p. 73-74.

essa etnografia do Holocausto. Pelo que uma parte do pensamento judeu posterior à *Shoah* – como a proposta por Gillian Rose exatamente, além de Derrida, Vattimo e Agamben – avançou em outra direção, a fim de encontrar pistas para promover um pensamento político crítico e viável para Europa, Estados Unidos e Canadá, após o trauma coletivo da *Shoah*.

Nesse sentido, Seth Moglen, dirigiu as suas pesquisas terapêuticas com sobreviventes da *Shoah* para ir além da "piedade do Holocausto", para um acompanhamento do luto com enfoque social e político que abaliza já a *justiça anamnéstica* que mais adiante a Escola de Frankfurt desenvolverá:

> Moglen retoma o binômio freudiano do luto (pelo que o *sujeito* trabalha a perda do *objeto*) e acrescenta uma terceira dimensão: sublinhando as forças sociais que foram responsáveis de tal perda [...] "Quem ou o que é responsável pela minha perda? Onde eu poderia situar o meu protesto, e qual é o objeto próprio da minha ira que acompanha a perda?" Essas perguntas ajudam as pessoas a trabalhar pela compreensão crescente das vias pelas quais as condições sociais, históricas e políticas facilitaram tais perdas, permitindo assim uma ação política além da fuga na melancolia[217].

A "piedade do Holocausto" mostrou-se, desse modo, como uma fuga perante a realidade do horror e do mal infligido de modo coletivo. Não representou uma teologia em sentido próprio do termo, mas uma evasão piedosa da realidade lacerante diante do aniquilamento massivo que padeceram milhões de pessoas na Europa durante as duas grandes guerras do século XX do Atlântico Norte.

Em suma, a "piedade do Holocausto" não representa uma solução ao enigma do mal que o povo judeu viveu sob o regime nazista, porém a sua sacralização. Pelo que é inaceitável como

---

217. Ibid., p. 75-76.

interpretação crítica dos acontecimentos do horror que estamos chamados a enfrentar e desconstruir com novas práticas e narrativas de dignidade, vida e esperança.

Nessa perspectiva de abordagem da pergunta sobre o mal com sentido crítico, convém lembrar aqui a *ponerologia* proposta por Andrés Torres-Queiruga[218] – como rigoroso filósofo e teólogo – como uma interpretação do mal no mundo que se remete à nossa responsabilidade como humanidade, não a alguma divindade intervencionista. Para poder realizar a confissão cristã em Deus Pai como "Anti-mal" é necessário – conforme o pensador galego – deixar para trás o reflexo infantil de culpar a um deus milagreiro, tornando-o culpável do mal que é causado pela liberdade humana e pelas estruturas de injustiça e de violência que gera.

Propõe passar, desse modo, da teodiceia para a *antropodiceia* para assumir então a pergunta pelo mal no seu sentido crítico. Trata-se da pergunta pelo que *a nós cabe realizar* para superar essa contradição da história que gera o sofrimento e a morte de inocentes. Um drama histórico provocado pela liberdade humana falível e finita, e não por uma misteriosa e sádica vontade divina.

Uma teologia do mal, em perspectiva crítica moderna, redireciona então a pergunta para mobilizar o pensamento e a ação humana para a superação das contradições que tornam possível que haja vítimas de uma violência que é resultado da liberdade humana. Portanto, a solução do mal será também nossa responsabilidade.

Finalmente, como parte do pensamento pós-marxista do tempo messiânico, consideremos suscintamente a leitura realizada por Slavoj Žižek[219] da temporalidade política como interrupção messiânica da continuidade da história.

---

218. Cf. TORRES-QUEIRUGA, A. *Creo en Dios Padre* – EL Dios de Jesús como afirmación plena del hombre. Santander: Sal Terrae, 1986.

219. ŽIŽEK, S. *Viviendo al final de los tiempos.* Madri: Akal, 2012. • ŽIŽEK, S. *Sobre la violencia*: seis reflexiones marginales. Madri: Paidós Ibérica, 2009.

O pensador esloveno fundamenta o seu argumento numa compreensão da história como *acontecimento*, como ruptura do tempo lineal e interrupção da ordem estabelecida – nesse sentido, reconhece-se devedor de Rancière[220] – mas não apenas num sentido político, mas meta-político. Nas suas próprias palavras um acontecimento é:

> [...] algo traumático, perturbador, que parece acontecer de repente e que interrompe o curso normal das coisas; algo que surge aparentemente do nada, sem causas discerníveis, uma aparência que não tem como base nada sólido [...][221].

Para Žižek, os acontecimentos traumáticos, de modo especial no século XX, desvelam o Real em sua fragilidade constitutiva, de modo que todo o sistema político fica evidenciado em sua fragilidade, pelo que necessita afiançar seu poder mediante estratégias de controle, inclusive das vítimas. Para o pensador esloveno, a cultura dos memoriais é contraproducente na ativação política,

---

220. Rancière comenta e "corrige" Badiou com a sua ideia de democracia nas ruas: "A democracia é talvez, antes de tudo, uma política da história, o fato de existir uma história, uma longa duração dos eventos, dos dias, das declarações, dos embates que deixam as suas marcas, não apenas nas instituições e na memória, mas nas próprias situações, na constituição de locais que são consequências de eventos e se prestam, assim, a outros eventos, sem a necessidade de extrair um nome de um espaço que os limita. Se a rua, a fábrica ou a universidade se prestam para um ressurgimento, para uma reinscrição do evento, não depende simplesmente da subjetividade constituída enquanto organização interveniente, mas também o fato de existirem locais, singularidades, regras que permitem a persistência de um evento, a persistência da sua declaração. *A democracia, assim compreendida, é um tipo de nó do Estado e do evento, um nó de desigualdade e de igualdade*. 'A igualdade é a política', afirma Badiou. Mas não é assim, em primeiro lugar, na sua declaração revolucionária, na própria historicidade que esta declaração suscita, sob a condição de um acontecimento inequívoco, que não nos dá escolha quanto à decisão da sua existência, mas apenas quanto à forma da sua repetição?" (RANCIÈRE, J. "A propos de l'Être et Evénement d'Alain Badiou". *Cahiers du Collège International de Philosophie*, n. 8, out./1989. Paris: Osiris, 1989, p. 5 [destaques nossos] [Disponível em https://bit.ly/3cyasYF – Acesso em 16/10/2018]).

221. ŽIŽEK, S. *Acontecimiento.* México/Madri: Sexto Piso, 2014, p. 16.

uma vez que a sua eficácia reside no "silenciar os sobreviventes", como um modo de domesticação da violência que persiste aí de modo latente, porque as suas causas estruturais ainda não foram mostradas, nem analisadas, menos ainda resolvidas. Os sobreviventes convertem-se, portanto, em algo assim "como heróis ao serviço do Estado".

Por isso, para Žižek o discurso do perdão, como em outros tempos foi o da anistia e da reconciliação, imobiliza as *resistências* dos sobreviventes. Daí que uma política do luto em perspectiva de redenção da história não pode esquecer a *negatividade* – e o seu caráter disruptivo – da qual o político deve sempre se pronunciar, sob o risco de ficar aprisionado pelo *status quo*.

A *politização* da sociedade pós-moderna está em jogo, exatamente por isso, na capacidade de romper o tempo lineal das narrações controladas pelo Estado que *despolitiza* os seus cidadãos. O objeto de tal politização antissistêmica é inscrever no coração das sociedades pós-modernas "as farpas do tempo messiânico" que indicava Walter Benjamin. Farpas que agora, de acordo a Slavoj Žižek são uma narrativa de redenção que interrompe o tempo lineal violento e instaura *interrupções* a essa política da memória para manter vivo o clamor dos sobreviventes.

A partir desta afirmação, Žižek dá um segundo passo. Pergunta-se pela realidade "acontecimental" como problema filosófico do "universal concreto", que Hegel havia pensado como parte da sua fenomenologia da história. Mas agora, para o pensador esloveno, esse universal concreto não é uma categoria dialética, porém um *acontecimento* que se revela com toda a sua densidade histórica, psicanalítica e política:

> Num primeiro enfoque, um acontecimento é por conseguinte o efeito que parece exceder suas causas – e o espaço de um acontecimento é o que se abre pelo vácuo que separa um efeito de suas causas –. Já com

> essa definição aproximada, nos encontramos no coração da filosofia, uma vez que a causalidade é um dos problemas básicos que trata a filosofia: estão todas as coisas conectadas por vínculos causais? Tem tudo o que existe que estar justificado por motivos suficientes? Ou existem coisas que de algum modo acontecem porque sim? Como pode então a filosofia nos ajudar a determinar o que é um acontecimento – um sucesso que não está justificado por motivos suficientes – e como é possível?[222]

O fundo da questão *acontecimental* revela-se então como um problema filosófico que foi resolvido, de modo insuficiente, em perspectiva transcendental por Heidegger como desvelação do ser, ou inclusive em perspectiva ôntica como revolução do proletariado, continua comentando Žižek. No entanto, no fundo do seu pensamento, pulsa a pergunta meta-política pelo *novum* próprio do acontecimento no qual jaz exatamente um problema teológico. Tal acontecimento designa – em nossa opinião – o tempo messiânico como interrupção da história lineal:

> A única solução apropriada é, portanto, enfocar os acontecimentos de um modo acontecimental: passar de uma noção de acontecimento a outra destacando os becos sem saída que os impregnam, para que a nossa viagem se produza através das transformações da própria universalidade, aproximando-nos – ou pelo menos assim espero – ao que Hegel chamou "universalidade concreta", uma universalidade que não é apenas o recipiente vazio do seu conteúdo particular, mas que engendra esse conteúdo mediante a utilização de seus antagonismos imanentes, pontos mortos e inconsistências[223].

---

222. Ibid., p. 17.

223. Ibid., p. 18-19.

Daí a impossibilidade de que o "universal concreto" seja todo acontecimento que perturbe qualquer ordem fixa e consciência de si ensimesmada. Tal disfunção *acontecimental* é precisamente a *rebeldia* contra toda vontade de domínio político. Assim, o acontecimento se revela como *interstício*[224] de ação disruptiva – e, nesse sentido, *an-árquica* – como constante gênesis da própria democracia:

> A verdadeira política, portanto, traz sempre consigo uma sorte de curto-circuito entre o universal e o particular: o paradoxo de um *singulier universel,* de um singular que aparece ocupando o universal e desestabilizando a ordem operativa "natural" das relações no corpo social. Esta identificação da não parte com o todo, da parte da sociedade sem um verdadeiro lugar (o que rejeita a subordinação que lhe foi assignada), com o universal, é o gestual básico da politização, que reaparece em todos os grandes acontecimentos democráticos, desde a Revolução Francesa (quando o Terceiro Estado se proclamou idêntico à nação, diante da aristocracia e do clero), até a queda do socialismo europeu (quando os "fóruns" dissidentes se proclamaram representantes de toda a sociedade, perante à *nomenklatura* do partido). Nesse sentido, "política" e "democracia" são sinônimos: o objetivo principal da política antidemocrática é, e sempre tem sido, por definição, a despolitização, isto é, a exigência inegociável

224. ŽIŽEK, S. *Acontecimiento*. Cidade do México: Sexto Piso, 2016. • ŽIŽEK, S. *Contragolpe absoluto* – Para una refundación del materialismo dialéctico. Madri: Akal, 2016. • ŽIŽEK, S. *La suspensión política de la ética*. Buenos Aires: FCE, 2005. • ŽIŽEK, S. *¿Quién dijo totalitarismo?* Cinco intervenciones sobre el (mal) uso de una noción. Valência: Pre-Textos, 2012. No México, Pablo Lazo foi quem mais trabalhou esta ideia matricial do interstício: LAZO, P.J. *M. Coetzee* – Los imaginarios de la resistencia. Madri: Akal, 2017. • LAZO, P.J. "La resistencia intersticial y la crítica de la biopolítica en Giorgio Agamben". *Reflexiones Marginales*, n. 39 [Disponível em https://bit.ly/377ET7j – Acesso em 16/10/2018].

> de que as coisas "voltem à normalidade", que cada um ocupe o seu lugar... O verdadeiro combate político, como explica Rancière contrastando a Habermas, não consiste numa discussão racional entre múltiplos interesses, mas é a luta paralela por conseguir fazer ouvir a própria voz e que seja reconhecida como a voz de um interlocutor legítimo. Quando os "excluídos", sejam *demos* grego os operários poloneses, protestam contra a elite dominante (aristocracia ou *nomenklatura),* a verdadeira aposta não está nas reivindicações explícitas (aumentos salariais, melhores condições de trabalho...), mas no direito fundamental de ser ouvidos e reconhecidos como iguais na discussão[225].

Nesse padrão de interpretação *acontecimental,* o processo de luto "insurge" como a memória dos sobreviventes que se traduz numa resistência à despolitização do Estado, por meio de atos *disruptivos* que condensam uma temporalidade alternativa àquela temporalidade lineal que impõe o sistema político atual.

Em suma, a contribuição de Slavoj Žižek ao problema político, filosófico e teológico da memória possível para os sobreviventes dos traumas sociais do século XX reside – em nosso entender – na afirmação de uma *meta-política* construída como disrupção da linguagem, da memória, dos corpos e os significados perante a pretensão de controle das democracias pós-modernas que persistem no seu anseio de domesticar o clamor daqueles que habitam em meio aos escombros da negatividade da história.

A "justiça suficiente" neo-hegeliana de Gillian Rose

Entramos, deste modo, em outra vertente da memória política que é possível para as vítimas da violência sistêmica.

---

225. ŽIŽEK, S. *En defensa de la intolerancia.* Madri: Sequitur, 2008, p. 26-27.

Trataremos agora da sugestiva leitura crítica proposta pela pensadora britânica Gillian Rose[226], nos finais do século XX, para compreender o processo de luto de um trauma coletivo em perspectiva política com o seu conceito de "justiça suficiente", *enough justice*[227], Gillian Rose foi uma autora judia, de origem polonesa, que numa extensa obra filosófica sugeriu a necessidade de repensar a ideia do velho Hegel acerca da dialética da intersubjetividade como mútuo reconhecimento.

Num sentido análogo, Paul Ricoeur também tinha sugerido – no seu memorável ensaio *Les parcours de la reconnaissance* [Os caminhos do reconhecimento][228], publicado em 2005 – essa mesma via crítica para sair do *impasse* da filosofia política do século XX, após o fracasso das democracias modernas. Havia mais de cinco anos, Ricoeur dedicava a sua reflexão de filosofia política a este tema, como confirma uma conferência dada em Santiago de Compostela, sobre a luta hegeliana pelo reconhecimento, procurando ultrapassar a Hobbes, para pensar de modo crítico a possibilidade do *dom* como parte constitutiva de uma filosofia política:

> Concluo com uma interrogante própria: até onde nos é possível dar uma significação fundadora àquelas raras experiências [da troca de presentes]? Eu diria que, enquanto tivermos o sentimento do sagrado e do caráter fora de controle do ritual da troca em seu aspecto cerimonial, então teremos a promessa de ter sido reconhecidos, pelo menos uma vez na nossa vida. Porém, se nunca tivemos a experiência de ser reconhecidos,

---

226. Cf. ROSE, G. *Judaism and Modernity*: Philosophical Essais. Radical Thinkers. Londres: Blackwell, 1993. • ROSE, G. *Mourning becomes the Law*: Philosophy and Representation. Cambridge: Cambridge University Press, 1996.

227. A este respeito, cf. o estudo introdutório sobre esta categoria da pensadora britânica em: SCHICK, K. *Gillian Rose*: A Good Enough Justice. Edimburgo: Edinburgh University Press, 2012.

228. Cf. a tradução ao espanhol: RICOEUR, P. *Caminos del reconocimiento* – Tres estudios. Madri: Trotta, 2005.

> de reconhecermos na gratidão da troca cerimonial, então seremos violentos na luta pelo reconhecimento. São estas raras experiências que protegem a luta pelo reconhecimento as que nos impedem de voltar à violência de Hobbes[229].

Da sua parte, desde uma experiência diferente, como família de sobreviventes judeus e pensadora criativa, Gillian Rose propôs um trabalho filosófico contra a melancolia de muitos sobreviventes da *Shoah*. Em perspectiva filosófica hegeliana, Rose analisa a lógica do fascismo exatamente desde o enfoque do colapso de reconhecimento. Daí que a filósofa britânica evoque a via do mútuo reconhecimento sugerido pelo velho Hegel como caminho de superação da dialética do amo e do escravo, do algoz e da vítima, do proletário e do capitalista, para pensar a possível superação do trauma coletivo que fica travado na rivalidade.

Perante a "piedade do Holocausto" que descrevemos previamente, Gillian Rose propõe – seguindo de perto neste ponto a Hannah Arendt – a incessante pergunta pela compreensão do horror. E o faz como um ato de resistência *política* que reativa nos sobreviventes a possibilidade de seguir vivendo.

Herdeira do pensamento judaico moderno iniciado por Hermann Cohen – e realizando uma inédita glosa do binômio Ate-

---

229. "Termino com a interrogação que é a minha: até que ponto pode-se dar um significado fundante a estas experiências raras [de um intercâmbio do dom]? Eu gostaria de dizer que, enquanto tivermos o sentimento do sagrado e do caráter excepcional da cerimônia no intercâmbio sob o aspecto cerimonial, nós temos a promessa de ter sido reconhecidos pelo menos uma vez na vida; e se nunca tivemos a experiência de ser reconhecidos, de reconhecer na gratidão do intercâmbio cerimonial, seríamos violentos na luta pelo reconhecimento. São estas experiências raras que protegem para que a luta pelo reconhecimento não retorne à violência de Hobbes" (RICOEUR, P. "La lutte pour la reconnaissance et lo don". In: VV. AA. *Hermenéutica y responsabilidade* – Homenaje a Paul Ricoeur. Actas VII Encuentros Internacionales de Filosofía en el Camino de *Santiago*. Compostela: 2003, p. 26-27 [Disponível em https://bit.ly/3dxBG2Y – Acesso em 07/08/2018]).

nas-Jerusalém proposta pelo pensador judeu nos inícios do século XX – Gillian Rose apela a uma topologia de quatro cidades para situar as coordenadas da vida política: Atenas, Jerusalém, Auschwitz e a cidade dos sobreviventes que não tem nome. Porém o faz de modo original e diferente à proposta inicial do pensador de Marburgo.

Para Gillian Rose, Atenas simboliza a Modernidade – enquanto "racionalidade demoníaca" – que conduz, na sua lógica perversa, mais cedo ou mais tarde, a Auschwitz. Jerusalém é a cidade da alteridade que se revela e, Auschwitz, a cidade da abominação. Enquanto a quarta cidade sem nome representaria uma alternativa à cidade do horror: aquela que é possível construir, no aqui e agora, com a "justiça suficiente" (*enough justice*) que permita aos sobreviventes não cair no abismo da depressão:

> A terceira [*sic*] cidade – nem Atenas, nem Jerusalém, nem Auschwitz – é a cidade na qual as histórias simples nem podem ser ditas com total verdade, uma cidade que requer a negociação especulativa para encontrar o justo meio entre os opostos[230].

Esse justo meio é, no sentido da justiça anamnéstica – que desenvolverá mais tarde a Escola de Frankfurt retomada depois por Reyes Mate[231] na Espanha – o resultado de uma "negociação política" que terão de estabelecer os sobreviventes exigindo a "justiça suficiente" para fazer memória de seus mortos, assim como a restituição proporcional do dano que lhes fora infligido.

Não obstante a relevância da crítica de Gillian Rose à imobilização das vítimas do Holocausto judeu, sua proposta de "justiça suficiente" é uma categoria *política* de negociação que é limitada perante à reivindicação das vítimas antissistêmicas do Sul epis-

---

230. SCHICK, K. *Gillian Rose*: A Good Enough Justice. Edimburgo: Edinburgh University Press, 2012, p. 79.

231. MATE, R. *Tratado de la injusticia*. Barcelona: Anthropos, 2011.

têmico que descrevemos anteriormente. Aquelas que demandam uma justiça epistêmica, política e social que lhes permita refazer a política, mas como reconstrução do tecido social desde a negatividade dos vencidos, no seu sentido disruptivo, sempre "desde baixo e desde o reverso" da história de dominação. Apesar de suas limitações, quisemos apresentar aqui uma breve descrição da "justiça suficiente" como uma expressão política do luto que foi produzida por sobreviventes da *Shoah*.

Chegamos assim à última seção deste capítulo, em que abordaremos uma leitura diferente do luto, exatamente a partir das vítimas (anti)sistêmicas: aquelas que disseram *basta* à história da hegemonia capitalista, patriarcal, colonial e sacrificial.

Nós o realizaremos em perspectiva da *temporalidade messiânica* evocada por Walter Benjamin, porém no seu sentido *teologal* pré-discursivo. Porque desse modo, parece-nos que a teologia cumpre a sua função profética de mostrar o fundo *anárquico* da questão política e filosófica do *viver em comum*, assumindo, nós mesmos, a memória dos nossos mortos, mas enquanto sobreviventes. Uma memória anamnéstica que semeia, na história violenta, sementes de redenção.

Uma releitura teológica pós-moderna e decolonial do luto em perspectiva messiânica

O tempo messiânico é uma das ideias mestras do pensamento bíblico – hebraico e cristão – que dão profundidade existencial à revelação divino-humana a qual testemunham os justos da história. Designa o *novum* da temporalidade humana, que descobre na subjetividade – vulnerada e vulnerável – uma potência de redenção da história violenta que define o enigma ancestral da humanidade.

Como um *crescendo* na Bíblia, o tempo messiânico aparece em momentos decisivos da história do povo hebreu primeiro, e da comunidade jesuânica posteriormente como um verdadeiro *desvelamento* das potências de experiência próprias daquela subjetividade que conseguiram superar a luta pelo reconhecimento em perspectiva de doação, como aponta Paul Ricoeur comentando Hegel.

Em tempos mais próximos, Giorgio Agamben tem sido um dos principais autores que colocaram no centro do debate filosófico e político – junto com René Girard em perspectiva mimética – a questão da interrupção da escalada violenta que leva a humanidade ao abismo. Na sua pequena obra *O tempo que resta – Comentário à Carta aos Romanos*, Agamben desenvolve uma arqueologia do conceito do tempo messiânico a partir da frase de São Paulo ὁ καιρὸς συνεσταλμένος ἐστίν [*ho kairós synestalmenos estin*, "o tempo se tem contraído"] que se encontra na Primeira Carta aos Coríntios. Nessa frase, São Paulo condensa todo o sentido ético e antropológico do gesto messiânico do Primeiro Testamento. Esse gesto foi também evocado por Emmanuel Lévinas[232] como princípio da ética da alteridade, citando o Talmude, para lembrar que "o messias chegará quando tirares o pão da tua boca e o deres a quem tiver fome".

De fato, a contração do tempo como temporalidade violenta é possível por meio da experiência dos justos que *subvertem* a rivalidade mimética em existência de doação, função messiânica apontada por São Paulo na Carta aos Efésios: "[o Messias Jesus] derrubou o muro de ódio em seu próprio corpo" (3,4).

---

232. LÉVINAS, E. "Textos messiânicos". In: *Difícil libertad* – Ensayos sobre el judaísmo. Buenos Aires: Lilmod, 2004. A esse respeito, cf. a análise teológica que ainda fica na oposição entre judaísmo e cristianismo, sem aprofundar o aspecto "antropológico" do messianismo em: ROLDÁN, A.F. "La crítica de Emmanuel Lévinas al cristianismo en Difícil libertad, focalizada en los binomios justicia vs. piedad 'espiritual' y Torá vs. encarnación". *Franciscanum*, vol. LIV, n. 157, jan.-jun./2012, p. 179-202 [Disponível em https://bit.ly/2AwsA8i – Acesso em 16/10/2018].

Por isso, o tempo messiânico designa a temporalidade kairológica que vivem as pessoas justas da história como gesto ético-político, mas também místico, de doação, isto é, de amor assimétrico de gratuidade[233]. Desse modo acontece no coração da história violenta a ruptura do ciclo fatal da temporalidade caínica – marcada pela rivalidade fratricida e sororicida – inaugurando como "antecipação escatológica" de *outro modo de existência,* parafraseando Lévinas[234].

Nessa perspectiva hermenêutica compreendemos "as farpas do tempo messiânico" das quais falava Walter Benjamin, mas agora enfatizamos a sua fonte *teologal,* isto é, existencial, como experiência pré-discursiva da qual brota o sentido, mas que não é sentido algum, porque tampouco é *arkhé,* mas *anarkhé.*

Neste contexto próprio do tempo messiânico, o luto então é possível como um *processo de rememoração daqueles que foram aniquilados* pelo necropoder, mas que traspassaram o muro de ódio e assim acedem a outro âmbito de temporalidade. Trata-se da experiência de uma *temporalidade messiânica* que é *lampejo, antecipação* e *fulgor* do que está ainda por acontecer no coração do humano-divino. Por um lado, tal remembrança fica como uma *tarefa*[235] para aqueles que lhes sobrevivemos e assumimos tal responsabilidade histórica de ordem ética e política, como

---

233. Tema que já desenvolvemos numa obra precedente: MENDOZA-ÁLVAREZ, C. *Deus ineffabilis: Una teología posmoderna de la revelación del fin de los tiempos*. Barcelona: Herder, 2015, cap. V.

234. Cf. LÉVINAS, E. *De otro modo de ser o más allá de la esencia.* Salamanca: Sígueme, 1987.

235. O pensamento de "tomar conta da realidade", inicialmente sugerido por Xavier Zubiri, foi retomado em El Salvador por Ignacio Ellacuría e depois por Jon Sobrino. Cf. ELLACURÍA, I. "El pueblo crucificado. Ensayo de soteriología histórica". In: VV. AA. *Cruz y resurrección* – Presencia y anuncio de una Iglesia nueva. Cidade do México: CRT/Servir, 1978, p. 49-82. • SOBRINO, J. *Resurrección de la verdadera Iglesia* – Los pobres, lugar teológico de la eclesiología. Santander: Sal Terrae, 1984.

também espiritual. Mas, por outro lado, tal memória somente é compreensível como horizonte próprio do presente e da dádiva – transcendente e imanente ao mesmo tempo – isto é, do amor de gratuidade, assimétrico e não recíproco, que é o que a humanidade evoca como *mundo divino*.

Esse luto que vivem os sobreviventes em perspectiva messiânica indica, portanto, uma complexa realidade que é própria da subjetivação das vítimas. Nesse processo acontece um salto *qualitativo* da temporalidade vivida como rivalidade a uma temporalidade vivida como *doação*[236].

Para explicar esse processo anamnéstico desenvolveremos três momentos do luto como "interrupção messiânica": (i) primeiro o luto como morte do ego; (ii) depois, o luto como tarefa da obra dos justos aniquilados na procura da verdade, da justiça e da retribuição; (iii) para concluir com a ritualização da ausência-presença das vítimas perdoadoras, através de símbolos de comunhão antecipada com os mortos.

(i) O luto como morte do ego

A psicanálise é uma práxis terapêutica – tipicamente moderna, que incorporou, porém, elementos pós-modernos, como as subjetivações que já descrevemos no caso da terapia psicanalítica – que nos mantém em vigilância para não cair nas armadilhas da mesmidade que se vangloria em seus sonhos de onipotência infantil. As projeções narcisistas que caracterizam o desenvolvimento da personalidade devem ser compreendidas como um processo de desejo em que a alteridade deve ir encontrando seu lugar além do *alter ego* para poder viver relações intersubjetivas

236. A ontologia da doação, uma vez bem articulada em sentido fenomenológico pós-heideggeriano, tem uma correlação estreita com o amor de gratuidade próprio da existência messiânica. Cf. MARION, J.-L. *Siendo dado* – Ensayo para una fenomenología de la donación. Madri: Editorial, 2008.

que superem a neurose da "pessoa em relação"[237] com os outros como meros objetos de desejo.

A perspectiva *teologal* desse processo de superação do narcisismo como autoafirmação egoica na abertura à alteridade encontra-se na dessubjetivação que vivem as pessoas justas da história quando reconhecem que o outro é *próximo*, isto é, que forma parte constitutiva de *si-mesmo como outro*, parafraseando novamente Lévinas. Nem inimigo nem projeção do ego é o outro, mas é reconhecido com um rosto que é clamor, carícia e chamado. Nesse sentido, a fenomenologia da subjetividade a desenvolvemos numa pesquisa prévia[238], inspirados em Emmanuel Lévinas, enquanto temporalidade messiânica e teologal própria da subjetividade aberta à irrupção da transcendência na imanência.

Daí que a morte do ego, em perspectiva messiânica, tenha que ver necessariamente com a instauração de um modo de intersubjetividade que somente é possível pelo amor de doação, indo além do desejo de projeção egoica, incluído o desejo da própria sobrevivência, como afirmava Ricoeur de si mesmo. E supõe também a renúncia à ideia de sobrevivência do outro porque este desejo mascara uma projeção egoica e neurótica.

Tal esvaziamento do ego abre uma "fissura" na subjetividade que assume a temporalidade como experiência da mesmidade pela abertura para a outridade. Essa experiência nos constitui de modo crescente como temporalidade aberta a uma promessa no devir intersubjetivo. Em palavras de Lévinas:

---

237. O conceito de "pessoa em relação" foi desenvolvido por Barbara Andrade no México, em: ANDRADE, B. *Cuéntanos tu esperiencia de Dios* – Reflexiones sobre el Dios cristiano. Salamanca: Secrertariado Trinitario, 2001. • ANDRADE, B. *Dios en medio de nosotros* – Esbozo de una teología trinitaria kerigmática. Salamanca: Secretariado Trinitario, 1999.

238. Cf. MENDOZA-ÁLVAREZ, C. *Deus liberans: La revelación en diálogo con la modernidad* – Los elementos fundacionales de la estética teológica. Friburgo: Éditions Univesitaires, 1996, cap. III: "La vía fenomenológica".

> Procura pensar a possibilidade de uma laceração da essência. Para ir aonde? Para ir a que região? Para manter-se em qual plano ontológico? Mas a dilaceração infligida à essência responde ao privilégio incondicional da questão *aonde*. Significa o não lugar. A essência pretende recobrir e recuperar toda ex-cepção, seja a negatividade, o aniquilamento e, já desde Platão, o não ser, o qual "é em certo sentido". Haverá que mostrar desde agora que a ex-cepção do "outro que o ser" – além do não ser – significa a subjetividade ou a humanidade, o *si-mesmo* que repudia as anexações da essência[239].

Por isso, o luto daqueles que já se foram – expressão suprema da negatividade – sobretudo daqueles que foram aniquilados pela violência dos algozes, é um chamado ético, político e místico para viver uma *outra* temporalidade, e devir então corpo vulnerável e vulnerado do messias, por cujas chagas atravessam fulgores de redenção.

Como já apontamos antes, o trabalho de luto freudiano, embora imprescindível para a resolução das diversas neuroses que afetam aos enlutados na configuração da sua mesmidade egoica, é insuficiente para possibilitar à subjetividade a integração da ausência numa trama intersubjetiva. A subjetivação que torna possível a articulação do íntimo, o privado e o social – como o descrevemos no caso do luto como trama tripolar – deixa irresoluta a vivência do dom que seria aquela dimensão do intersubjetivo que advém como remembrança do corpo, pessoal *e* social, ferido.

Daí a importância da temporalidade messiânica como aquela experiência que possibilita a superação do ego narcisista pela instauração de uma rede relacional de ser-com-os-outros como

---

239. LÉVINAS, E. *De otro modo de ser o más allá de la esencia*. Salamanca: Sígueme, 1987, p. 51.

parte do corpo do messias. Nesse sentido, é possível reler – na perspectiva do luto e da subjetivação – em toda a sua profundidade aquela frase contundente de São Paulo: "já não sou eu quem vive, é o messias quem vive em mim" (Gl 2,20-21).

Tal temporalidade messiânica se encontra inscrita como a Regra de ouro da Torá judaica, ensinada pelo farisaísmo e referendada por Jesus de Galileia: "amarás o teu próximo *kamoka* (esse outro é tu)" (Lv 19,18b; Mt 22,39), como propõe traduzir Lévinas. Ou então: "amarás o teu próximo *kamoka* como tu mesmo foste amado", conforme a proposta de tradução de Jean Marie Vincent, considerando o contexto hebraico da memória de um povo redimido da escravidão[240].

A saber, que quando assumo essa dádiva que representa o rosto do outro, já não sou "eu" quem existe como um ego individual, isolado no seu narcisismo. Porém, como porta de entrada ao tempo messiânico, esse reconhecimento muda radicalmente a experiência da subjetividade individual, para devir uma subjetividade em relação como memória dos ancestrais que foram

---

240. Jean Vincent argumenta em sentido similar no seu estudo erudito dos textos bíblicos: "Deixo para os exegetas do Novo Testamento decidir se os autores que retomaram as palavras da Septuaginta não têm, apesar de tudo, em sua mente ou em seu coração, o significado que a Bíblia hebraica oferece a este versículo. A lição que Jesus imprime através da parábola do Bom Samaritano (Lc 10,25-37), por exemplo, não é mais condizente com o significado do texto hebraico do que com o da Septuaginta? No que diz respeito aos textos de Paulo ou Tiago (para não mencionar João), do amor ao próximo (com ou sem referência ao Lv 19,18b) não é essencialmente uma questão de proteção amorosa dos fracos, um serviço amoroso, pedido por Deus, na base da igualdade entre pecadores perdoados, sempre frágeis, diferentes no seu estatuto social ou eclesial, mas iguais pelo reconhecimento comum de um Deus salvador e pela submissão à sua autoridade? A formulação do Novo Testamento 'Amarás o teu próximo como a ti mesmo' não é igualmente elíptica, braquilógico? Não se devia compreender assim: 'Tu amarás o teu próximo como, tu mesmo foste amado?'" (VINCENT, J.M. "'Tu aimeras ton prochain comme toi-même'? Lv 190,18b dans son contexte". *Revue d'Études Théologiques et Religieuses*, vol. 81, 2006/1, p. 112 (Paris: Institut Protestant de Theólogie) [Disponível em https://bit.ly/304jytV – Acesso em 16/10/2018]).

libertados da terra da escravidão no Egito. *Kamoka* teria que traduzir-se, portanto, com diversas circunlocuções nas línguas românicas, aparentemente contraditórias: "teu próximo és tu", "teu próximo é tu".

Trata-se, finalmente, de uma expressão judaica que designa o tempo messiânico. Traduzimo-la de modo insuficiente "como a ti mesmo", mas indica um estado relacional e com memória dos ancestrais designa um modo de existir em mútuo reconhecimento: "o outro que é/és tu" e, mais radicalmente, uma ação de doação em memória de quem amou primeiro o povo escravizado: "amarás o teu próximo como tu foste amado".

Então o luto dos justos aniquilados converte-se num processo de rememoração, mas enquanto *remembrança* do corpo messiânico a cargo de seus sobreviventes, porque esses mortos formam parte do corpo ferido do messias. Um corpo do qual formam parte as vítimas sistêmicas, assim como as subjetividades que têm sido negadas pela violência mimética.

Em suma, os defuntos agora também são parte do corpo messiânico, abarcando o íntimo, o privado e o social pelo laço "mistérico" ou teologal que os amarra à intersubjetividade de que formamos parte do todo, porque "o tempo se tem contraído".

(ii) O luto como tarefa da obra dos justos aniquilados na procura da verdade, da justiça e da retribuição

Na sua Carta aos Romanos, São Paulo fala da morte do "velho eu" nestes termos: "sabendo que nosso velho eu foi crucificado com ele [o messias] a fim de que fosse destruído este corpo de pecado e deixássemos de ser escravos do pecado" [τοῦτο γινώσκοντες, ὅτι ὁ παλαιὸς ἡμῶν ἄνθρωπος συνεσταυρώθη, ἵνα καταργηθῇ τὸ σῶμα τῆς ἁμαρτίας, τοῦ μηκέτι δουλεύειν ἡμᾶς τῇ ἁμαρτίᾳ] (Rm 6,6). Por isso, a morte dessa condição de "pecado" forma parte do processo de acesso à temporalidade messiânica, isto é, é condição para a participação na redenção da história violenta.

Tal ser-para-a-morte marca o corpo social do messias, de tal modo que São Paulo novamente volta a dizer: “Porque morrestes e vossa vida está escondida com o messias em Deus” [ἀπεθάνετε γάρ, καὶ ἡ ζωὴ ὑμῶν κέκρυπται σὺν τῷ Χριστῷ ἐν τῷ Θεῷ] (Cl 3,3).

A antecipação escatológica da morte nos une, portanto, com os justos que foram sacrificados pela violência mimética. Mas essa experiência acontece de tal modo que não se trata de fazer um elogio ao sofrimento, nem à violência fratricida ou sororicida, nem à morte dos inocentes. Consiste, porém, em “antecipar” essa morte tirando-lhe o poder de destruição para abrir, por meio do gesto messiânico de doação, em meio desse muro de ódio, uma fissura por onde passe a vida.

O que significa que estamos já mortos, segundo São Paulo? Que o ser-para-a-morte é a qualificação do ego que está a ponto de ser redimido por intermédio da interrupção messiânica que os justos da história tornam possível. Desse modo, somente por meio de uma dádiva, um dom gratuito, um presente que é excesso do ser, é possível a antecipação *escatológica* da vida.

Como essa vida negada dos justos pode então estar “escondida com o messias em Deus”? Somente como farpa do tempo messiânico, isto é, como ferrão na carne do messias que dói, como ferida aberta, por onde passa a redenção: “por amor a Cristo estou contente com as fraquezas, insolências, necessidades, perseguições e angústias; porque quando sou fraco, então sou forte” [διὸ εὐδοκῶ ἐν ἀσθενείαις, ἐν ὕβρεσιν, ἐν ἀνάγκαις, ἐν διωγμοῖς καὶ στενοχωρίαις, ὑπὲρ Χριστοῦ. ὅταν γὰρ ἀσθενῶ, τότε δυνατός εἰμι] (2Cor 12,10).

A fraqueza que descreve novamente o apóstolo São Paulo é a condição vulnerável e vulnerada da subjetividade que vive o achaque da violência. Mas a força que a habita é outra, aquela que provém – de modo paradoxal e resiliente – do corpo do messias, isto é, dos justos que "partilharam seu pão com os famintos". Fraqueza e força são relativas a dois modos de viver a temporalidade: a do tempo violento na sua espiral de morte, ou a temporalidade messiânica de interrupção porque "contraiu-se o tempo" [ὁ καιρὸς συνεσταλμένος ἐστίν] (1Cor 7,29).

O trabalho de luto é, nesta perspectiva messiânica, muito mais do que a superação da neurose da perda do objeto de desejo. Este processo designa a incorporação – no duplo sentido do termo remembrança: lembrança e recuperação dos corpos aniquilados – no corpo do messias dessa humanidade ferida como templo da *Ruah* divina. Trata-se, portanto, de viver o luto como um processo de temporalidade messiânica que abre as subjetivações à esperança da reincorporação – voltar a ser corpo uns de e uns com outros – dos mortos com os vivos.

E somente assim pode ecoar em toda a sua força disruptiva e decolonial – poiética e profética – a palavra de Jesus de Nazaré na perspectiva da condição messiânica: "Porque Deus não é um Deus de mortos, mas de vivos, porque para Ele todos vivem" [Θεὸς δὲ οὐκ ἔστιν νεκρῶν ἀλλὰ ζώντων;·πάντες γὰρ αὐτῷ ζῶσιν] (Lc 20,38).

(iii) A ritualização da ausência-presença dos justos da história, por meio de símbolos de "comunhão antecipada" com os mortos

Chegamos assim ao terceiro elemento do luto vivido em perspectiva de temporalidade messiânica, que consiste na rememoração ritual e simbólica dos justos da história e das vítimas que foram aniquiladas pelo necropoder de todos os tempos, mas que subsistem na memória dos sobreviventes.

Se a psicanálise lacaniana já reconhecia a importância dos rituais no processo de subjetivação do luto, para ajudar aos enlutados a realizar uma reinserção social que lhes permita sobreviver com a ausência que dói, numa perspectiva teológica essa dimensão simbólica é decisiva para amarrar todos os fios soltos das subjetividades deterioradas.

No sentido clássico, os sacramentos foram definidos por Tomás de Aquino no século XIII como sinais sensíveis que comunicam de modo eficaz a graça de Cristo[241]. Essa interpretação foi construída e recebida durante séculos em perspectiva metafísica e sacramental de corte confessional, reduzindo assim a graça a uma energia divina sobrenatural, transmitida através de ritos simbólicos clericais que "coisificaram" o dinamismo da vida divina. Essa versão objetivante da sacramentalidade do corpo do messias, é necessário desconstruí-la urgentemente nestes tempos pós-modernos, sobretudo porque formou parte do colonialismo – epistêmico, patriarcal e sacrificial – com o que se impôs o cristianismo como religião.

O que nos parece imprescindível para o nosso discorrer teológico sobre a experiência da ressurreição em perspectiva pós-moderna e decolonial é compreender e potencializar o dinamismo *messiânico* que está em jogo no processo da edificação da intersubjetividade em perspectiva existencial e suas expressões ritualísticas, simbólicas e performativas[242].

Isso significa que os ritos funerários que realizam as famílias enlutadas em situações de trauma social – como os que evocamos acima – não são apenas uma estratégia terapêutica e social de "controle de danos", para evitar neurose e inclusive suicídios reais ou simbólicos, pela ausência não resolvida. Esses rituais levam inscrito em seu cerne um "lampejo messiânico" que é necessário esclarecer para a nossa indagação sobre a ressurreição.

Se bem que a ausência daqueles que já morreram é uma ferida que jamais terminará de cicatrizar nos sobreviventes, a expe-

---

241. A este respeito, cf. TOMÁS DE AQUINO. *Summa theologiae*, III, q. 60, art. 3.

242. Cf. CHAUVET, L.-M. *Símbolo y sacramento*. Barcelona: Herder, 1991.

riência da lembrança como memória – alimentada pelo compromisso de prosseguir a tarefa de suas obras que agora estão nas mãos dos sobreviventes – então tal rememoração é o começo de uma vivência da intersubjetividade que vai além da concepção individualista moderna do sujeito.

E se assumimos a sabedoria judaica e cristã de que o *próximo* é parte da subjetividade como *corpo messiânico*, então os rituais funerários são mais do que uma projeção narcisista da pessoa, da família enlutada ou do coletivo que chora pelos seus mortos. Esses rituais de comunhão – em muitas culturas, associados, por certo, a ritos de comida em comum em memória dos mortos – contêm uma semente de esperança como "vida futura". Não no sentido cronológico de um futuro no além do tempo lineal, mas num futuro como radicalização do *agora* – *kairós* como tempo contraído – como inserção da temporalidade messiânica no presente conflitivo marcado pela ausência e a memória.

Nesse sentido, o luto de um trauma social, vivido em perspectiva messiânica, expressa-se por meio de ritos de *comunhão* com os mortos pelos que a comunidade fica *remembrada* – e, por isso, reconstituída entre vivos e mortos – que ingressa assim à vivência de sua condição messiânica no aqui e agora do *kairós* anamnéstico.

Exatamente porque uma comunidade de sobreviventes se reconhece *corpo do messias*, ela assume como responsabilidade histórica e política a justiça para os seus mortos, com a exigência de verdade e retribuição para a reparação parcial do dano, simbolizando tal resiliência por meio de narrativas performativas de celebração da vida[243]. E, somente em certas condições propícias

---

243. Cf. MADERA VARGAS, I.A. "Performatividad y autoimplicación: hacia un lenguaje teológico significativo". *Revista de Cultura Teológica*, ano XXV, n. 87, jan.-jun./2016, p. 12-42. [Disponível em https://bit.ly/3dAHdGk – Acesso em 16/10/2018].

para a reconstituição do tecido social quebrado, essa comunidade de sobreviventes poderá vislumbrar o horizonte do perdão como um dom e como uma tarefa histórica que serão "antecipação escatológica" do que está por vir como dádiva da Alteridade que jaz no fundo do real.

Finalmente, a reconciliação última do *corpo messiânico* ultrapassa as coordenadas do espaço-tempo, porque sempre fica pendente o reconhecimento do outro negado, a aceitação da própria responsabilidade na provocação do horror e do mimetismo violento, assim como a vontade de ressarcir os danos da parte dos algozes. É a diacronia da temporalidade lineal o que – como expressão do *Katechon* – retrasa a chegada final do messiânico. Tal realização da existência messiânica não chegará como uma entrada triunfal cósmica ou política de um personagem redentor, mas como estágio da intersubjetividade conseguida na sincronia do tempo contraído.

O luto de um trauma social adquire assim – no seu fundo de temporalidade messiânica – uma dimensão *kairológica*, isto é, antecipadora de redenção no aqui e agora da história contraída que passa como fulgor de justiça, verdade e dignidade recuperada, através das fissuras da história violenta que os justos da história começaram a abrir.

Comemorar os defuntos como *viventes* que formam parte do *corpo do messias* significa recuperar àqueles que foram aniquilados pela violência sistêmica, através da memória, a verdade, a justiça e o reconhecimento que comemora e celebra, no centro do paradoxo da vida, a sua ausência-presença.

Tal justiça *anamnéstica* torna-se então o caminho rememorativo de redenção que nos é permitido percorrer, com esperança discreta, as comunidades de sobreviventes na história presente, marcada pelo necropoder e, no seu fundo messiânico, pela vida entregue das pessoas justas da história.

IV
O luto da comunidade cristã primitiva

O propósito deste capítulo é realizar uma leitura *teológica* da ressurreição dos justos, em perspectiva de temporalidade kairológica, a partir da experiência cristã da morte de Jesus de Nazaré, narrada pela sua comunidade messiânica. A intencionalidade deste olhar *retrospectivo* sobre o luto da comunidade jesuânica consiste em poder interpretar, com aqueles olhos da fé cristã nascente há dois mil anos, a realidade de sofrimento e esperança das vítimas do século XXI que descrevemos nos capítulos precedentes.

Nos deteremos primeiro na releitura dos relatos da sepultura de Jesus e das aparições do *Crucificado que despertou*[244] porque formam o binômio fundante da fé cristã na ressurreição dos mortos. De fato, por meio de ambas narrações, os evangelhos dão conta de um luto *originário* vivido pela comunidade cristã em

244. "E entrando no sepulcro, viram um jovem sentado ao lado direito, vestido com um traje branco; e elas se assustaram. Mas ele disse-lhes: 'Não vos espanteis; procurais Jesus Nazareno, o crucificado. Ressuscitou, não está aqui; vede o lugar onde o haviam posto'" [ὁ δὲ λέγει αὐταῖς: μὴ ἐκθαμβεῖσθε. ἰησοῦν ζητεῖτε τὸν ναζαρηνὸν **τὸν ἐσταυρωμένον. ἠγέρθη**, οὐκ ἔστιν ὧδε. ἴδε ὁ τόπος ὅπου ἔθηκαν αὐτόν] (Mc 16,6). Em virtude da característica narrativa primigênia desta comunidade em luto, empregaremos o título cristológico "o Crucificado que despertou" para falar da ressurreição como insurreição.

gestação que foi encontrando, pouco a pouco e somente com o passar dos anos, um sentido *messiânico* e *kairológico* à experiência da morte do Justo por excelência e dos justos da história.

É necessário reconhecer aqui que faremos esse percurso de interpretação de testemunhos bíblicos como uma reflexão *contextual*, tal como acontece com toda interpretação, por mais objetiva que se pretenda. A nossa está marcada por uma intencionalidade de nos compreendermos como *sobreviventes* em tempos de violência global do necropoder. Nosso ponto de vista é o mundo da vida próprio de comunidades leitoras que vivem tempos moderno-tardios, procurando abrir um horizonte de sentido no meio do horror, com a responsabilidade de manter viva a memória daqueles que foram aniquilados pela violência sistêmica.

Não se tratará aqui, portanto, de realizar um estudo pormenorizado dos textos bíblicos, especialmente dos relatos da morte e as aparições de Jesus, que dão conta da fé na ressurreição de Jesus própria do cristianismo primitivo, por meio dos relatos do túmulo vazio e de diferentes aparições do *Crucificado que despertou*, primeiro a umas mulheres, e depois a alguns discípulos e apóstolos.

É do nosso interesse aproximarmo-nos desses relatos num processo de interpretação *inverso*. Isto é, partindo do nosso mundo da vida, procuramos reler esses textos fundantes da fé na ressurreição. Por isso, o objetivo não consiste em ler exclusivamente os textos bíblicos com ferramentas modernas de análise literária e de história das tradições, como um exercício aparentemente "objetivo" – tal como o faz a exegese bíblica especializada que aqui citaremos – mas ler o luto e a esperança dos familiares das pessoas desaparecidas e assassinadas pelo necropoder, em nosso contexto pós-moderno, à luz de uma *esperança de vida plena* que está contida, como uma pequena semente, na vida das comunidades cristãs de ontem e de hoje.

Daí que a aproximação aos testemunhos bíblicos que faremos neste capítulo estará marcada pelo olhar de um *luto em processo*, nunca acabado, para manter viva a memória daqueles que foram assassinados, exigindo justiça com verdade e dignidade, aberto a uma tênue confiança de encontrar-lhes com vida. E talvez então, somente num horizonte de esperança *messiânica*, será possível postular o perdão e a reconciliação como possibilidade ética, política e espiritual de reconstituição da vida em comum, como a (im)possível tarefa da pólis pós-moderna, que está sendo desmembrada pela violência global.

Buscamos, deste modo, interpretar alguns sinais da passagem de Deus pela história fragmentada da humanidade, mas em perspectiva messiânica e kairológica. Isto é, que nos dispomos a perscrutar no testemunho do luto da comunidade cristã primitiva os sinais da antecipação *escatológica* do Reinado de Deus, compreendidos como *lampejos* e *antecipações* daquela plenitude oferecida pela Sabedoria divina como um dom gratuito, assimétrico e não recíproco do amor de Deus a todos os povos da terra.

Nosso horizonte de interpretação vislumbra assim a ressurreição como fonte da *an-arquia divina* pensada por Reiner Schürmann em contexto filosófico político pós-heideggeriano, e meditada pelos místicos do nada como Mestre Eckhart, correntes de pensamento que evocamos nos dois primeiros capítulos.

Assim, pensamos que será possível *compreender com esperança* a redenção inserida na história "como farpas do tempo messiânico" – segundo a expressão de Walter Benjamin, mas recuperando o seu sentido *teologal* judaico – em meio da história colapsada da humanidade, como um paradoxal anúncio de vida nova.

Nas páginas seguintes vamos verificar os resultados das pesquisas do "Jesus histórico" nascidas a partir da proposta de Baruch Spinoza[245], no final do século XVII, e desenvolvidas depois pelo Iluminismo. Iremos nos deter, particularmente, na *Third Quest*[246], proposta na segunda metade do século XX[247], em torno dos relatos do túmulo vazio e das aparições de Jesus crucificado e ressuscitado. Esta corrente contemporânea procurou reconstruir, por meio do estudo rigoroso das fontes documentais, aos personagens da Galileia do século I da Era Comum que foram Jesus de Nazaré e sua comunidade "jesuânica".

No entanto, não bastará esta aproximação das fontes textuais desde a historiografia crítica – para aproximar-nos do aconte-

---

245. A esse respeito, cf. a frase do filósofo judeu, iniciador da aproximação histórica da Bíblia: "This, then, is the universal rule for the interpretation of Scripture, to ascribe no teaching to Scripture that is not clearly established from studying it closely" (SPINOZA, B. *Tractacus theologico-politicus*. Apud DAWES, G. (org.). *The Historical Jesus Quest* – Landmarks in the Search of the Jesus of History. Louisville: Westminster John Knox Press, 1999, p. 322).

246. Alguns estudiosos falam hoje de *fourth quest* realizada nas últimas décadas para procurar as fontes não canônicas, especialmente, pré-paulinas, que permitam re(de)construir o Jesus histórico (cf. LATASTER, R. "The Fourth Quest: A Critical Analysis of the Recent Literature on Jesus' (a)Historicity". *Literature & Esthetics* 24/1, jul./2014 [Disponível em https://bit.ly/2BlwnFF – Acesso em 20/10/2018]).

247. Assim, por exemplo, a importância que Käsemann deu à relação do *kerygma* com o Jesus histórico: "A questão do Jesus histórico é, em sua forma legítima, a questão da continuidade do Evangelho na descontinuidade dos tempos e na variação do *kerygma*. [...] O Evangelho está ligado àquele que, tanto antes como depois da Páscoa, se revelou aos seus como o Senhor, colocando-os diante do Deus que está perto deles e assim introduzindo-os na liberdade e na responsabilidade da fé. [...] Nesta medida, o problema do Jesus histórico não é invenção nossa, mas o enigma que ele próprio nos apresenta. O historiador pode estabelecer a existência deste enigma, mas é incapaz de resolvê-lo. O enigma só é solucionado por aqueles que, desde a Cruz e a Ressurreição, o confessam como aquilo que, nos dias de sua carne, ele nunca pretendeu ser e no entanto era – seu Senhor e o portador da liberdade dos filhos de Deus, que é o correlato do Reino de Deus. Porque a esta particularidade corresponde a particularidade da fé, e por isso a história real de Jesus está acontecendo sempre de novo; ela é agora a história do Senhor exaltado, mas não deixa de ser a história terrestre que foi outrora, na qual se encontram o chamado e a reivindicação do Evangelho" (KÄSEMANN, E. "The Problem of the Historical Jesus". In: *Essays on New Testament Themes*. Apud. DAWES, G. (org.). *The Historical Jesus Quest* – Landmarks in the Search of the Jesus of History. Louisville: Westminster John Knox Press, 1999, p. 313).

cimento pascal como já indicou John Meier[248] – mas será necessário procurar também indícios de interpretação na história da tradição, que se encontra pulsando nos hinos litúrgicos e nos rituais de celebrações do cristianismo antigo. Essa outra narrativa, com seu alto conteúdo simbólico, místico e *poiético*, será um critério de enorme valor para reconstruir a experiência do "luto" da comunidade jesuânica e das comunidades cristãs antigas.

Posteriormente, nos centraremos no cenário histórico e cristológico – que é possível reconstruir somente como uma hipótese plausível para a racionalidade histórica – do sucesso após a morte de Jesus na cruz. Reconstruiremos brevemente o que foi narrado pela sua comunidade de sobreviventes: seu enterro, o túmulo vazio e o papel da incipiente comunidade cristã. Uma comunidade em "mobilidade forçada" pela perseguição que sofrera, que viveu a necessidade de uma recuperação da memória do que Jesus disse e fez, mas agora em sentido inverso, desde Jerusalém até a Galileia. Tal processo rememorativo levará a comunidade messiânica até o limiar da fé na ressurreição.

De fato, a comunidade jesuânica encontrará primeiro o sentido numa interpretação do túmulo vazio e as aparições como sinais da *justiça vindicativa* vinda de Deus a favor do seu messias assassinado. E, mais tarde, após um processo de releitura das Escrituras judaicas, encontrará a chave-mestra para interpretar a realização das promessas messiânicas na vida de Jesus como filho do homem e messias escatológico.

No fim desse percurso neotestamentário, esperamos mostrar os indícios suficientes do luto prototípico daquela comunidade cristã primitiva de mulheres e homens galileus, escondidos

---

248. Cf. MEIER, J.P. "The historical Jesus: rethinking some concepts". *Theological Studies*, 51, 1990, p. 3-24 [em espanhol: "El Jesús histórico: revisando conceptos". *Selecciones de Teología* 123, vol. 31 [Disponível em https://bit.ly/3dxBUYa – Acesso em 20/10/2018].

com temor em Jerusalém, e retornando depois para a Galileia com vislumbres de esperança para seguir os passos do seu *rabi* assassinado. Assim foi narrado o início de uma comunidade messiânica em resistência: como experiência de vida *nova*, lida em perspectiva de realização das promessas do *Abba* de Jesus pela potência de sua *Ruah* divina que brota de suas chagas como crucificado que, de algum modo, está presente em meio da comunidade que o rememora.

Em suma, esperamos ir descobrindo – junto com os que leem estas páginas a partir da sua própria experiência como sobreviventes – como a escritura e a prática da história da fé na ressurreição podem ser vividas também hoje. Porém, a nós corresponde viver este processo de luto esperançado em meio de outro colapso, desta vez global, como um horizonte de responsabilidade ética, política e espiritual a cargo das vítimas resilientes de hoje, quem anunciam um mundo novo, recebido e construído pela força da memória, da história e, talvez, de um (in)certo perdão.

Por tudo isso, pensamos que esse luto cristão originário poderia ser um fecundo referente de sentido, dignidade e esperança para viver o (im)possível luto dos sobreviventes de hoje.

Ao concluir este percurso bíblico estaremos prontos para avançar ao último capítulo deste livro. Nessas páginas procuraremos tecer as diversas vozes que evocamos ao longo do trajeto: os movimentos sociais de resistências, o pensamento crítico, as diversas disciplinas que acompanham o trabalho do luto e subjetivação e, finalmente, o testemunho da comunidade messiânica originária.

Todo esse *saber* sobre o luto vivido com dignidade e esperança estará interrelacionado no pensamento decolonial e com a sabedoria dos povos originários. Eles, com a sua racionalidade própria – pré-moderna, moderna ou inclusive pós-moderna – nunca perderam o sentido da constituição da memória coletiva aberta ao mistério da Outridade que se revela até mesmo nos momentos de contradição, sofrimento e morte. Para as sabedorias espirituais dos povos originários de toda a América, os defuntos que se foram estão presentes *de outro modo*, agora como *ancestrais* que vivem em comunhão com os vivos.

Os sobreviventes, no entanto, têm uma responsabilidade urgente, como parte ineludível de sua memória pessoal e coletiva: procurar a verdade e a justiça, para deixar "estar em paz" os defuntos. Somente assim, os povos originários comemoram a vida dos ancestrais como acompanhantes dos vivos.

Finalmente, tentaremos propor, para concluir este livro, as coordenadas de uma reflexão teológica fundamental sobre a ressurreição como *insurreição*, segundo aquela feliz expressão de Leonardo Boff. Aqui a entenderemos, porém, como uma experiência de resistência vivida como *esperança messiânica* – com suas características de *an-arquia*, resiliência, memória, história, justiça e esperança – de quem assumem a palavra e a vida nova do *Crucificado que despertou* como fonte de uma *nova* realidade que está chegando em meio à escuridão.

Tal experiência de remembrança será a lanterna com a qual os sobreviventes abrem passagem no meio da noite, como o descreveu com a marca poética incomparável o evangelista João, na ilha de Patmos, há quase dois mil anos, para fechar o Livro do Apocalipse e a Bíblia toda: "e sua lâmpada é o Cordeiro" [καὶ ὁ λύχνος αὐτῆς τὸ Ἀρνίον] (Ap 21,23).

1 Uma aproximação ao Galileu desde as pesquisas do Jesus histórico

Ao finalizar este capítulo buscamos propor, em perspectiva pós-moderna, uma teologia da ressurreição de Jesus de Nazaré que seja fiel – na medida de nossas possibilidades – ao testemunho da comunidade cristã primitiva.

Para consegui-lo, é necessário que nos detenhamos primeiro em fazer uma síntese dos elementos críticos que a exegese bíblica moderna iluminista implementou para compreender a vida e a mensagem de Jesus de Nazaré. Essa aproximação metodológica moderna enfatizou o contexto da Galileia, como província marginal do Império Romano e em conflito com a religião do Templo de Jerusalém, onde Jesus realizou a sua pregação, passando da conformação de uma comunidade messiânica incipiente à crise final que o conduz à cruz.

O método histórico-crítico foi implantado na teologia como recepção do Iluminismo, no final do século XVIII. Foi uma expressão daquela suspeita da razão perante as fontes da experiência religiosa. Para compreender o espírito dessa aproximação é necessário assumir o seu princípio de "duvidar de tudo", como parte daquela herança cartesiana. Essa dúvida metódica evoluiu posteriormente empregando as ferramentas da análise histórica de textos e vestígios para vasculhar a Antiguidade.

Esse método histórico-crítico foi aplicado primeiro para reconstruir a vida de Jesus. Mas também foi dedicado depois à indagação do momento crucial de sua vida narrada pelos evangelistas: sua morte e sua ressurreição. As fontes textuais se referem, de modo mais exato, a um "sepulcro vazio" e a testemunhos de "aparições" de Jesus crucificado para algumas mulheres, discípulos e apóstolos. Em ambos relatos – narrados pelos quatro evangelhos, assim como por outros textos contemporâneos e apócrifos, tais como o Evangelho de Pedro – mantêm-se com variações da mesma versão de fundo: que o cadáver de Jesus foi enterrado num túmulo próximo de Gólgota no ano 30 da Era Comum, e que, depois do *shabbat* que coincidiu esse ano com a Páscoa judaica, umas mulheres e uns discípulos foram ao túmulo emprestado que, para sua grande surpresa, encontraram vazio.

Nesse sentido, Theissen e Merz – dois autores da *Third Quest* – sintetizam o conhecimento histórico mais provável que temos hoje sobre os relatos do túmulo vazio, tal como fora reconstruído durante um século de estudos das fontes documentais:

> Os métodos histórico-críticos não permitem demonstrar nem refutar a historicidade do relato sobre o túmulo vazio. Temos que contar com duas possibilidades:
>
> A fé na ressurreição suscitada pelas aparições da páscoa levou à busca do sepulcro de Jesus. Um túmulo não utilizado, situado perto de Gólgota, foi interpretado secundariamente como o túmulo de Jesus: ninguém sabia onde foi sepultado Jesus. Com esse túmulo se conectou depois a tradição neotestamentária.
>
> É possível, no entanto, que alguns conhecessem o túmulo de Jesus. José de Arimateia havia depositado o seu corpo num túmulo não utilizado (talvez fosse da sua propriedade). As mulheres encontraram vazio esse túmulo na manhã de páscoa. Calaram por temor de serem acusadas de roubo de jazigos. A notícia das aparições da páscoa deu uma interpretação ao enigmático "túmulo vazio". Essa interpretação foi colocada depois na boca do "anjo" do túmulo[249].

---

249. E continuam comentando os especialistas: "Apesar deste resultado em aberto, indiquemos que as duas possibilidades que consideramos prováveis pressupõem um 'túmulo vazio', ou que a sua existência explica a gênese do relato correspondente, ou que a maior parte das reconstruções históricas que consideram o relato do túmulo como uma simples lenda, devem negar forçosamente tanto a existência do túmulo vazio como o enterro de Jesus num túmulo. Porque se se soubesse onde Jesus foi sepultado, é difícil imaginar que a mensagem da páscoa fosse proclamada em Jerusalém sem tomar uma postura sobre este túmulo. Se incluímos as reflexões aqui desenvolvidas no espectro das diversas opiniões, resulta delas um pequeno plus em favor da possibilidade de que a tradição sobre o túmulo vazio possui um núcleo histórico. Mas é apenas um pequeno plus. Porque procuramos mostrar ao mesmo tempo que, embora os cristãos de Jerusalém pudessem indicar um túmulo vazio da década de 1940 ou de 1950, isso não constitui nenhuma prova da ressurreição. De qualquer forma, este resultado indica que o relato do túmulo vazio pode ser dilucidado desde a fé pascal (abalizada nas aparições), e não inversamente: a fé pascal não pode ser dilucidada desde

Não obstante a relevância do estudo das fontes textuais, a teologia bíblica requer outras ferramentas de análise. Existe uma insuficiência epistemológica nas hipóteses "iluministas" do Jesus histórico, que radica no seu desconhecimento de outras vias de conhecimento de um acontecimento que ultrapassa as coordenadas espaço-tempo. Um evento dessa novidade é exatamente a ressurreição de Jesus dentre os mortos.

Acerca da tarefa da historiografia "pós-iluminista" que é necessário desdobrar para a compreensão desse tipo de acontecimento, comenta N.T. Wright:

> Em particular, quem queira se afirmar como um historiador pós-iluminista deve se olhar no espelho e fazer-se sérias perguntas metodológicas. Afinal de contas, a lógica subjacente ao Iluminismo consistia em criticar as afirmações dogmáticas grandiloquentes da Igreja [...] que necessitavam ser desafiadas pelo intrépido e irrestrito exame da evidência histórica. [...] Nestes últimos anos, os mais amplos sonhos do Iluminismo têm sido desafiados em todos os âmbitos. Em alguns casos (como o colonialismo, o êxito global do capitalismo ocidental e outros temas), ficou demonstrado que eram política, econômica e culturalmente interessados a grande escala. E se a suspensão para falar da ressurreição corpórea de Jesus, que se manteve em vigor até há pouco pelo tom de voz dos críticos sob pretexto de uma argumentação histórica fundamentada [...] resultasse ser parte dessa hegemonia intelectual e cultural contra uma grande parte do mundo que agora se lhe opõe? [...] De fato, a separação entre o mental e o espiritual por um lado, do social, cultural e político por outro, um dos pontos mais importantes da

o túmulo vazio" (THEISSEN, G. & MERZ, A. *El Jesús histórico.* Salamanca: Sígueme, 2000, p. 552).

> plataforma iluminista, está confrontada com a questão da ressurreição de Jesus. Considerar a questão histórica final significa enfrentar, dentro do modelo de cosmovisão, não tanto questões de crença, mas também de práxis, história e símbolos[250].

O fundo da questão do Jesus histórico, visto após um século de pesquisas importantes para conhecer o contexto da vida de Jesus e da comunidade jesuânica, é, portanto, *epistemológico*. As fontes textuais analisadas são um referente da historiografia, mas a escritura da história vai sempre mais longe. Trata-se de levar a cabo a interpretação de narrativas múltiplas, com símbolos e crenças, que buscam outras dimensões do real. Retomaremos este ponto no capítulo final deste livro.

Detenhamo-nos, por enquanto, na reconstrução da personagem histórica que foi Jesus de Nazaré, para compreender melhor o sentido de sua pregação, seu conflito com a religião de Jeru-

---

250. O texto completo é o seguinte: "Em particular, quem quer que afirme ser um historiador pós-iluminista deve olhar-se no espelho e fazer algumas sérias perguntas metodológicas. Afinal, a lógica subjacente do iluminismo era de que as grandiloquentes afirmações dogmáticas da Igreja [...] precisavam ser desafiadas pelo exame intrépido e irrestrito da evidência histórica. Inútil será, após duzentos anos, que os historiadores dessa tradição mudem completamente e excluam *a priori* certos tipos de respostas a perguntas que seguem sendo persistentemente insistentes. Nesses últimos anos, os sonhos mais amplos do iluminismo têm sido desafiados em todos os tipos de âmbitos. Em alguns casos (o colonialismo, o êxito global do capitalismo ocidental, e assim por diante) eles foram demonstrados ser política, econômica e culturalmente interessados em grande escala. E se a suspenção sobre se falar da ressurreição corpórea de Jesus, que foi mantida em vigor até recentemente mais pelo tom de voz dos críticos do que por una argumentação histórica fundamentada [...] resulta ser parte dessa hegemonia intelectual e cultural contra a qual grande parte do mundo está agora fazendo seu melhor para se opor? [...] De fato, a própria separação do mental e espiritual, por um lado, do social, cultural e político, por outro, um dos pontos mais importantes de plataforma iluminista, é confrontada com a questão da ressurreição de Jesus. Abordar a questão histórica final é enfrentar, dentro do modelo de cosmovisão, não apenas questões de crença, mas também de práxis, história é símbolos" (WHRIGTH, N.T. *A ressurreição do Filho de Deus.* Santo André/São Paulo: Academia Cristã/Paulus, 2013, p. 979-980).

salém e com as autoridades romanas, o que desencadeou a sua morte e sustenta a fé na ressurreição. Mas não esqueçamos que, no contexto pós-iluminista acima evocado, será necessário passar do "Jesus histórico" ao "Jesus da história". Optamos assim por um método *retrospectivo* para compreender o sentido da morte de um pregador itinerante na Galileia do século I da Era Comum, a partir da releitura das fontes em torno dos "ditos e obras" que marcaram a sua pregação na Galileia, mas tal como foram recebidos pela tradição da comunidade cristã primitiva, por meio de seus credos, celebrações e práxis de seguimento.

Sobre a identidade do Jesus da história: messias ou filho do homem?

Primeiro retomemos a versão do Jesus histórico, que foi reconstruído com um olhar moderno. Para esta visão iluminista, os títulos cristológicos que desenvolveu a cristologia kerigmática da segunda metade do século I da Era Comum, nos impediam de conhecer o pregador galileu que se enfrentou à religião dominante de sua época na Judeia, com suas correspondentes extensões na Galileia. Títulos como "filho de Deus", "cordeiro", "alfa e ômega" e tantos outros, denotavam um olhar que fizeram, *a posteriori*, diversas comunidades cristãs, como parte do processo de expansão do cristianismo primitivo na Palestina, Síria e Ásia Menor.

Para esta aproximação metodológica, esses títulos tiveram um valor kerigmático indubitável, mas para valorizar melhor a sua profundidade teológica era imprescindível reconstruir primeiro, na medida do possível, o processo do próprio Jesus e sua comunidade de discípulas e apóstolos. Seria necessário, além disso, distinguir as diversas etapas do seu ministério público: primeiro na Galileia com característica mais propositiva centrada no anúncio da chegada do Reinado de Deus; mas depois, em especial durante a crise em Jerusalém que o levou à morte, foi possível constatar uma mudança significativa no tom e no conteúdo da mensagem, já não era o Reino de Deus, mas a sua morte iminente o que Jesus anunciava.

Vejamos, como exemplo, a síntese pertinente e razoável que propõem Theissen e Merz sobre a reconstrução sugeridas pelas pesquisas do Jesus histórico em torno ao seu ministério como pregador escatológico:

> Quem foi Jesus? A primeira resposta é: um judeu carismático com uma capacidade de irradiação e de irritação fora do normal, à margem de todas as expectativas messiânicas. Seu *carisma* manifestou-se no fato de atribuir-se de modo particular uma especial proximidade de Deus: confirmou suas palavras com um "amém" anteposto, como se as tivesse recebido de Deus. Suas antíteses transcendiam a *torah*, sem contradizê-la. Potenciou a metáfora tradicional do Pai de um modo que sugeria uma relação especial com Deus. Perdoava os pecados, algo reservado exclusivamente a Deus. E agiu com a consciência de que Deus realizava milagres por seu intermédio. Não expôs nenhuma doutrina sobre a sua pessoa; mas se manifestou com clareza sobre o Batista, a quem destacou por cima de todos os humanos. Identificou-se com o personagem "próximo a vir" anunciado pelo Batista, embora sendo bem diferente ao que este tinha previsto. Ultrapassou ao que foi, na sua expressão, mais do que todos os outros profetas. Sua consciência de autoridade era evidente[251].

Esse foi o modo próprio como o Nazareno pode assumir a sua tradição judaica, a partir de uma perspectiva carismática como filho do homem. Nesse sentido, os exegetas alemães acima citados falavam de Jesus que resgatou com criatividade escatológica a figura do messias, de modo inusitado, propondo-se desde uma "cristologia humana".

---

251. THEISSEN, G. & MERZ, A. *El Jesús histórico.* Op. cit., p. 612.

Nesse sentido, a fé pascal da comunidade jesuânica representou uma rememoração do "filho do homem", convidando seus ouvintes a participar daquela novidade messiânica. Mas o fez num sentido pouco protagônico, que hoje se propõe traduzir com a polêmica expressão de um convite de Jesus à sua comunidade para se tornar "humanoides":

> Com sua cristologia humana, Jesus outorgou ao homem uma dignidade messiânica. A fé pascal levou a crer num "homem" transformado que, além da fronteira da morte, não deixava de ser uma criatura de Deus. Essas novas perspectivas liberam uma força utópica para superar nesse "homem novo", por assimilação, as diferenças tradicionais entre povos, classes e sexos: as diferenças entre judeus e gregos, entre escravos e livres, entre homens e mulheres (Gl 3,28). A reflexão atual sobre Jesus pode ver nele uma espécie de metamorfose do humano. Já o cristianismo primitivo aplicou a visão de Daniel a Jesus: o Reino de Deus introduzido pelo "humanoide" devia substituir aos reinos animais [...] O papel confiado a Jesus foi o de humanoide. E a pergunta é sempre se haverá seres humanos que se deixem arrastar pela transformação realizada em Jesus e, apesar do naufrágio de todas as esperanças na morte e da violência, sejam capazes de esperar, em meio a um mundo não redimido, que a aliança com Deus faça possível uma vida humana[252].

A releitura do título "filho do homem" foi, portanto, crucial para compreender o modo como Jesus e a sua comunidade compreenderam a sua própria identidade e a sua missão como parte da história de redenção do Deus de Israel para com os deserdados da terra.

---

252. THEISSEN, G. & MERZ, A. *El Jesús histórico*. Op. cit., p. 614.

O caráter paradoxal do ministério segundo a reconstrução do Jesus histórico

A teologia moderna – incluída a teologia da libertação[253] – sublinhou a novidade *profética* de Jesus de Nazaré, com uma pregação centrada no anúncio da chegada do Reino de Deus.

Por isso nos deteremos agora para mostrar o significado desse conteúdo específico do messianismo de Jesus para o modelo cristológico moderno. Enfatizaremos as repercussões éticas, políticas e espirituais com que foi analisada a sua pregação, tal como pode ser rastreada graças à exegese do Jesus histórico.

Porém, não nos esqueçamos de que – numa perspectiva pós-moderna e decolonial que trataremos no seguinte item – a mensagem e a práxis de Jesus não se compreendem sem a comunidade jesuânica que lhe deu continuidade após a sua morte. Ela se encarregou da escritura da sua vida, após o trauma da sua execução. E nessa escritura da história aquela comunidade em luto se autocompreendeu como continuadora de sua obra, uma vez que fez o trabalho de luto pela sua ausência-presença que se seguiu à sua crucifixão.

Nessa ordem avançaremos para compreender o contexto profético e messiânico em que Jesus de Nazaré se moveu, com as contribuições tanto da exegese moderna quanto pós-moderna.

Dada a relevância do profetismo na teologia latino-americana do século XX, será importante para o nosso trabalho dilucidar primeiro o tipo de messianismo de Jesus, seguindo as pesquisas sobre o Jesus histórico. Porém, num segundo momento, será necessário considerar a práxis da comunidade jesuânica para estar em condições de compreender melhor a práxis e a teologia da comunidade messiânica. Desse modo, estaremos em condições

253. Cf. SOBRINO, J. "La centralidad del 'reino de Dios' en la teología de la liberación". *Revista latinoamericana de teología*, n. 68, mai.-ago./2006, p. 247-261.

de acompanhar as comunidades sobreviventes de hoje no enfrentamento à violência sistêmica que nos aflige nestes tempos de necropoder.

"A morte de Jesus foi o resultado de suas opções proféticas de vida", escreveu com lucidez histórica e bíblica Carlos Bravo[254] há algumas décadas no México, comentando o Evangelho de Marcos. Embora seja possível qualificar a práxis de Jesus na Galileia como uma autêntica *pregação profética* – enfatizada assim pelo biblista mexicano no contexto da teologia da libertação com métodos de exegese tipicamente modernos – não se deve esquecer a importância do sentido *messiânico* do seu ministério que fora resgatado pela exegese pós-moderna.

Reconstruamos o cenário judeu no qual o Galileu se movia[255]. No início da pregação de Jesus em Nazaré, a sua pregação esteve marcada por um tom *escatológico*, ao estilo do Profeta Elias, percorrendo as aldeias daquela província romana marginal que era a Galileia dos gentios. Mas a palavra de Jesus foi adquirindo posteriormente aspectos mais *apocalípticos*, conforme se aproximava de Jerusalém, devido à confrontação que teve com os saduceus e com o Sinédrio, que representavam a religião do Templo.

Lembremos que a exegese moderna no mundo do Atlântico do Norte centralizou as suas pesquisas sobre o caráter profético do ministério de Jesus de Nazaré, ao estilo de João o Batista. Nas suas palavras e obras, Jesus enfatizava às vezes um sentido *apocalíptico* e, outras vezes, um tom *escatológico*, como o adverte Allison:

> O juízo final, a ressurreição dos mortos, a restauração de Israel e a grande tribulação eram ideias que não tinham quase nada de novo. Faziam, mais propria-

254. BRAVO, C. *Galilea, año 30*. Cidade do México: CRT, 1986.

255. Cf. MEIER, J. *Un judío marginal* – Nueva visión del Jesús histórico. Vol. II: "Juan y Jesús. El Reino de Dios". Estella: Verbo Divino, 1999.

> mente, parte da herança judaica de Jesus, parte de um roteiro escatológico arquetipicamente fascinante, parte da "pequena tradição" que a Ele chegou por meio das instituições de sua vida na aldeia. O que Ele fez com elas foram, inclui dois aspectos: Em primeiro lugar, como outros antes e depois dele, Jesus as tornou extremamente relevantes para seu tempo e lugar por intermédio da noção de iminência. A proximidade se destinava a fazer com que as pessoas se aplicassem à única coisa necessária. Em segundo lugar, a associação que Ele fez entre expectativas escatológicas e os acontecimentos e as pessoas que o cercavam deu aos mitos tradicionais um nova e inventiva aplicação[256].

Outro aspecto fundamental para a reconstrução do tipo de messianismo de Jesus pela *Thrid Quest* foi a consciência de Jesus acerca da sua própria identidade e missão. Os textos sobre esse tema se movem entre dois polos: messias ou filho do homem. Mas a exegese moderna não conseguiu ir além.

O que podemos ainda dizer em relação ao tema, após um século de debates textuais e hermenêuticos, é que pelo menos Jesus "ativou as esperanças messiânicas" da sua comunidade e de seus ouvintes:

> Esta consciência de autoridade transcendia as expectativas que despertou, sobretudo a *expectativa messiânica*, muito viva entre o povo, em muitas variantes, junto a outras expectativas escatológicas. Não estava clara a ideia que tinham do messianismo daqueles que viram em Jesus o "Messias". Por isso ele pode rejeitar uma confissão messiânica, sem se negar, no entanto, a aceitar o título de Messias em geral; o que rejeitou foi a ideia expressa numa expectativa messiânica especí-

256. ALLISON, D.C. *Jesus of Nazareth, Millenarian Prophet.* Mineápolis: Fortress, 1998, p. 171.

> fica (cf. Mc 8,29 ao lado de 8,33). Provavelmente Jesus teve uma consciência messiânica no sentido mais amplo do termo; não quis exercer o papel de Messias com exclusividade, mas junto com os seus discípulos, a quem considerou como um coletivo messiânico com a missão de governar Israel. Ativou neles suas esperanças messiânicas. Essa ativação resultou justamente nefasta para ele: o messianismo que o povo lhe atribuiu foi o motivo da sua crucifixão pelos romanos. A estes lhes importava menos acabar com Jesus e sua doutrina. Quiseram "crucificar" nele as expectativas messiânicas do povo de Israel[257].

Não se deve esquecer, além disso, a rejeição do próprio Jesus de ser chamado messias, como o indica, o famoso "segredo messiânico" que perpassa o Evangelho de Marcos. Porém, o messianismo em voga na época da pregação de Jesus era um fenômeno especialmente relevante na Judeia, seja na sua versão davídica ou apocalíptica, mais do que na Galileia.

Num sentido diverso ao indicado por John Meier há algumas décadas para falar da marginalidade de Jesus, a exegese pós-moderna argumentará mais tarde a marginalidade como galileu, mas num sentido de interculturalidade própria da Galileia "dos pagãos" para explicar a diferença do messianismo do filho do homem proposto por Jesus.

Vejamos com mais atenção esse problema.

Sobre o "segredo messiânico"

Um aspecto que caracterizou o profetismo de Jesus – segundo a *Thrid Quest* recolhida pela teologia liberal europeia e pela teologia latino-americana da libertação de umas décadas – foi

---

257. THEISSEN, G. & MERZ, A. *El Jesús histórico*. Salamanca: Sígueme, 2000, p. 612.

sua rejeição a ser chamado messias. Meio século depois, essa primazia do segredo messiânico é questionada pela exegese pós-iluminista.

No entanto, permanece a pergunta entre os exegetas sobre o porquê dessa reserva do relato marcano sobre o messianismo de Jesus e a inexistência dos relatos das aparições do ressuscitado na versão curta – e original – do segundo Evangelho cuja redação é a mais antiga entre os quatro evangelhos canônicos.

Para abordar a questão sobre a identidade de Jesus no Evangelho de Marcos é importante recorrer à passagem da sua fuga para Cesareia de Filipe (8,27-35). Essa perícope encontra-se em sintonia com o final abrupto do Evangelho que se detém com o estupor das mulheres perante o túmulo vazio, com a única menção de ir até a Galileia a procurá-lo, que analisaremos mais adiante.

O segredo messiânico evoca um momento delicado da vida de Jesus. A proibição de chamá-lo messias surge quando Jesus começa a ser perseguido pelos fariseus e mestres da Torá – os grupos que controlavam o poder religioso – e quando é rejeitado pela sua própria família. O diálogo que Jesus estabelece com suas discípulas e apóstolos (Mc 8,27-35; Mt 16,13-23; Lc 9,22-27) – realizado nesse antigo santuário do deus grego Pan, nas encostas do Monte Hérmon, já na fronteira com o Líbano e Síria – gira justamente em torno da identidade de Jesus: "Quem dizem os homens que sou? E vós, quem dizeis que sou?".

Uma vez que Pedro confessa a identidade messiânica de Jesus: "tu és o Messias" (Mc 8,29), ocorre imediatamente a proibição de comunicá-lo aos outros: "E mandou energicamente que a ninguém falassem disso" (v. 30). Ato seguido, o evangelista Marcos acrescenta: "E começou a ensinar-lhes que o Filho do homem devia sofrer muito e ser reprovado pelos anciãos, os sumos sacerdotes e os escribas, sofrer a morte e ressuscitar após três dias" (v. 31). A passagem de Cesareia de Filipe é importante também porque mostra a pergunta que Jesus se faz de modo aberto sobre a sua identidade.

Por outro lado, alguns elementos apocalípticos – como as imprecações de Jesus perante a Cidade Santa, os debates com os saduceus sobre a ressurreição e as curas no *Shabbat*, ou a expulsão dos mercadores do Templo – estiveram presentes nos momentos críticos da vida de Jesus. Foram sinais evidentes do seu enfrentamento com os representantes da religião do Templo. Mas não conseguiram apagar o sentido escatológico da sua relação com o Profeta Elias, segundo os testemunhos de vários relatos de curas na Galileia.

Também o profetismo de Elias parecia encontrar-se como fonte de inspiração original do anúncio gozoso do Reino dos céus que implantou Jesus nas aldeias da Galileia. Relatos como as bem-aventuranças, a multiplicação dos pães, as curas de estrangeiros e o perdão dos pecadores, descrevem a realização das promessas e o início do *eón* novo, que tinha sido prometido ao povo de Israel, desde que Elias fora arrebatado na *Merkavah* ou carro de fogo.

E, desde então, Elias era esperado como mensageiro do tempo final, também por Jesus e pela sua comunidade messiânica.

2 As novas pesquisas da exegese pós-iluminista sobre os motivos da morte de Jesus

Jesus como filho do homem

Em contraste com a *Third Quest* moderna, a exegese pós-iluminista das primeiras décadas do século XXI centralizou a sua atenção em outro título cristológico diferente ao de messias e profeta apocalíptico, ao estilo de Elias. Messianismos e profetismos foram temas privilegiados pela exegese moderna como uma lente para aproximar-se à personagem histórica da Galileia do século I da Era Comum.

Mas, no contexto pós-moderno de fracasso histórico das utopias do século XX, o título "filho do homem" está sendo reinterpretado pela exegese pós-iluminista para compreender o que, há três décadas, Christian Duquoc[258] chamou "o antimessianismo" de Jesus.

No contexto da marginalidade de Jesus como galileu, a expressão "filho do homem" foi usada por Jesus para falar de si mesmo e da sua missão em diversos momentos da sua curta vida pública. Ao longo da sua pregação na Galileia a expressão designava a realização das promessas do Reinado de Deus. Mais tarde, durante a sua estadia em Jerusalém, Jesus radicalizou a sua postura com um marcado tom apocalíptico na sua pregação, ao utilizar a expressão "o filho do homem", devido essencialmente ao conflito com os saduceus e as autoridades do Templo. Desse modo, associou "a morte do filho do homem" com a realização das promessas de Deus feitas a Israel.

Mas o que será fundamental para a exegese pós-iluminista é que Jesus se aplica a si mesmo o título de "filho do homem" (*ben Adam*) para falar aos seus discípulos do destino que o aguarda em Jerusalém:

> Vede que subimos para Jerusalém, e o Filho do homem será entregue aos sumos sacerdotes e aos escribas; o condenarão à morte e o entregarão aos pagãos, e caçoarão dele, cuspirão nele, o açoitarão e o matarão, e em três dias ressuscitará [καὶ ὁ υἱὸς τοῦ ἀνθρώπου παραδοθήσεται τοῖς ἀρχιερεῦσιν καὶ τοῖς γραμματεῦσιν καὶ κατακρινοῦσιν αὐτὸν θανάτῳ καὶ παραδώσουσιν αὐτὸν τοῖς ἔθνεσιν καὶ ἐμπαίξουσιν αὐτῷ καὶ ἐμπτύσουσιν αὐτῷ καὶ μαστιγώσουσιν αὐτὸν καὶ ἀποκτενοῦσιν, καὶ μετὰ τρεῖς ἡμέρας ἀναστήσεται] (Mc 10,33-34).

258. DUQUOC, C. *Mesianismo de Jesús y discreción de Dios* – Ensayo sobre los límites de la cristología. Madri: Cristiandad, 1989.

Trata-se de uma figura retórica marcada por um forte aspecto apocalíptico. O mesmo tom que terão as lamentações de Jesus perante a Cidade Santa, anunciando a sua destruição, ao mesmo tempo que evocava o simbolismo da sua reconstrução em três dias.

O título "filho do homem" nos permite captar com maior profundidade a percepção que Jesus tinha da sua própria missão, orientada para a restauração do povo de Israel desde o profetismo do Livro de Daniel. Essa visão esteve presente primeiro na pregação de João o Batista no Deserto da Judeia. Jesus aderiu a esta expectativa, contribuindo com a sua própria índole, para reconhecer a presença do Reino de Deus no "aqui e agora" dos sinais que ele próprio realizava "com autoridade escatológica". Nesse sentido Theissen e Merz comentam:

> Existe unanimidade [entre os exegetas] em afirmar que Jesus mostrou uma consciência de autoridade escatológica: viu na sua atividade o início de um mundo novo. Nisso supera os carismáticos e profetas judeus conhecidos até então. Discute-se se Jesus expressou implicitamente a sua consciência de autoridade sem recorrer a um título cristológico, se tal consciência de autoridade despertou ("evocou") expectativas que os contemporâneos e discípulos lhe transferiram por meio dos nomes majestáticos tradicionais, ou se ele se aplicou expressamente um ou vários títulos cristológicos. Por isso nós distinguimos no que segue entre uma cristologia implícita, uma cristologia evocada e uma cristologia explícita. A questão dos títulos cristológicos e a sua relação com o Jesus histórico não tem, provavelmente, o peso teológico que às vezes se lhe atribui. Toda a *story* de Jesus (o Jesus histórico e o Cristo apresentado pela fé como ressuscitado) é o fundamento da fé cristã; os títulos são abreviações da pretensão contida nessa 'história'. Tal pretensão é decisiva; faz aparecer os diferentes relatos sob uma nova

> luz. [...]. Os títulos são abreviações para expressar a pretensão de autoridade que os seguidores advertiram, em fase da "pré-compreensão", nos diferentes momentos da história de Jesus[259].

Podemos afirmar, portanto, que Jesus viveu o profetismo com uma novidade própria, ao mesmo tempo que ultrapassou a tradição do judaísmo da sua época. Allison enfatiza o aspecto "milenarista" que Jesus deixou como herança para a sua comunidade messiânica, qualificando-o como uma abertura à imaginação escatológica:

> [...] ele foi além da tradição ao associar a vinda do reino com João Batista (Q 16,16; Mc 9,11-13) e ligar o juízo à resposta dada a ele e a seus itinerantes (Q 10,13-15; 12,8-9). A escatologia foi a criação de uma nova identidade religiosa baseada numa nova interpretação do mundo à luz da tradição judaica [...]. A escatologia milenarista de Jesus foi, portanto, uma história religiosa revista que se tornou o contexto da experiência de seus seguidores. Essa história, com sua crença no impossível e sua esperança numa realidade transcendente, libertou as imaginações para superar criativamente o mundano, de modo que aqueles que acreditavam podiam, apesar dos tempos difíceis e da "pouca fé", encontrar o sentido de sua existência[260].

Em síntese, para compreender o alcance do antimessianismo *sui generis* de Jesus é necessário descrever o seu perfil como pregador itinerante conforme a exegese pós-iluminista. Aqui, Jesus aparece mais próximo do título de "filho do homem" do que do de "messias":

---

259. THEISSEN, G. & MERZ, A. *El Jesús histórico*. Op. cit., p. 562-563.

260. ALLISON, D.C. *Jesus of Nazareth, Millenarian Prophet*. Mineápolis: Fortress, 1998, p. 171.

> O único termo que se aplicou expressamente foi o de Filho do homem [...] e não era um título, mas uma expressão cotidiana, que Jesus encheu de conteúdo messiânico [...] enlaçando com certas visões sobre um ser celestial que se assemelhava a um "filho do homem". Não é nenhum anacronismo moderno indicar que Jesus fez da expressão "homem" o título majestático decisivo. Deu ao ser humano uma dignidade superior a todos os outros títulos majestáticos: Messias, Filho de Deus e *Kyrios*. Representou uma cristologia humana. [...] Quando anunciou o Reino de Deus na Galileia e subiu depois a Jerusalém, ele esperava a rápida aparição do Reino de Deus; mas foi condenado à morte. O Reino de Deus não chegou. Não se produz a intervenção definitiva de Deus para salvar Israel e o mundo. Deus interveio de outro modo: despertou da morte o crucificado, segundo a crença dos discípulos. Somente pela paixão e morte alcançou o "Filho do homem" sua majestade. Tudo o que Jesus havia dito antes implícita e explicitamente sobre a sua pessoa, tudo o que os outros haviam esperado ou temido, teve de ser reformulado à luz da cruz e da páscoa[261].

Seguindo esse fio condutor de Jesus como "filho do homem" podemos caracterizar com uma nova luz o desenvolvimento do ministério de Jesus. De ser um pregador galileu itinerante, popular entre a população das aldeias em torno do Lago de Tiberíades, o Nazareno passou a ser um taumaturgo molesto para a religião do Templo de Jerusalém, pela sua confrontação direta com o judaísmo sacrificial de sua época. Assim, Jesus foi se convertendo em um judeu "filho do homem", marginal em relação à religião controlada pelos saduceus e o culto à Torá apregoado pelos fariseus na Cidade Santa.

---

261. THEISSEN, G. & MERZ, A. *El Jesús histórico*. Op. cit., p. 612-613.

Além disso, Jesus também entrou em conflito com as autoridades romanas, em virtude da sua crítica ao domínio que exercia o Império sobre o povo da aliança, com a cumplicidade de judeus dirigentes. Um dos seus ditos mais contundentes sobre o poder é aquela passagem sobre a criança colocada no meio dos discípulos:

> Então sentou-se, chamou os Doze, e lhes disse: "Se alguém deseja ser o primeiro, seja o último de todos e o servidor de todos". **E tomando uma criança, colocou-a no meio deles, estreitou-a entre seus braços e lhes disse: "Quem acolher uma criança como esta em meu nome, a mim acolhe**; e quem me acolhe a mim, não é a mim que acolhe, mas Àquele que me enviou" [καὶ καθίσας ἐφώνησεν τοὺς δώδεκα καὶ λέγει αὐτοῖς. εἴ τις θέλει πρῶτος εἶναι, ἔσται πάντων ἔσχατος καὶ πάντων διάκονος. **καὶ λαβὼν παιδίον ἔστησεν αὐτὸ ἐν μέσῳ αὐτῶν καὶ ἐναγκαλισάμενος αὐτὸ εἶπεν αὐτοῖς.** ὃς ἂν ἓν τῶν τοιούτων παιδίων δέξηται ἐπὶ τῷ ὀνόματί μου, ἐμὲ δέχεται. καὶ ὃς ἂν ἐμὲ δέχηται, οὐκ ἐμὲ δέχεται ἀλλὰ τὸν ἀποστείλαντά με] (Mc 9,35-37).

Enquanto eles discutiam sobre quem seria o primeiro no Reino, Jesus colocou uma criança no centro como contraexemplo para criticar os poderosos e fazer um chamado à sua comunidade messiânica a exercer o poder como serviço. No seu contexto histórico[262], esse relato dá conta de uma crítica ao Tetrarca Herodes

---

262. Sobre a relação de Jesus com o poder, Aguirre abaliza com precisão o fundo alternativo do serviço que Jesus propõe como chave para construir a vida em comum: "Em Mc 9,35 afirma: 'se alguém deseja ser o primeiro, seja o último e servidor (*diakonos*) de todos'. Em Mc 10,44 não diz servidor (*diakonos*), mas escravo (*doulos*), que é muito mais forte. Os escravos naquele tempo exerciam funções bem diferentes e algumas requeriam certa formação (p. ex., pedagogos ou mestres), porém, a sua condição era ínfima na escala social, porque careciam de liberdade; eram propriedade de seus senhores, deviam estar em completa disposição, servi-los e realizar sua vontade. Jesus utiliza uma metáfora de uma radicalidade total. Supõe uma reversão dos valores convencionais nas relações

que dominava a população local das margens do Lago de Tiberíades, formada por artesãos, pescadores e camponeses dessas terras ao norte da Judeia, já perto do Líbano e da Síria.

Sobre o conflito crescente de Jesus contra os ricos e poderosos, há um testemunho comum dos quatro evangelistas sobre a severa crítica de Jesus na Galileia contra os ricos comerciantes das margens do Lago de Tiberíades. Também Jesus denunciou a corrupção dos coletores judeus a serviço dos impostos romanos. Atualizava desse modo a palavra dos profetas do Norte de Israel em tempos de idolatria, o que lhe valeu a inimizade dos personagens locais influentes, com o poder religioso, econômico e político.

Por outra parte, a liberdade magnânima com a que Jesus falava do Deus de Israel como o seu *Abba* – acompanhada de gestos messiânicos de comensalidade[263] "com publicanos e pecadores", com as curas de doentes e a sua proximidade dos *pequenos* como privilegiados do Reino dos céus – valeu-lhe o reconhecimento de muitos, mas também a suspeita de outros.

Finalmente, digamos umas palavras sobre o título que alguns exegetas da *Third Quest* atribuíram ao Jesus histórico: "messias sofredor". Embora na história da paixão o Servo de YHWH seja o pano de fundo da narrativa da cruz, não adquire uma identificação com o messias, até a posterior teologia paulina: "Nós anunciamos um messias crucificado" (1Cor 1,23). Nos tempos de Jesus ainda predominava uma consciência de que o Servo de YHWH devia ser todo o povo de Israel na espera da realização das promessas, como comenta Scardelai:

---

humanas. A comunidade cristã propõe uma alternativa radical" (AGUIRRE, R. "La mirada de Jesús sobre el poder". *Teología y vida*, vol. 55, n. 1, mar./2014 [Disponível em https://bit.ly/2U6QrlN – Acesso em 20/10/2018]).

263. A comensalidade de Jesus é um critério fundamental da superabundância da Sabedoria divina que prepara um banquete para todas as nações, como sinal messiânico dos tempos vindouros (cf. MÉNDEZ MONTOYA, Á.F. *El festín del deseo* – Teología alimentaria de la creación. Cidade do México: Jus, 2013).

> A exegese judaica não aplica a imagem do "servo de Isaías" às qualificações pessoais messiânicas, exceto se aí estiver presente a figura do próprio Israel coletivo, o "servo de Deus" por excelência. Assume-se, portanto, que somente Israel, a nação eleita de YHWH no sentido coletivo, pode ser considerada o "servo do Senhor" e não a pessoa exclusiva do messias.
> A interpretação do "servo" de Isaías, feita à luz do sofrimento de Jesus na cruz, adquiriu atribuições messiânicas até então desconhecidas ao judaísmo normativo, cristalizando-se como novo critério de redenção, além de se construir um divisor de águas entre as tradições cristã e judaica, acentuando no sofrimento vicário do Cristo"[264].

No entanto, a reconstrução do Jesus histórico – seja aquela proposta pela *Third Quest* no século XX, ou a que propõe hoje a exegese pós-iluminista – não pode permanecer fechada na discussão sobre os títulos cristológicos. É necessário ler nas entrelinhas o perfil *escatológico* que percorre a pregação de Jesus.

A centralidade do Reino de Deus ao modo de Elias

Voltemos ao início do ministério de Jesus na Galileia para considerar em pormenor seu primeiro anúncio centralizado na chegada do Reino de Deus, sob a inspiração do Profeta Elias.

O Reino de Deus é o coração do discurso programático de Jesus em Nazaré (Lc 4,16-21) com sua tríade messiânica: a boa notícia aos pobres, liberdade aos cativos, aos cegos e aos oprimidos; e o ano de graça do Senhor.

A primeira fase do relato da pregação de Jesus na sinagoga de Nazaré (Lc 4,24-30) esteve referendada com palavras e obras

---

264. SCARDELAI, D. *Movimentos messiânicos no tempo de Jesus*. São Paulo: Paulus, 1998, p. 300.

(*uerba et facta Iesu*), até chegar a afirmar que a promessa já tinha se realizado. Essa ousadia da parte de Jesus foi crescendo durante a sua pregação. Valeu-lhe mais tarde a condenação por blasfemo da parte das autoridades religiosas, com a conseguinte conspiração com os romanos para dar-lhe morte por ter ignorado o poder de César. Também lhe trouxe o desprezo da sua própria família, que o chamava de louco.

O anúncio libertador e gozoso do Reino de Deus anunciado por Jesus em Nazaré é o que marcará o seu ministério na Galileia, com aquela criatividade messiânica que em outro momento chamamos a *poiética* do Galileu[265]. Desse modo, seus primeiros destinatários foram os *nepioi*, os pequenos do Reino dos céus[266] chamados assim pelo evangelista Lucas. Eles evocam aos *anawin* de Israel, o pequeno resto. A exegese moderna dos relatos da pregação e curas de Jesus como taumaturgo, enfatizou a preferência de Jesus pelos enfermos, os pobres e os desvalidos, como sinal de uma preferência de Deus pelo seu povo sofredor desde que "era escravo no Egito".

---

265. Imaginação escatológica de caráter *poiético*, isto é, criador de mundos novos (cf. MENDOZA-ÁLVAREZ, C. *Deus absconditus: Deseo, memoria e imaginación escatológica* – Ensayo de teología fundamental posmoderna. Cidade do México: Cátedra Kino, 2007, p. 281ss.).

266. González Faus comentava assim estas *ipssisima verba Iesu* segundo a tradição, testemunhada nos sinóticos: "Este modo de ser de Deus é causa de alegria exultante para Jesus (Lc 10,21) e dela brota a consciência da sua intimidade com ele (Mt 11,27). A possibilidade de atribuir estas palavras a Jesus é obscura. Em caso afirmativo parece que Lucas teria conservado o contexto original, situando-as ao retorno da missão dos discípulos. Isto esclarece o significado 'destas coisas': é uma expressão que se refere aos mistérios do Reino que os apóstolos foram anunciar. Ao mesmo tempo faz perceber que os 'pequenos' são justamente os próprios discípulos. Eles não são elogiados por serem discípulos, mas por serem simples. Desse modo, o contexto lucano da passagem permite suspeitar que os discípulos são recrutados (pelo menos a maioria) entre os *nepioi*" (GONZÁLEZ FAUS, J.I. *La humanidad nueva* – Ensayo de cristologia. Santander: Sal Terrae, 2000, p. 99).

Consequentemente, o *discipulado*[267] que Jesus propôs à sua comunidade messiânica estará marcado por essa simplicidade de vida e serviço aos despossuídos como um sinal fidedigno do amor misericordioso do *Abba* pelo seu povo.

Daí que as ações de libertação do cativeiro, a vista aos cegos e a liberdade aos cativos – com toda a ressonância do Deus do êxodo – seja a atualização do messianismo *escatológico* de Elias[268], mas agora ao modo de Jesus de Nazaré, distanciando-se de outras opções como a do messias rei e a do messias juiz.

Como um nó que amarra as pontas soltas, o ano da graça do Senhor vem sintetizar assim toda a teologia do cativeiro e a libertação de antigas raízes judaicas, com um marcado acento de atualidade na vida daqueles que eram testemunhos dos ditos e ações do Galileu: "esta escritura cumpriu-se hoje".

Tal ambiente de expectativa messiânica, ratificado pelos ditos e obras messiânicos do pregador itinerante, foi alcançando cada vez mais aos privilegiados do Reinado de Deus: crianças, enfer-

---

267. Em relação ao discipulado da comunidade de Jesus, Rafael Aguirre Monasterio aponta a necessidade de traduzi-la na lógica do dom e da gratuidade para o nosso tempo: "O discípulo de Jesus se esforça para introduzir nas relações pessoais, e também nas sociais, a lógica do dom e da gratuidade. Isto nasce da própria entranha da sua experiência de Deus, em que se descobre amado e perdoado por Deus, chamado a receber gratuitamente um dom que supera todas as suas possibilidades" (AGUIRRE MONASTERIO, R. "Discípulos y testigos de Jesús en la sociedad actual". Aula de teologia. Universidade de Cantabria, 16/03/2010 [Disponível em https://bit.ly/3dvjMxR – Acesso em 20/10/2018]).

268. Um messianismo ambíguo no séc. I E.C.: "Aqueles que se aproximaram de Jesus e foram sensíveis à sua mensagem provavelmente não sabiam que título lhe dar, pois eles próprios não sabiam o que esperavam: Era ele um profeta, era Elias? Era o filho de Davi? Eles não sabiam se a sua missão era celestial ou terrena: 'É agora que restaurarás o reino de Israel' os apóstolos perguntam (At 1,6). Em primeiro lugar, é a ressurreição o evento fundador do cristianismo, sem que nenhum título ou missão seja realmente definido" (HADAS-LEBEL, M. "Depuis quand existe-t-il un messianisme juif". *Bulletin du Centre de Recherche Français à Jérusalem* 17, 2006, p. 11 [Disponível em https://journals.openedition.org/bcrfj/177?lang=en – Acesso em 20/10/2018]).

mos, mulheres e pecadores, isto é, aos invisibilizados pelo sistema romano e judaico da época.

Como resultado dessa breve, mas intensa atividade de um pregador itinerante nas margens do Lago da Galileia, com o seu centro em Tiberíades, nasceu uma comunidade de discipulado *sui generis*, que não era nem escola farisaica, nem cínica ao modo romano, como na vizinha cidade de Séforis da qual nunca se fala nos evangelhos. Tratava-se de uma comunidade de seguimento de um rabi chamado Jesus: a comunidade *jesuânica*[269].

Em suma, é bem provável que no início da sua pregação na Galileia, Jesus tenha ido se reconhecendo a si mesmo como profeta "ao modo de Elias" – acompanhado pelo seu "bando" na leitura das Escrituras judaicas. Esta experiência de descobrimento de uma vocação do profetismo *escatológico* ia acompanhada de uma crescente consciência da urgente missão do anúncio da chegada, aqui e agora, do Reino de Deus para os pequenos, e para aqueles que receberam o fogo da *Ruah* divina, através da conversão do coração e as obras de vida nova.

A crise de Jerusalém

A expectativa messiânica[270] nas aldeias da Galileia foi crescendo e chegou até Jerusalém. Como centro do mundo judaico e capital do domínio romano na Palestina, a Cidade Santa foi também um centro da pregação final de Jesus. Ali a sua presença esteve marcada por algumas curas de doentes e pela denúncia da idolatria que representavam, tanto o culto do Templo com os seus

---

269. Para uma complexa gênesis das origens do cristianismo como projeto de "comunidade", cf. AGUIRRE MONASTERIO, R. *Ensayo sobre los orígenes del cristianismo* – De la religión política de Jesús a la religión doméstica de Pablo Estella: Verbo Divino, 2001.

270. Cf. ALLISON, D.C. *Jesus of Nazareth, Millenarian Prophet.* Mineápolis: Fortress, 1998.

sacrifícios, quanto a ocupação romana que promovia a suplantação de Deus pelo imperador.

Nas vizinhanças de Jerusalém, alguns amigos de Jesus – como em Betânia, Marta, Maria e Lázaro – formavam parte da comunidade jesuânica em movimento.

Mas o conflito latente tornava-se cada vez mais aberto. Não se deve esquecer que a aclamação de um punhado de seguidores à entrada de Jesus na Cidade Santa esteve acompanhada pela expulsão dos mercadores do Templo. Eram duas faces da mesma moeda que, ao atingir o chão, marcaria o destino de morte do Nazareno.

Antes da sua prisão, tortura e execução como criminoso acusado de desconhecer o César, Jesus realizou uma *ceia de despedida*[271] com os seus companheiros de pregação que o tinham acompanhado da Galileia até Jerusalém. A confusão de alguns como Judas, que esperavam um messias político, deu passagem à convivialidade jesuânica que marcou, desde então, a memória viva que seus amigos e acompanhantes do caminho messiânico mantiveram viva desde então. O ponto de inflexão que significou a crucifixão, mais do que ser a conclusão da vida terrena de Jesus, foi a chave para interpretar toda a sua vida em retrospectiva, como um sinal potente da passagem de Deus através do inocente vitimado. Nesse sentido Baena expressa:

> O pequeno relato da crucifixão de Mc 15,21-41 é o ponto de partida para trás de toda a composição da história da paixão pré-marcana e também de toda a composição do Evangelho de Marcos. No final deste pequeno relato de tradição, muito provavelmente o próprio evangelista coloca – como grande resumo e ponto culminante da sua teologia da cruz – a confissão de fé do centurião. "Ao ver, o centurião que

---

271. Cf. AGUIRRE MONASTERIO, R. *La Cena de Jesús*: historia y sentido. Madri: Colegio Mayor Chaminade, 1986.

> estava à frente dele, que tinha expirado desse modo, disse: 'Verdadeiramente este homem era Filho de Deus'" [...] Os pobres sofredores e oprimidos, vítimas da opressão, conforme a perspectiva revelada por Marcos na confissão de fé do centurião, absolutamente estranha e racionalmente não antecipável, *são salvadores dos seus próprios agressores*. Esse seria um *sinal dos tempos* que deveria ser significante para uma humanidade tão densamente homicida e de tantos modos ocultos, como Palavra de Deus que grita com lágrimas, e não simplesmente para salvar os sofredores, pois a sua dor é já o testemunho da sua fidelidade a Deus e da sua proximidade imediata, que está do seu lado e por isso já são salvos, isto é, libertados de si mesmos pela sua situação de sofrimento, e são portanto a Palavra de Deus ou *sinal dos tempos*, e o seu grito desolador terá de interrogar os agressores e opressores *como oferta de esperança de salvação para eles mesmos*[272].

Não obstante tal releitura da cruz de Jesus como juízo do mundo corrupto, a dura prova da prisão, a tortura e o assassinato de Jesus – como resultado da confabulação das autoridades judaicas e romanas, realizada em algumas horas – foi vivida como um trauma pela sua comunidade, de modo que a maioria fugiu do lugar do crime. Permaneceram próximas do Nazareno executado algumas mulheres do grupo, como testemunhas do que seria a sua agonia numa cruz romana, executado ao lado de dois criminosos que também foram dependurados.

O relato da crucifixão de Jesus revela, além da morte do justo, o trauma da comunidade jesuânica que vive o "sinal de contradição" mais cruento para as expectativas messiânicas que Jesus tinha compartilhado com paixão.

---

272. BAENA BUSTAMANTE, G. "Exilio y desplazamiento: un desafío a la esperanza". *Theologica Xaveriana*, vol. 60, n. 170, jul.-dez./2010, p. 552-553.

Também a exegese moderna da *Third Quest* tinha enfatizado o modo traumático da crucifixão de Jesus:

> Portanto, Jesus estava morto. E morreu numa cruz: a mais desonrosa das mortes. Rejeitado pelos dirigentes religiosos da "nação", entregue às autoridades da ocupação, aos quais os judeus mais apegados à tradição odiavam, mataram-no por ordem do governador romano desprezando o orgulho nacional, crucificando-o com o título de "Rei dos Judeus" [...]. Para aqueles que o tinham seguido, especialmente os mais próximos como os discípulos, era verdadeiramente o fim das esperanças que tinham alimentado durante dois ou três anos: a esperança da conversão das massas judaicas a uma nova escola de vida centrada no Evangelho do Reino de Deus, com suas exigências radicais; mas também a esperança da alegria que estava ligada à realização das promessas proféticas. Diante do terrível epílogo desse drama, os discípulos mais próximos, ou seja, o grupo dos Doze, menos Judas, tomados pelo medo, fugiram. Receosos e também preocupados, fecharam-se numa casa em Jerusalém, talvez aquela onde tinham tomado a refeição de despedida com Jesus[273].

No entanto, para a exegese pós-iluminista[274] é mais importante permanecer ainda no desnorteamento de uma comunidade, antes de ceder a qualquer precipitação triunfalista da ressurreição. Será necessário permanecer no luto pelo "fracasso" do rabi Jesus para compreender a "debandada" da sua comunidade, pri-

---

273. Ibid., p. 351.

274. Cf., p. ex., a série de trabalhos do grupo de pesquisa da Universidade de Deusto sobre as origens do cristianismo em perspectiva interdisciplinar e pós-moderna [Disponível em https://bit.ly/3dvjV4n – Acesso em 20/10/2018]. Concretamente sobre o papel do luto de Maria de Magdala na formação do *kerygma*: BERNABÉ UBIETA, C. "Los ritos de duelo en la formación del Kerigma pascual". In: AGUIRRE MONASTERIO, R. (org.). *El Nuevo Testamento en su contexto* – Propuestas de lectura. Estella: Verbo Divino, 2013, p. 99-112.

meiro reflexo da sua confusão, culpabilidade e desânimo. Então aparecerá com toda a sua significação a *resistência* de um punhado de mulheres, e alguns discípulos, que tornou possível a ressignificação da vida de Jesus, aquela rememoração que prosseguiria sua comunidade em luto e diáspora, mais tarde, na Galileia:

> Algumas mulheres foram mais corajosas: tendo servido Jesus e seu grupo de discípulos íntimos da Galileia durante sua missão, tinham seguido os soldados que conduziram Jesus até a cruz, a fim de observar à distância a sua agonia e morte, depois a ação de José de Arimateia e Nicodemos, que desceu seu corpo da cruz e o enterrou apressadamente num túmulo ao lado do local da crucificação. Observaram cuidadosamente o lugar, dado que pretendiam prestar ao seu Mestre as honras fúnebres, ungindo o seu corpo de perfumes. O que elas ignoravam era que as autoridades do Templo, pressionadas pelas circunstâncias, quebraram as obrigações do sábado e da festa da Páscoa e dirigiram-se junto ao governador para pedir que colocasse um guarda na sepultura. Como o pedido fora negado eles próprios assumiram e decidiram colocar seu próprio guarda no sepulcro de Jesus (Mt 27,62-66). O sábado, que coincidiu com a Páscoa, foi de silêncio e de angústia para todos aqueles que se aproximaram dele. Era o segundo dia do seu luto. Agora, na manhã do terceiro dia...[275]

Como a exegese moderna sobre o Jesus histórico sintetiza o final da vida de Jesus em Jerusalém?

> Na última ceia instituiu para seus discípulos um novo rito (substitutivo dos ritos sacrificiais do Templo?): um simples ágape com eles, na véspera do começo da páscoa, na espera do dramático desenlace do conflito com a aristocracia de Jerusalém. Provavelmente oscilou

---

275. Ibid., p. 352-353.

entre a espera da morte e a esperança de que Deus intervisse para inaugurar o seu reinado (como o expressa a oração no Getsêmani numa cena condensada poeticamente). Judas, um do grupo mais íntimo de discípulos, delatou o lugar da estada, e Jesus pôde ser capturado à noite sem chamar a atenção. A aristocracia que o mandou prender ditou a sentença condenatória por ter criticado o Templo, mas diante de Pilatos foi acusado de crime político de revolta contra o poder, como pretendente ao trono. Muitos do povo e de seus seguidores tinham esperado, de fato, que Jesus fosse o messias rei para restituir o poder a Israel. Jesus não se distanciou destas expectativas perante Pilatos; tampouco poderia fazê-lo porque estava convencido de que Deus realizaria através dele a grande mudança a favor de Israel e do mundo. Foi condenado como agitador político, e crucificado ao lado de dois delinquentes (provavelmente no mês de abril do ano 30 d.C.). Os discípulos tinham fugido. Mas algumas discípulas foram mais corajosas e presenciaram a crucifixão de longe"[276].

Aparentemente tudo tinha fracassado. As promessas messiânicas, nem sob a figura de Elias nem a presença do Filho do homem, tinham já sentido para uma comunidade traumatizada pela morte ignominiosa de seu mestre[277].

---

276. THEISSEN, G. & MERZ, A. *El Jesús histórico.* Op. cit., p. 621-622.

277. O historiador francês Mimouni descreve deste modo os fatos após a morte de Jesus na cruz: "No ano 30 d.C., em Jerusalém, Jesus de Nazaré, que durante dois anos tinha sido pregador itinerante da Galileia profetizando o anúncio da iminência do Reino de Deus, foi preso, julgado e executado por razões político-religiosas – sendo Pôncio Pilatos prefeito da província romana da Judeia. No dia seguinte à morte de seu mestre, seus discípulos, a princípio, parecem ter se espalhado por toda a Palestina. No entanto, num segundo momento, eles são encontrados em Jerusalém, proclamando que 'aquele' que foi crucificado ressuscitou. Anunciam um novo tempo e a iminência do retorno de Jesus, da realização da antiga promessa de salvação feita pelo Deus de Israel aos antepassados do seu povo. Nasce um movimento religioso de origem profética e com tendências cada vez mais messiânicas. É formado por judeus

E, contra toda expectativa messiânica, o Deus de Israel pronunciou a sua palavra definitiva de modo mais paradoxal do que o povo judeu poderia esperar: através de um "messias crucificado".

3 Os relatos do túmulo vazio

Na confluência semântica das narrações do túmulo vazio e nas aparições do *Crucificado que despertou*, a exegese pós-iluminista encontra o ponto de inflexão decisivo para uma nova aproximação historiográfica e teológica das fontes de Jesus de Nazaré.

A partir do reconhecimento dos limites do iluminismo que marcou a exegese moderna, surge a necessidade hoje de uma exegese pós-iluminista. A esse respeito, comentava John Milbank há quase três décadas:

> Por isso a teologia "ortodoxa" [pós-iluminista] não procura suprimir o núcleo aporético do discurso (a não ser quando contaminado por uma metafísica que não mudou de chave). Permanece com a impossível necessidade de determinar a indeterminável relação entre o próximo e o remoto, mas não pretende "conhecer" esta relação apenas mediante o poder de uma compreensão representacional sozinha. Ao invés, interpreta-a de acordo com seu próprio logos de amor como a prioridade do desejo inquietante e no entanto abnegado. A confirmação aqui não brota do "olhar", mas da entrega e da práxis[278].

---

que, como discípulos de Jesus, vivem pelo seu Espírito, cujo poder criador herdaram, curando os doentes e expulsando demônios como o seu mestre fez antes deles" (MINOUNI, S.C. "Origines du christianisme – L'histoire de la communauté chrétienne / nazoréenne de Jérusalem des origines à 135 (II)". *Annuaire de l'École Pratique des Hautes Etudes* (EPHE), Section des sciences religieuses [en ligne] 115, 2008 [Disponível em https://journals.openedition.org/asr/230 – Acesso em 20/10/2018]).

278. MILBANK, J. "O fim do iluminismo: pós-moderno ou pós-secular?". *Concilium* 244, 1992/6, p. 34 [834].

Desse modo, em tempos pós-modernos sustentados por uma epistemologia que conjuga o acontecimento *histórico* com a sua dimensão *escatológica*, teremos possibilidades de compreender melhor o Jesus "real". Isto é, poderemos aproximar-nos com mais pertinência daquele personagem que radicalizou a história humana com uma *imaginação escatológica* inusitada. Personagem que – com uma forte marca racionalista – a *Third Quest* reconstruiu ao longo do século XX em seus aspectos seculares, mas ignorando a sua condição escatológica.

Para nós, situados numa racionalidade pós-moderna e decolonial, será necessário, portanto, reler os relatos do túmulo vazio e das aparições como de coordenadas inseparáveis que desenvolvem um campo semântico *inusitado* e que é próprio da fé teologal que designa a irrupção da temporalidade messiânica no coração da história violenta da humanidade que lembramos antes. Uma "contração do tempo" que é "farpa messiânica", mas como esperança para as vítimas, para os seus sobreviventes e, se os algozes se deixam levar pelo dinamismo do reconhecimento, também eles como convidados a receber a redenção.

Especificamente, o paradoxo, o oximoro e a figura poética – como mediações práticas e linguísticas que implicam estes relatos do túmulo vazio e de aparições – serão os recursos linguísticos e performativos que nos capacitarão para adentrar nessa dimensão *escatológica* da história.

Tais mediações linguísticas e performativas as construiu a comunidade jesuânica para designar esse horizonte de vida nova que lhes ofereceu como dom gratuito o *Crucificado que despertou*.

Trata-se – como fonte da contra-história da redenção – de uma experiência fontal que depois confessaram as comunidades cristãs nascentes, não somente num contexto cultural judaico, mas agora grego e romano, como realização da história de redenção realizada em Jesus crucificado e ressuscitado.

E uma experiência análoga que poderá ser vivida pelos sobreviventes da violência sistêmica de todos os tempos.

Para aproximar-nos desse horizonte performativo de ressignificação da morte de Jesus como *páscoa*, partiremos da narração que faz o Evangelho de Marcos sobre o túmulo vazio. Trata-se do texto mais antigo dos quatro evangelhos que dá conta do trauma inicial que marcou o luto da comunidade jesuânica com o simbolismo de um túmulo vazio.

No entanto, não se trata de um texto isolado, mas vinculado a uma corrente de interpretação. Por isso será necessário compreendê-lo, num segundo momento, à luz de outro texto que, além disso, precede-o na cronologia da interpretação escrita. Encontra-se na literatura paulina, fora dos relatos evangélicos, para dar conta das aparições do Crucificado-ressuscitado a Pedro, aos Onze, assim como a outros testemunhos. Dá conta de uma experiência de ausência-presença de Jesus como "o vivente" no meio da sua comunidade em retirada.

Referimo-nos ao relato de 1Cor 15, escrito por São Paulo, em torno do ano 50-52 da Era Comum, para a comunidade de Corinto que, no contexto grego, discerne a sua pertença ao *eón* inaugurado por Jesus de Nazaré, confessado agora como o Messias e Filho de Deus pelas comunidades paulinas que receberam o sopro da *Ruah* divina.

Esse "credo protopaulino"[279] será a outra coordenada imprescindível para interpretar o túmulo vazio, que também é lembrado

---

279. Pannenberg falava deste relato paulino como fonte histórica primitiva do fenômeno das aparições do ressuscitado relatado posteriormente pelos evangelistas (cf. PANNENBERG, W. *Teología sistemática* – Creación, antropología y cristologia. Madri: Universidad Pontificia de Comillas, 1996). A exegese feminista pós-moderna colocou a ênfase da experiência da ressurreição narrada por Paulo como um tema do presente em que a vida se transforma: JANSSEN, C. "Bodily Resurrection (1Cor 15)? The Discussion of the Resurrection in Karl Barth, Rudolf Bultmann, Dorothee Solle and Contemporary Feminist Theology". *Journal for the Study of the New Testament*, 01/01/2001 [Disponível em https://bit.ly/2zPRUGm – Acesso em 21/10/2018].

nos relatos dos demais evangelhos. Sobre a base dessa narração articularam-se também os relatos das aparições.

A postura de vários exegetas da *Third Quest* enfatizava a impossibilidade de alguma constatação do acontecido com o cadáver de Jesus. Pelo que, em sua opinião, era necessário referi-lo unicamente no sentido *teológico* dado pelos relatos neotestamentários que falam do indício de uma vida nova. Hoje, porém, como parte do que alguns já consideram a *Fourth Quest* desenvolve a análise de outras fontes extra canônicas, judaicas por exemplo, para desconstruir a ideia do Jesus histórico. Nesse sentido, Sanders comenta um livro de Geza Vermes, historiador do judaísmo antigo, que forma parte destas novas pesquisas:

> Vermes assinala que Paulo está vinculado de modo primário com "comunicações celestes e visões" e que "deliberadamente dá as costas à figura histórica, ao Jesus segundo a carne". De modo correto Vermes enfatiza a importância da morte de Cristo para Paulo, que se concentrou não tanto na figura histórica, ou inclusive no "Senhor ressuscitado e glorificado, mas no Jesus que entregou seu último suspiro na cruz". Como no caso de João, Vermes reconhece a forma de misticismo distintivo de Paulo. Segundo a sua análise, a morte de Cristo, que em ocasiões chega a descrever como um sacrifício de reparação, de modo mais importante provê a oportunidade para o crente de participar de modo místico na morte e, consequentemente, deixar para trás a vida do antigo pecado. Essa morte mística e vida nova provê ao crente "algo parecido a um salvo-conduto para participar da ressurreição real final", que se encontra no futuro bem próximo[280].

280. SANDERS, E.P. "In Quest of the Historical Jesus". *The New Yorker Review of Books*, 15/11/2001 [Disponível em https://bit.ly/2U7ZV03 – Acesso em 20/10/2018].

Em outra perspectiva, tipicamente moderna, expressa-se o jesuíta Alberto Casalegno, professor na Faje de Belo Horizonte:

> É preciso destacar também que a afirmação de que o corpo de Jesus não foi encontrado no túmulo não deve levar a pensar que essas células vão fazer parte do corpo ressuscitado. Esse corpo, renovado pelo Espírito Santo, não vem do túmulo, mas de Deus, que transforma a pessoa física de Jesus Nazareno. Não se pode, portanto, afirmar que o corpo de Jesus foi levado para o céu da forma como fora sepultado. Proclamando que na manhã de Páscoa o corpo de Jesus não foi encontrado no sepulcro, os evangelhos nada dizem a respeito do destino do cadáver. Discutir sobre seu aporte é una questão ociosa; sua ausência representa o simples "sinal" de transformação que ocorreu na pessoa de Jesus, sem possibilidade de maior precisão. É, portanto, suficiente dizer que o túmulo vazio constitui um sinal "aberto" a várias interpretações, orientando para a fé na ressurreição, obra exclusiva de Deus, fiel à sua Aliança[281].

Esta postura, porém, do biblista brasileiro é problemática porque deixa de lado o "realismo" típico da antropologia hebraica que dá ao corpo (*basar*) uma identidade crucial para a compreensão da pessoa. Confessa-o, assim, por exemplo, o Livro de Jó: "E com a minha própria carne verei Deus" (Jó 19,26b), mostrando uma compreensão da pessoa vinculada sempre à sua "corporeidade" como ser-em-relação com o seu próximo, com o próximo e com o seu criador, não reduzida à sua constituição como organismo celular. Uma amostra reveladora dessa "outra" antropologia do corpo podemos vê-la na seguinte descrição do pensador judeu Raphael Draï:

---

281. CASALENGO, A. *"É o Senhor!"* – Estudo dos relatos da ressurreição no Evangelho de João. São Paulo: Loyola, 2013, p. 61.

No relato bíblico, o homem e a mulher não são levados a unir-se de modo espontâneo. Essa união se produzirá depois da saída do Éden com a comoção de consciência que ela produz (Gn 4,1). Desse primeiro acasalamento – ainda não é possível falar de união – sairão dois seres, designados – porém não nomeados – pelos vocábulos sucessivos: Caim e Abel. Esses dois seres não poderão coexistir, nem seus corpos suportar-se. Caim matará Abel. Será somente com o nascimento do terceiro rebento – seu primeiro filho verdadeiro – que Adão e Eva se terão refeito à união original de ter-se unido formando uma só carne, confusa e protoplásmica, para ser "uma carne – Um(a), unificada e unificante (*bassar eh'ad*) –, dando nascimento a outro ser que recebeu as características originais de *haadam* quando foi criado somente pela graça divina: *tselem* e *demout.* É o que acontece com o nascimento de Chet [Set], chamado de modo explícito *ben*, isto é, filho, com um nome próprio, um *chem* (Gn, 4,25; 5,3). Será somente nesse momento que a direção do humano se modifica: passando de uma gravitação terrestre ou telúrica (*erets* e depois *adamah*) a uma orientação celeste, *chamaym*[282].

Em sentido diferente dessa antropologia hebraica, a exegese ocidental centralizou a teologia da ressurreição com uma ideia do corpo em sentido de um organismo biológico. Seguindo também esse preconceito, ao discorrer sobre a ressurreição de Jesus, a *Third Quest* somente conseguiu verificar os dados historiográficos limitados à literalidade do texto sobre o túmulo vazio, sem poder ir além na compreensão do *sentido* do texto:

Ficamos com a conclusão histórica segura: o túmulo estava vazio, e vários encontros aconteceram não só

282. DRAÏ, R. "L'humain, corps et âme, ou 'haadam' dans la pensé juive". *La pensée de Midi*, no. 30, 2010/1, p. 58-65 [Disponível em https://bit.ly/3dw2sbY – Acesso em 21/10/2018].

> entre Jesus e seus seguidores (incluído pelo menos um inicialmente cético), mas também em pelo menos um caso (o de Paulo; possivelmente também o de Tiago), entre Jesus e pessoas que não haviam estado entre seus seguidores. Considero que a conclusão entra no mesmo tipo de categoria que a morte de Augusto em 14 d.C. ou a queda de Jerusalém em 70 d.C., isto é, no de uma probabilidade histórica tão alta que é praticamente certa[283].

Veremos na seguinte seção deste capítulo o correlato a relação do túmulo vazio que são as narrações das aparições do Crucificado-ressuscitado. De momento, sigamos o evangelista Marcos na reconstrução do acontecido – desde a nossa perspectiva fenomenológica – depois do choque inicial das mulheres ao encontrar um túmulo vazio.

* * *

Uma vez que o Evangelho de Marcos foi o primeiro a ser redigido, seguramente após o ano 70 d.C., trata-se de um texto valioso para identificar o início do *luto* da comunidade que ficou órfã, após a crucifixão do Galileu.

O "final abrupto"[284] da versão curta do Evangelho de Marcos tem sido um dos temas mais discutidos pela exegese do Jesus histórico do século XX. Estava em jogo naquela discussão a busca de um substrato "verificável" da ressurreição, ou a negação de toda fundamentação histórica. O estado da questão foi apresentado pelo reconhecido exegeta espanhol, Rafael Aguirre Monasterio, da seguinte forma:

---

283. WRIGHT, N.T. *A ressurreição do Filho de Deus*. Santo André/São Paulo: Academia Cristã/Paulus, 2013, p. 975.

284. Cf. JUEL, D.H. "A Disquieting Silence: The Matter of the Ending". In: JUEL, D.H. *A Master of Surprise*: Mark Interpreted. Mineápolis: Fortress, 1994, p. 107-121.

> Não há consenso sobre a razão do final em 16,8 nem sobre o valor e a origem dos outros finais [...] Realmente a autenticidade da conclusão de 16,8 está abalizada pela autoridade dos manuscritos que a testemunham e pelo fato de ser *lectio difficilior*, que explica a aparição das outras, uma vez que, ao não compreender os copistas o sentido do final 16,8, acrescentaram um texto breve ou um longo ou ambos juntos para dar ao final do relato um sentido mais lógico [...] A explicação mais provável é que a obra tem um final aberto, como os Atos dos Apóstolos, com a finalidade de convidar o leitor a "ir para Galileia e ver" ali o Ressuscitado (cf. R. Pesch)[285].

Se, desde o ponto de vista da crítica textual moderna o final abrupto do Evangelho de Marcos, com a cena do espanto das mulheres, é um consenso entre os pesquisadores, isso não obsta para que a pergunta *teológica* pelo sentido desse final que deixa em suspenso o leitor seja mantido. Os estudiosos exegéticos pós-iluministas vão necessariamente na perspectiva de encontrar a força *performativa* do texto. Isto é, que o final do Evangelho de Marcos tem uma função prática que consiste em suscitar na pessoa e na comunidade crente uma práxis de continuação dos ditos e obras de Jesus, tal como o realizou na Galileia:

> Marcos apresenta um final abrupto. As mulheres, assustadas, saem e fogem. O texto informa que elas não disseram nada a ninguém, porque estavam com medo. Esse parece ter sido um silêncio temporário, considerando os paralelos. O que Marcos enfatiza é a reação espantada e esmagadora à ressurreição. No início, há um medo quase paralisante. Em Marcos, há um tema sobre a presença do medo, levando uma oportunidade

---

285. AGUIRRE MONASTERIO, R. & RODRÍGUEZ CARMONA, A. *Evangelios sinópticos y Hechos de los Apóstoles*. Estella: Verbo Divino, 1994, p. 122.

> para a fé (Mc 4,41; 5,15; 33,36; 6,50; 10,32-34). É esse tema que o final evoca, conduzindo o leitor a fazer uma escolha sobre o anúncio da ressurreição"[286].

Por outra parte, graças os estudos da semiótica, sabemos que a "obra aberta" típica do final abrupto do Evangelho de Marcos é uma estratégia retórica da literatura antiga, que pode verificar-se também em outros relatos bíblicos. Além disso, como lembra Paulette Skiba, existe uma função narrativa própria deste final abrupto: "O final 'abrupto' tem um propósito: chama o leitor a uma profunda reflexão sobre a história e sobre o significado do discipulado" [*The "shocking" ending serves a purpose: it calls de reader to further reflect on the story and on the meaning of discipleship*][287].

Porém, não esqueçamos que a finalidade prática do Evangelho de Marcos ficará vinculada assim a outros elementos de uma comunidade em gestação – tais como o catecumenato para os neófitos, os ritos de iniciação para os convertidos e a celebração dos sacramentos para a comunidade em gestação – que darão uma feição própria ao cristianismo quando se separe do judaísmo[288] como uma nova prática religiosa.

Com essa reconstrução cronológica dos relatos fundacionais da fé na ressurreição de Jesus, podemos constatar que há uma fonte inicial que fala do túmulo vazio, está incorporada, porém, nos relatos tardios dos evangelistas já marcados, de antemão, pela fé pascal. Bem cedo apareceu a intepretação crente da ressurreição de Jesus por meio dos relatos das aparições, de

---

286. BOCK, D.L. *Jesus segundo as Escrituras.* São Paulo: Shedd, 2006, p. 366.

287. SKIBA, P. "Narrative Criticism: A Narrative on Mark 16,8". In: ALBL, M.; EDDY, P.R. & MIRKES, R. *Directions in New Testament Methods.* Markette: Markette University Press, 1993, p. 77.

288. Cf. AGUIRRE MONASTERIO, R. *Ensayo sobre los orígenes del cristianismo* – De la religión política de Jesús a la religión doméstica de Pablo. Estella: verbo Divino, 2001.

modo que estes foram o correlato inseparável, para a tradição cristã em gestação, dos relatos do túmulo vazio.

Porque, como dissemos, não podemos esquecer que o relato protopaulino das aparições precede cronologicamente ao relato do túmulo vazio. De fato, o texto mais antigo do qual temos notícia sobre a ressurreição é 1Cor 15, que contém um credo pré-paulino de relatos de aparições de que desconhecemos a forma original e a data. Somente sabemos que a carta de São Paulo foi escrita em torno do ano 53 d.C., tão somente após umas décadas depois da crucifixão de Jesus, mas vinte anos antes do relato marcano do túmulo vazio, o que lhe outorga uma precedência cronológica e semântica na semiótica da fé na ressurreição.

4 Os relatos das aparições do *Crucificado que despertou* como símbolo do tempo messiânico

Como ler o *novum* de experiência originária que traz consigo o acontecimento da páscoa de Jesus? É possível para a racionalidade moderno-tardia em que nos encontramos hoje ter acesso ao significado da temporalidade messiânica que inaugurou o *Crucificado que despertou*, conforme a fé teologal da Igreja cristã nascente?

Se a *Third Quest* fracassou na sua pretensão de conhecer de modo objetivo – através da análise estritamente documental das fontes historiográficas – o significado histórico e escatológico de Jesus de Nazaré foi porque desconhecia a importância de outras narrativas que refletiam uma epistemologia diversa à moderna. Como podemos então encontrar o caminho da interpretação performativa que nos permita "viver como sobreviventes" com uma esperança escatológica análoga à da comunidade cristã em luto?

Um dos teólogos sistemáticos do século XX que – em nossa opinião – melhor traduz a *novidade antecipatória* da escatologia jesuânica vinculando-a à tradição cristã primitiva foi Wolfhart Pannenberg:

> Considerando que, na situação na qual Jesus anunciava a sua mensagem, a iminência do futuro escatológico de Deus constituía o motivo da urgência do chamado a converter-se a Ele, após a Páscoa se impôs em seu lugar o motivo da mensagem da reconciliação e redenção realizadas pela morte e ressurreição de Jesus. Posteriormente se recuaria ainda mais o fundamento da salvação, vinculando-se à encarnação do redentor. Esse desenvolvimento deve ser visto na perspectiva da presença antecipada do futuro salvífico que caracteriza já a mensagem e a atuação de Jesus. [...] Ambos os motivos convergem na ideia da encarnação, que é a revelação proléptica da salvação em meio da ainda não consumada história do mundo como expressão da manifestação do Filho eterno de Deus na história terrena de Jesus, perceptível à luz do acontecimento pascal[289].

De fato, a ideia mestra do teólogo alemão para pensar a escatologia é a *prolepsis* ou *antecipação messiânica* que Jesus de Nazaré viveu com a sua comunidade jesuânica, e depois recebeu a Igreja nascente como núcleo do seu anúncio primigênio. Assim o comentam também Theissen e Merz:

> W. Panenberg pretende mostrar que a verdade da mensagem do Novo Testamento sobre a ressurreição de Jesus é provável como acontecimento histórico [*Systematische Theologie* II, 385-405]. Para isso formula três postulados que modificam a imagem moderna do mundo até torná-la compatível com a fé na ressurreição. Postulado de história universal: A história como um processo orientado a um fim somente é compreen-

---

289. PANNEBERG, W. *Teología sistemática*. Vol. II. Madri: Universidad Pontificia de Comillas, 1996, p. 396-397.

sível na sua globalidade. Mas o "todo" somente é alcançável desde o final. A chave da história universal seria, por isso, um acontecimento que antecipa o fim (*prolepsis*). Quando a concepção moderna da história percebe os seus pressupostos implícitos, fica aberta aos acontecimentos prolépticos, mas falta-lhe a sua acreditação última. [...] Pannenberg associa estes três postulados a uma análise das fontes que testemunham historicamente a realidade pascal por meio de "visões" – cujo conteúdo trans-subjetivo Pannenberg procura mostrar como provável –, e por meio do "túmulo vazio", que tem um caráter confirmatório independente. A fé pascal certifica um horizonte de expectativas de caráter geral e apocalíptico. Nelas vem à luz o sentido último da história universal[290].

---

290. A avaliação completa de Theissen e Merz sobre a contribuição de Pannenberg se dá nos seguintes termos: "W. Panenberg pretende mostrar que a verdade da mensagem do Novo Testamento sobre a ressurreição de Jesus é provável como acontecimento histórico (*Systematische Theologie* II, p. 385-405). Para isso formula três postulados que modificam a imagem moderna do mundo até torná-la compatível com a fé na ressurreição. Pressuposto da história universal: A história como um processo orientado a um fim somente é compreensível na sua globalidade. Porém, o 'todo' é alcançável somente desde o final. A chave da história universal seria, por isso, um acontecimento que antecipe o fim ('prolepses'). Quando a concepção moderna da história percebe os seus pressupostos implícitos, fica aberta aos acontecimentos prolépticos, falta-lhe, porém, o seu credenciamento último. Pressuposto antropológico: As 'aparições' de um defunto somente se convertem em 'prolepses' da ressurreição geral num horizonte de expectativas apocalípticas. Este horizonte é verificável antropologicamente: a vida pessoal não conclui neste mundo, mas se orienta para uma permanência ilimitada, por isso, a 'ressurreição' é também um pressuposto de sentido antropológico. Pressuposto científico: Certos fenômenos parapsicológicos mostram que nosso mundo não é algo fechado. As visões e fenômenos similares podem conter um fator objetivo. As ciências naturais não podem emitir, segundo Pannenberg, um julgamento definitivo sobre a impossibilidade, pela lei natural, da ressurreição de um morto a uma vida imperecível. Pannenberg associa estes três pressupostos a uma análise das fontes que testemunham historicamente a realidade pascal através de 'visões' – cujo conteúdo trans-subjetivo Pannenberg procura mostrar como provável –, e através do 'túmulo vazio', que tem um caráter confirmatório independente. *A fé pascal confirma um horizonte de expectativas de caráter geral e apocalíptico. Nelas sai à luz o sentido último da história universal*" (ibid., p. 556-557).

Essa perspectiva *proléptica* da história abalizada por Pannenberg corresponde àquela que Giorgio Agamben descreveu – em tempos pós-modernos, comentando a Carta aos Romanos de São Paulo – como *tempo messiânico*. Refere-se também àquela "temporalidade kairológica" que Heidegger pensou como ser-para-a-morte. Que se realiza, no entanto, na história como uma "contração do tempo que chegou ao seu fim [ὁ καιρὸς συνεσταλμένος ἐστίν/*ho kairós synestalménos estín*]" conforme àquela expressão chave de São Paulo em 1Cor 7,29 que citamos antes.

O *novum* pascal designa, pois, o acesso a uma experiência nova da temporalidade, agora em perspectiva messiânica de *intensificação da redenção* a partir da vida empenhada dos justos. Por isso, parece-nos que fica curto o argumento de Theissen e Merz para falar da realidade pascal, quando afirmam:

> A pergunta básica é: a realidade pascal deve interpretar-se desde as analogias de nosso mundo empírico ou, ao contrário, tal realidade, como irrupção sem analogias de algo "totalmente outro", deve ampliar nosso mundo empírico? Essa disjuntiva se proporia com menos sutileza se tivesse um motivo para abandonar o mundo de nossas analogias empíricas precisamente perante a fé pascal. Esse motivo existe: a páscoa é uma batalha com a morte. Na ressurreição de Jesus manifesta-se um poder enigmático, vencedor da morte. Mas da morte não temos nenhuma experiência [*sic*], somente da vida até a morte. A compreensão a partir de analogias do mundo empírico fica limitada por força a fenômenos deste mundo empírico. Quando abandonamos este mundo (como na morte) e entramos em âmbitos que o transcendem, as analogias de nossa experiência fracassam irremediavelmente. Se não podemos traspassar a morte com analogias de nosso mundo empírico, tampouco podemos conceber o poder do evento pascal, vencedor da morte, em

> conformidade com tais analogias. Esse poder irrompe em nossa vida sem analogias... sob pena de não ser o que parece ser. E enquanto irrompe na vida, é razoável procurar visões análogas e informações extranormais além da morte; mas ao irromper em nosso mundo *desde além da* fronteira da morte, fracassaremos sempre com nossas analogias[291].

Precisamente porque nosso mundo não é apenas empírico, porém, desdobra-se em *outros* registros de temporalidade, é necessário recuperar essa ideia mestra da revelação hebraica, o *tempo messiânico*, que foi secularizada pela filosofia política moderna de Walter Benjamin e seus leitores latino-americanos. Além disso, se a ressurreição designa somente o "totalmente outro", sem nenhum apoio em nossa experiência histórica, não tem significado pertinente para a vida dos sobreviventes de todos os tempos.

Trata-se, por tudo isso, de vislumbrar o fundo *teologal* da história, vista desde o seu reverso certamente como negatividade, mas onde a redenção de Deus opera. Um fundo de *glória* no meio do poder mundano, que Giorgio Agamben recuperou no seu pensamento político pós-moderno através da sua arqueologia teológica da política:

> A filosofia e a ciência da política têm omitido sugerir as perguntas que, sempre que se consideram, desde uma perspectiva genealógica e funcional, as técnicas e as estratégias do governo e do poder, aparecem como decisivas em todos os sentidos. De onde extrai nossa cultura – mitológica e factualmente – o critério da politicidade? Qual é a sustância – ou o procedimento ou o limiar – que permite conferir a algo um aspecto propriamente político? A resposta que sugere nossa investigação é: a glória, em seu duplo aspecto divino e humano, ontológico e econômi-

291. Ibid., p. 557-558.

> co, do Pai e do Filho, do povo-sustância ou do povo-comunicação. O povo – real ou comunicacional – ao que de algum modo hão de remeter inevitavelmente o governo por consentimento *governement by consent* e a *oikonomia*, é, na sua essência, aclamação e *doxa*[292].

Nesse sentido, parece-nos mais radical o argumento de Pannenberg sobre a *prolepsis* como antecipação messiânica da plenitude do Reinado de Deus. Uma promessa de redenção que age de modo eficaz na história, através das ações prolépticas ou "antecipadoras" da comunidade crente.

Além disso, e não é menos relevante, no argumento de Theissen e Merz falta um ator fundamental: as comunidades em luto e resistência. Elas são o correlato daqueles que se foram: a comunidade de Jesus e as comunidades dos sobreviventes da violência global. Esse dado empírico será a analogia fundacional que retomaremos no seguinte item deste capítulo para a compreensão *messiânica* da ressurreição dos justos e do Justo, que afeta nossas vidas, suscitando práxis de resistência, dignidade e esperança.

O luto das mulheres: do emudecimento, as lágrimas e o anúncio

A exegese bíblica derivada da *Third Quest* costuma validar o aspecto *messiânico* do luto das mulheres, tal como é descrito pelo relato marcano original, como rastro de uma comunidade marcana perseguida por seu conflito com as autoridades romanas e judaicas na Galileia[293]. Nesse contexto, os relatos das aparições nesse Evangelho seriam textos acrescentados posteriormente por um segundo redator. O que mantém o autor da versão curta do túmulo vazio, no Segundo Evangelho, é a vigência do "segredo

---

292. AGAMBEN, G. *El Reino y la Gloria* – Por una genealogía teológica de la economía y el gobierno. Valencia: Pre-Textos, 2008, p. 279.

293. A este respeito, cf. HORSLEY, R. *Hearing the Whole Story*: The Politics of Plot in Mark's Gospel. Louisville: Westminster John Knox, 2001.

messiânico" – presente ao longo de toda a sua obra – em particular em momentos cruciais como a confissão de fé de Pedro em Cesareia de Filipe e, como clímax, no momento de desenlace na sepultura de Jesus.

Por outra parte, segundo a análise retórico moderna, o evangelista Marcos manteria o segredo messiânico nesse relato, através das três atitudes das mulheres em luto: o espanto, o emudecimento e a desobediência. Vejamos brevemente.

A trama narrativa do evangelista Marcos sobre a ressurreição é a *perplexidade* como ponto de partida da fé: primeiro, dos discípulos que abandonam o seu mestre; depois, das mulheres que procuram ativamente embalsamar o cadáver; e, finalmente, o atordoamento que surge pelo fracasso de ambos testemunhos (dos discípulos e das mulheres), o que move a comunidade leitora a uma práxis de seguimento, marcada pelo binômio "buscar-encontrar":

> O grupo das mulheres é motivo de um desenvolvimento significativo ao longo do relato de Mc 16,1-8. É descrito primeiro como uma figura narrativa ativa, com uma intencionalidade clara [sair para comprar os aromas para embalsamar o cadáver de Jesus]; depois, a dimensão passiva, inclusive reativa, impõe-se no relato [...] Tal frustração está vinculada a uma dinâmica central do relato que consiste em *buscar e encontrar* [...] Inclusive a mensagem da ressurreição (v. 6-7) – e não apenas o descobrimento do túmulo vazio – não possui o poder de suscitar uma atitude de fé, porque o silêncio e o medo as paralisam. A trama do Segundo Evangelho parece poder resumir-se numa série de fracassos de incompreensão[294].

294. DETTWILER, A. "Le mystère de la résurrection. Considérations théologiques à propos de Marc 16,1-8". In: ROSE, M. *Histoire et herménejutique* – Mélanges offerts à Gottfried Hammann. Genebra: Labor et Fides, 2002, p. 145.

Embora essa trama narrativa do Evangelho de Marcos nos ofereça luzes sobre o aspecto performativo da ação de seguimento que deseja suscitar em seus receptores, ainda nos faz falta outra dimensão que esteja em íntima relação com o processo de luto de uma comunidade que perdeu o seu mestre. Por isso, é necessário recorrer a outros elementos de análise como veremos a seguir.

Sobre o assombro e tremor das mulheres

O "assombro" das mulheres traduzem o termo grego *ekstasis* que se refere a um estado anímico de "estar fora de si", devido a um trauma físico ou psíquico. Esse termo também é empregado na literatura helenística do I século E.C. para descrever momentos de perda, luto e trauma, assim como estados de interrupção da consciência ordinária devido a experiências do sublime[295].

O comentário da *Anchor Bible* sobre Mc 16,8: "tremendo e cheias de espanto", enfatiza o estado anímico da reação das mulheres perante uma teofania ou angelofania, com seus paralelismos bíblicos no Primeiro Testamento:

> [8]*O tremor e o espanto tomou conta deles* [Gr.: *eichen gar altas tromos kai ekstasis*]. Sobre o medo como

---

295. Assim enfatizam Barbara Cassin e Jacqueline Lichtenstein ao comentar o célebre tratado *Do Sublime*, atribuído ao Pseudo-Longino, escrito sob a influência de Fílon de Alexandria no século I E.C., citando a Homero, Cicero e "ao legislador dos judeus". O texto que descreve a *ekstasis* como o sublime é a seguinte: "Não é a persuasão (*eis peithô*) que as passagens sublimes conduzem o ouvinte ao êxtase (*ei ekstasis*). Sempre e em todas partes quando acompanhado de um trauma, o surpreendente sobrepassa aquilo que nos persuade ou gostamos. A ação da persuasão com mais frequência depende de nós. O sublime, ao contrário, implica um poder e uma força invencíveis, instala-se completamente por cima do ouvinte [...] Quando o sublime estala onde é oportuno (*kairiôs*), é como o raio: dispersa tudo à sua passagem e mostra, concentrada no campo, a potência do orador" (*Do sublime* I, 4, apud CASSIN, B. & LICHTENSTEIN, J. "L'ekstasis sublime" [Disponível em https://bit.ly/2Mn1kvB – Acesso em 20/10/2018]).

> uma reação bíblica típica a uma teofania ou angelofania [...]. Para tremor (*tromos*) e o verbo cognato em particular, cf. Ex 15,15-16; 1Esd 4,36; Sl 104,32; Dn 4,37; 6,26; 10,11; 2Mc 15,23; 4Mc 4,10. Para espanto (*ekstasis*) cf. Gn 15,12; 1Sm 14,15; 2Cr 14,14; 15,5; Zc 14,13. A última palavra tem muitas vezes uma conotação negativa – os maus ficam chocados com o castigo de Deus – mas às vezes tem uma nuança de um medo bom, como em Sl 30,1 e 31,22, e Dan 7,28. Em Gn 15,12, além disso, como assinala Wilfand, Abraão responde a uma teofania inauguradora da aliança com *ekstasis* ("espanto") e *phobos* ("medo", cf. Mc 16,8), e em Dn 7,28 a visão de Daniel causa *ekstasis*, mas não são revelados a estranhos. Cf. também Dn 10,7 Teod., onde o *ekstasis* se apodera dos homens presentes à visão de Daniel, que fogem cheios de medo (*kai ephygon en phobo*)[296].

Num segundo momento, o comentário bíblico citado oferece uma interpretação exegética que enfatiza a importância do contexto histórico de persecução romana que reflete o texto, escrito justamente por uma comunidade perseguida. O que pode resultar útil para compreender o contexto de adversidade, mas não necessariamente o sentido de experiência originária do próprio texto:

> Além disso, um final marcano em 16,8 corresponderia às preocupações marcanas características a respeito da fé, do medo e do silêncio. O medo e, especificamente, a ansiedade com a perseguição que pode resultar da proclamação da mensagem cristã, parecem ser uma preocupação da comunidade marcana, cujo estado emocional está espelhado provavelmente no relato

---

296. *The Anchor Yale Bible* – Mark 8-16 – A New Translation with Introduction and Commentary by Joel Marcus. New Haven: Yale University Press, 2009, p. 1.081.

> em 4,35-41 dos discípulos sacudidos pela tempestade, cercados por escuridão e ondas gigantes e com medo de estarem prestes a morrer. Um final em 16,7-8 que prescinde de descrever aparições da ressurreição reflete ao mesmo tempo este medo, afirma a ressurreição de Jesus e dá lugar à dúvida, correspondendo assim à situação de uma comunidade cristã que acredita no kerygma pascal, mas não viu o Jesus ressuscitado com seus próprios olhos (cf. Jo 20,29)[297].

Essa descrição da narrativa marcana representa uma primeira aproximação de ordem terminológica ao relato, sem dúvida útil, mas que resulta insuficiente porque necessitamos discernir o sentido antropológico – para nós em perspectiva *messiânica* – de tal estado de luto, para encontrar seu fundamento teologal capaz de tocar a vida de outras comunidades em luto.

Em segundo lugar, como parte da estrutura narrativa do relato, é necessário perceber que o "emudecimento" das mulheres contrasta com a loquacidade do mensageiro. Ele é quem leva a pauta na conversação com as mulheres, como sinal da *novidade* do acontecimento que está comunicando. Os exegetas de hoje insistem de que se trata de uma pergunta retórica da parte do mensageiro: "Não os assusteis. Buscais a Jesus de Nazaré, o Crucificado; ressuscitou, não está aqui. Vede o lugar onde o puseram" (v. 6). Conforme a análise retórica, como dissemos, essa frase é própria do estilo argumentativo da época, para suscitar uma resposta na comunidade ouvinte.

No entanto, o que nos parece mais importante é resgatar, justamente nesta parte do relato, a função *performativa* do diálogo do jovem: "Mas ide dizer a seus discípulos e a Pedro que irá à frente deles para a Galileia; lá o verão, como lhes havia dito". Mensagem que contrasta com a passividade, o mutismo e o des-

---

297. Ibid., p. 1.093.

concerto das mulheres, que não sabem como verbalizar o que está acontecendo: "Elas saíram fugindo do sepulcro, pois um grande tremor e espanto tinha se apoderado delas, e não disseram nada a ninguém porque tinham medo..." (v. 8).

A "desobediência" das mulheres foi enfatizada também por autoras feministas da *Third Quest* como Joan L. Mitchell[298]. Segundo essa interpretação, as mulheres do grupo de Jesus não cumpriram a ordem, a petição ou, em todo caso, o envio do mensageiro para ir e avisar os discípulos e a Pedro por um motivo específico: sinal do papel das mulheres na comunidade jesuânica jerosolimitana, com um papel relevante de Maria de Magdala[299], em divergência com as comunidades sob a influência de Pedro.

Certamente essa hipótese sobre os embates de poder entre a comunidade de Tiago e a comunidade de Pedro – ou inclusive naquelas que iniciaram Paulo e Lucas na Ásia Menor – têm sua importância para compreender como se instituiu o patriarcado no cristianismo primitivo. No entanto, nos distanciam do nosso centro de atenção que reside justamente em recuperar o significado antropológico e *messiânico* do testemunho das mulheres nos relatos do túmulo vazio e das aparições do *Crucificado que despertou* que sejam significativos para qualquer outra comunidade em luto pelo aniquilamento dos inocentes.

Até aqui os dados da *Third Quest* que nos permitem reconstruir – na medida das fontes documentais disponíveis e seu con-

---

298. Cf. MITCHELL, J.L. *Beyond Fear and Silence* – A Feminist. Literary Reading of Mark. Nova York: Continuum, 2001.

299. Cf. a análise erudita – pertinente para a teologia contextual – sobre as divergências entre as figuras de Maria de Magdala e Pedro nas origens do cristianismo: BERNABÉ UBIETA, C. "María Magdalena: la autoridad de la testigo enviada". In: BERNABÉ UBIETA, C. (org.). *Mujeres con autoridad en el cristianismo primitivo.* Estella: Verbo Divino, 2007, p. 19-48 [Disponível em https://bit.ly/3gQVbpi – Acesso em 20/10/2018].

texto – o que aconteceu com o túmulo vazio conforme o relato marcano.

O mais significativo para a nossa indagação em curso vai além do sobressalto das mulheres perante o túmulo vazio, na manhã da páscoa de Jesus, porque o "estupor" se revela como um indício de algo a mais. O relato não se detém, mas abre um suspense: Marcos conclui com o emudecimento das mulheres e seu posterior silêncio, diante da missão que lhes fora encomendada. Algo que será necessário ressignificar.

Uma nova perspectiva: o luto das mulheres como parte do **kerygma** *pascal*

É importante mencionar para isso um elemento crucial – resultado das investigações de Carmen Bernabé Ubieta e outras exegetas e teólogas feministas – sobre o papel das mulheres na formação do *kerygma* pascal. A pesquisadora espanhola resume a sua hipótese nos seguintes termos:

> [...] Pode-se afirmar a existência de um núcleo histórico que parece impossível negar se nos atermos à plausibilidade de efeito que deixou a sua marca nas tradições e também à plausibilidade contextual: várias mulheres discípulas (ou Maria Magdalena só) vão ao túmulo para viver o luto e têm uma experiência pela qual sabem que Jesus crucificado não está ali, que ressuscitou. Um aprofundamento nos ritos de luto e, sobretudo, na lamentação que forma parte deles, pode nos ajudar a aprofundar no tema e compreender melhor como estão as mulheres na origem da tradição kerigmática[300].

---

300. BERNABÉ UBIETA, C. "La importancia de los ritos de duelo en la formación del kerigma pascual". *Medellín* 143, vol. XXXVI, jul.-set./2010, p. 406. Uma versão mais desenvolvida pode ser consultada em: BERNABÉ UBIETA, C. "Duelo y género en los relatos de la visita a la tumba". In: BERNABÉ UBIETA,

Em primeiro lugar, é necessário indicar que os ritos de luto das mulheres do grupo de Jesus aparecem somente como "um vestígio" nos relatos neotestamentários, devido provavelmente às divergências entre a liderança de Maria de Magdala e a liderança de Pedro na comunidade jerosolimitana, que depois se resolveu a favor de Pedro na tradição de Lucas e Atos que chegará até Paulo.

Em segundo lugar, convém ressaltar a importância da tradição *oral* que se manifesta nos relatos de aparições. Esta tradição tem os elementos necessários que fazem do luto das mulheres uma parte constitutiva da memória histórica da comunidade jesuânica, que viveu o processo de conformação da fé na ressurreição como experiência de revelação.

E finalmente, outro elemento valioso foram as pesquisas arqueológicas das últimas décadas que permitiu testemunhar a existência de rituais de luto – a cargo de mulheres – em túmulos do I século E.C., em particular onde se venerou desde antigo o túmulo de Jesus.

Além disso, a reconstrução historiográfica do papel das mulheres da comunidade jesuânica se consolida com as análises da antropologia social sobre o papel do luto na rememoração dos defuntos na cultura hebraica e grega da época.

Todos esses elementos, permitem afirmar com toda plausibilidade o papel decisivo das mulheres da comunidade de Jesus – através de rituais de luto, lágrimas, memória e tradição oral – na conformação da fé na ressurreição que se condensou no *kerygma* pascal: "o Crucificado despertou".

* * *

Aquilo que aconteceu à comunidade jesuânica após a experiência do túmulo vazio que as mulheres e alguns discípulos vi-

---

C. & GIL, C. (orgs.). *Reimaginando los orígenes del cristianismo* – Homenaje a Rafael Aguirre en su 65º cumpleaños. Estella: Verbo Divino, 2008.

veram, que mencionaremos brevemente aqui, como correlato da experiência do luto da comunidade messiânica e que será motivo de futuras indagações.

Recordemos, por agora, que os relatos das aparições são comuns aos quatro evangelistas, embora em diferentes versões e, às vezes, até contraditórias. De fato, essas experiências de encontro com o *Crucificado que despertou* são o início de uma nova fé que conhecemos como fé na ressurreição dos mortos, e que nasceu como uma reinterpretação do judaísmo messiânico.

Assim descrevem o nascimento do "judaísmo messiânico", de modo sintético, Theissen e Merz:

> Após a sua morte apareceu, primeiro a Pedro ou a Maria Magdalena, depois a mais discípulos, coletivamente. Estes chegaram à convicção de que estava vivo. Sua esperança de que Deus intervisse definitivamente como salvador tinha se realizado de modo diferente ao imaginado por eles. Tiveram de interpretar de novo tudo o que se referia ao destino de Jesus e à sua pessoa. Reconheceram que era o Messias, mas um Messias paciente, algo com o que eles não haviam contado. Recordaram que Jesus dizia "o homem" para referir-se à sua pessoa... exatamente quando aumentavam as expectativas sobre ele. Tinha dado uma dignidade messiânica ao conceito geral de "homem" e esperou assumir o papel desse "homem" e realizá-lo num futuro próximo. Agora viram claramente que ele era "o homem" ao que Deus outorgou, conforme a profecia de Dn 7, todo poder no céu e na terra. Para eles, Jesus foi ocupar o seu lugar junto de Deus. A fé cristã nasceu como uma variante do judaísmo: um judaísmo messiânico que somente no curso do I século foi se separando paulatinamente da sua religião-mãe[301].

---

301. THEISSEN, G. & MERZ, A. *El Jesús histórico*. Op. cit., p. 622.

Embora seja valiosa a interpretação da *Third Quest* sobre o nascimento da fé na ressurreição como expressão de um judaísmo messiânico, necessitamos agora ir além para recuperar o sentido *originário* de tal messianismo. Para consegui-lo, a análise textual é insuficiente, por isso a necessidade de recorrer a outras racionalidades presentes no mundo da Bíblia.

De fato, a pergunta sobre o sentido *teológico* da ressurreição ficou aberta, após mais de um século de prolíficas pesquisas do Jesus histórico. De fato, os teólogos modernos, que dependeram excessivamente dessa racionalidade iluminista, encontraram-se com um impasse, impossibilitados para dar razão do *novum* escatológico que inaugurou a páscoa de Jesus:

> A ressurreição de Jesus executado na cruz, que o Novo Testamento afirma com unanimidade, se contradiz com a imagem moderna do mundo. Tomando por critério os axiomas do método histórico de Troeltsch, a ressurreição de Jesus não pode ser um acontecimento histórico: carece por definição de analogias na história, não tem uma causa intra-histórica (contradiz-se com o princípio de correlação) e, desde a consciência crente, não pode ser avaliado com base no julgamento da probabilidade, porque implicaria reconhecer a possibilidade de que não seja um fato histórico. Na hora de traduzir esta fé pascal na linguagem do nosso tempo há, em princípio, duas possibilidades: primeira, interpretar a realidade pascal de forma que possa integrar-se no mundo moderno de crenças; segunda, modificar as premissas modernas da fé pascal. A interpretação da realidade pascal dentro das premissas modernas inclui as explicações racionalistas do túmulo vazio na época do Iluminismo (roubo do cadáver pelos discípulos, morte aparente, traslado) e suas variantes modernas, a teoria da visão subjetiva na teologia liberal em teólogos de hoje a ideia conseguinte

da ressurreição como um *interpretament* ou recurso interpretativo, hoje supérfluo (W. Marxsen, H. Braune, D. Sölle e outros). Entre as interpretações da realidade pascal que modificam as premissas modernas até torná-las compatíveis com a fé pascal está a teoria da visão objetiva, que se apoia nas aparições reais desde outro mundo. Podemos incluir além disso os enfoques de R. Bultmann, K. Barth e W. Pannenberg, que resenhamos mais adiante, como contribuições substanciais à hermenêutica de páscoa no século XX[302].

A exegese moderna subordinou, devido ao seu preconceito "objetivante" do mundo, o simbolismo da Bíblia à primazia do texto que lhe dá consistência narrativa e temática. No entanto, para a exegese pós-iluminista – como a proposta por Carmen Bernabé e a exegese feminista contemporânea – trata-se de redescobrir um processo de revelação que foi compreendido pela teologia antiga e medieval, recorrendo a outras fontes como a liturgia e a incipiente arte sacra. Porque é importante recordar que as tradições narrativas da Escritura não são apenas aquelas que estão explicitamente indicadas nas palavras textuais dos relatos bíblicos, porém é necessário saber "ler nas entrelinhas" – aquele antigo sentido do *inte-legere* latino dos medievais, como uma leitura transversal e temática da Bíblia – o simbolismo hebraico que a atravessa desde o início até o fim.

Segundo a intencionalidade da nossa própria leitura do relato marcano, o processo de *luto crente* que vivem, principalmente, as mulheres do grupo de Jesus – que vão apressadas ao túmulo para embalsamar o cadáver do seu *rabi*, "o justo que fora aniquilado" – aparece como pano de fundo no relato marcano do túmulo vazio.

O primeiro que resgatamos da exegese histórico-crítica e narrativa é que o anúncio mais relevante de toda a história de

---

302. Ibid., p. 553-554.

Jesus de Nazaré – como foi a sua morte e a sua páscoa – é de tal *novidade* que requer de uma nova linguagem. Nem as mulheres, nem os demais discípulos e apóstolos, estavam em condição de articular com palavras o que tinha acontecido.

Foi necessário viver de modo comunitário – em meio a tensões e conflitos de interpretação – um processo de assimilação da ausência-presença de Jesus assassinado para compreender o que tinha acontecido ao *rabi*. E, a partir daí, esse grupo de pessoas da Galileia em luto pode começar a compreender também o que lhes estava acontecendo como comunidade jesuânica em dispersão.

Seguindo o testemunho das aparições narradas pelos quatro evangelistas e pelo redator dos Atos dos Apóstolos, tal processo de luto foi levado a cabo durante a fuga para Galileia[303], com uma chave principal de interpretação do acontecido: relendo as Escrituras e partindo o pão em memória de seu mestre Jesus. Assim o descreve, de modo magistral, o relato dos discípulos de Emaús narrado por Lucas:

> E aconteceu que, quando se colocou à mesa com eles, tomou o pão, pronunciou a bênção, o partiu e o deu a eles. Então abriram-se os seus olhos e o reconheceram, mas ele desapareceu de seu lado. Disseram um a outro: "Não estava ardendo o nosso coração dentro

303. Sean Freyne comenta: "A injunção final do Evangelho de Marcos declara: 'Retornai à Galileia; ali o vereis como ele vos disse' (Mc 16,7). No entanto, Marcos nunca nos diz se esse encontro ocorreu. Ao invés, em Marcos os discípulos precisam recordar que ele disse: 'Eu irei à vossa frente para a Galileia' (Mc 14,28). Seu desafio consistia em descobrir o Jesus ressuscitado como líder, seguindo seu caminho. A jornada deles era uma jornada para descobrir como, à luz das atividades terrenas e palavras dele, os encontros diários com uma variedade de outros, especialmente os fracos e marginalizados – poderia finalmente levar a uma revelação do Outro último, Deus" (FREYNE, S. "The Galilean Jesus and a Contemporary Christology". *Theological Studies*, vol. 70, n. 2, 01/05/2009, p. 297. Cf. tb. sobre a importância da Galileia como chave hermenêutica pascal: JOHNSON, E. "Galilee: A Critical Matrix for Marian Studies". *Theological Studies*, vol. 70, n. 2, 01/05/2009, p. 327-346).

> de nós quando nos falava no caminho e nos explicava as Escrituras?" (24,30-32)[304].

Em suma, se lemos os relatos do túmulo vazio e das aparições como um processo de luto vivido pela comunidade jesuânica, compreenderemos melhor a experiência originária do tempo messiânico que deu nascimento à Igreja como comunidade escatológica, graças à memória dos sobreviventes do Justo aniquilado. Uma memória que se fez escritura *midráshica* da chegada e finalmente realizada do "Filho do homem", de modo paradoxal, mas eficaz, na vida de Jesus de Nazaré, mediante sua execução numa cruz e sua páscoa vivida como resgate e glorificação realizada pelo seu *Abba*.

Desse modo, à luz daquela rememoração do Galileu como o justo vitimado pela violência sacrificial, mas resgatado pelo seu *Abba* – memória que foi realizada justamente pela comunidade jesuânica em luto – a experiência de ausência-presença se traduz numa práxis performativa de seguimento. De modo paradoxal, aquela comunidade em dispersão congregou-se novamente, agora como comunidade *messiânica* para viver o tempo escatológico.

Finalmente, fazendo memória dos "ditos e obras" de Jesus, a Igreja nascente pode confessar que "o Crucificado despertou" como "primeiro nascido dentre os mortos", encontrando sentido ao seu luto.

* * *

304. "καὶ ἐγένετο ἐν τῷ κατακλιθῆναι αὐτὸν μετ᾽ αὐτῶν λαβὼν τὸν ἄρτον εὐλόγησεν καὶ κλάσας ἐπεδίδου αὐτοῖς. [31]αὐτῶν δὲ διηνοίχθησαν οἱ ὀφθαλμοὶ καὶ ἐπέγνωσαν αὐτόν; καὶ αὐτὸς ἄφαντος ἐγένετο ἀπ᾽ αὐτῶν. [32]καὶ εἶπαν πρὸς ἀλλήλους: οὐχὶ ἡ καρδία ἡμῶν καιομένη ἦν [ἐν ἡμῖν] ὡς ἐλάλει ἡμῖν ἐν τῇ ὁδῷ, ὡς διήνοιγεν ἡμῖν τὰς γραφάς".

Corolário: o túmulo vazio como midrash *cristão do poço de Jacó*

Como corolário deste capítulo, relemos agora com outros olhos, ao modo de *midrash* pós-moderno, o relato marcano do túmulo vazio.

Retomemos primeiro a reconstrução da morte e ressurreição de Jesus que propõe a *Third Quest*. Sua crucifixão e morte aconteceram na véspera do *Shabbat*. O que explica o rápido sepultamento sem a tradicional limpeza e unção do cadáver, colocando-o provavelmente numa fossa comum, graças à intervenção de José de Arimateia, "um homem justo" que não fazia parte do grupo de Jesus, mas que teve compaixão do inocente vitimado.

A impossibilidade de cumprir com as prescrições judaicas para enterrar os mortos, fez com que as mulheres aguardassem que passasse o dia ritual de descanso para iniciar a cerimônia funerária de Jesus, começando primeiro na mesma noite do dia sagrado: "Passado o sábado, Maria de Magdala, Maria de Tiago e Salomé compraram perfumes para ir ungir o cadáver" (Mc 16,1), afirma o relato de Marcos, a fonte mais antiga que fala do túmulo vazio onde depositaram o cadáver de Jesus. E no versículo seguinte acrescenta: "Bem de madrugada, o primeiro dia da semana, ao raiar o sol, chegam ao túmulo" (v. 2).

Como já vimos, é aqui que os relatos dão conta de uma experiência assombrosa, descrita por aquelas três mulheres que foram ao sepulcro: o túmulo está vazio, o cadáver não está aí. Faziam parte do grupo de Jesus as que foram ao túmulo. Porém, emudeceram ao ver o túmulo vazio: "Entrando no sepulcro viram um jovem sentado à direita, vestido com uma túnica branca, e se assustaram" (v. 5). Mas não responderam ao anúncio daquele jovem: "Não vos espanteis. Procurais Jesus de Nazaré, o Crucificado; despertou, não está aqui. Vede o lugar onde o colocaram". E continuaram chocadas diante das palavras de um mandato que, descreve o relato, lhes foi dado da parte de um jovem que estava diante do túmulo vazio: "Mas ide dizer a seus discípulos e a Pedro que irá à frente deles a Galileia, lá o vereis, como havia dito" (v. 7).

E conclui de modo abrupto na sua versão original – conforme o consenso de todos os exegetas[305] – do relato marcano: "Elas saíram fugindo do sepulcro, pois um grande tremor e espanto tinha se apoderado delas, e não disseram nada a ninguém porque tinham medo..." (v.8).

Então começa a história da interpretação do horror da morte de um inocente, da parte de uma comunidade em luto que teve de aprender "a reler as escrituras e partir o pão" para compreender o que tinha acontecido ao seu *Rabi* executado.

* * *

Lembremos, em segundo lugar, que esse testemunho do túmulo de Jesus foi relido também pelos outros três evangelistas, como parte de uma incessante reescritura *midráshica* da história do Nazareno. Porém eles o fizeram à luz das narrações das aparições do Crucificado-ressuscitado que contaram algumas mulheres, discípulos e apóstolos.

Todos eles foram testemunhos de algo *novo* e inusitado que lhes tinha acontecido como comunidade em luto ao fazer memória de Jesus, de suas palavras e suas obras. Foi parte do processo para assimilar a sua ausência que dói e, no meio dessa dor, descobrir alguns lampejos de uma inovada presença.

Não se deve esquecer que o *midrash* é uma técnica rabínica de leitura orante e receptiva da Torá, praticada pela comunida-

---

305. A respeito do estado recente da questão do final abrupto do Evangelho de Marcos, cf. WARGNIES, P. "Marc 16,1-8 – Les femmes et le jeune homme dans le tombeau". *Nouvelle Revue Théologique*, vol. 132, n. 3, 2010, p. 368-385.

de judaica desde a antiguidade[306]. Está orientada a encontrar os sentidos latentes no texto sagrado, com a ajuda dos mestres da Torá. Esta técnica era empregada pelos judeus como parte da sua formação e iniciação ao mistério da revelação divina a cargo dos fariseus e foi, sem dúvida, parte dos costumes de Jesus e da sua comunidade messiânica em formação.

Examinemos brevemente uma proposta de releitura midráshica do túmulo vazio descoberto pelas mulheres. Trata-se de compreender o relato do túmulo de Jesus como um extraordinário *misdrash* cristão do poço de Jacó e dos tempos messiânicos que a sua páscoa tinha inaugurado.

Essa intuição foi proposta inicialmente, há décadas, por Annick de Souzenelle[307], a polêmica autora francesa. Sugeriu in-

---

306. Christoph Rico descreve a hermenêutica midráshica hebraica como uma interpretação livre das palavras mais do que os enunciados de uma tradição: "Assim, a julgar pelos comentários rabínicos da antiguidade ou da Idade Média que pudemos preservar, a interpretação é muitas vezes abalizada nas conexões entre raízes e na pluralidade de possíveis significados para um determinado termo: uma palavra permanece sempre um símbolo de uma realidade mais elevada. Este tipo de interpretação pode ser encontrado desde a Mishná. A este respeito, o exemplo fornecido pelos textos do Midrash permanece emblemático. A multiplicidade de significados de cada palavra na Escritura é muitas vezes baseada nas diversas situações de um termo em outras passagens da Bíblia. A Escritura é concebida como um todo unitário, a intertextualidade (devemos falar de intratextualidade dentro de um único livro constituído pela Bíblia) é a regra aqui. Ele fundamenta a natureza múltipla da interpretação, onde a diversidade de significados invocados para uma determinada palavra (princípio da mahloqet) conduz a uma conservação cumulativa de diferentes opiniões" (RICO, C. "Aux sources de l'herméneutique occidentsale: les premier commentaires dans les traditions grecque, juive et chrétienne". *Rhétoriques méditerranéennes*, n. 7, 2003, p. 45 [Disponível em https://bit.ly/303uVCf – Acesso em 24/10/2018]).

307. "É novamente perto de uma fonte de água, um poço, que Jacó reencontra a mulher que se tornará sua esposa, Raquel. Ela chega com o seu rebanho para dar de beber. Mas a pedra que cobre o poço não pode ser removida até que todos os rebanhos estejam reunidos, ao entardecer. Jacó não espera pelo momento, rola a pedra, dá de beber ao rebanho de Labão, seu tio, o pai de Raquel, e chora de emoção" (DE SOUZENELLE, A. "Le principe féminin dans la Bible". *Revue 3ème Millénaire,* ancienne série, n. 13, mar.-abr./1984 [Disponível em https://bit.ly/36U5oNi – Acesso em 30/12/2018]).

terpretar o relato da “Pedra removida” do túmulo de Jesus à luz dos significantes de alto sentido messiânico, a saber: a “pedra removida” do poço por Jacó pelo amor que tinha por Raquel; e a menção de “Galileia” como lugar de encontro das discípulas e os apóstolos com *o Crucificado que despertou*.

De fato, em hebraico a raiz do verbo “remover” é לִגְלוֹל (*lig’lol*) e seu particípio passivo גָּלוּל (*galul*) relaciona-se com ambos termos. Em primeiro lugar, com o poço de Jacó que é símbolo dos *dons* da redenção que, como água para saciar a sede, são oferecidos a Maria de Magdala como “nova Raquel” por Jesus ressuscitado, o “novo Jacó”. E, em segundo lugar, indicando a Galileia como o lugar de revelação da vida plena própria dos tempos messiânicos.

De fato, como auge de todo esse processo, podemos reconhecer que as ressonâncias terminológicas do relato marcano são contundentes ao falar da pedra removida do túmulo (raiz *galal* em hebraico), fazendo um jogo de palavras com o envio a Galileia: o túmulo de Jesus é a “porta” para entrar na Galileia como lugar emblemático dos ditos e obras do Nazareno como filho do homem e messias.

* * *

Existe um terceiro elemento a considerar sobre a apropriação *midráshica*.

Um acontecimento originário tão relevante como a páscoa de Jesus foi contado mediante outras narrativas, como as que empregava, por exemplo, o culto primitivo na liturgia cristã. Um título cristológico antigo para nomear Jesus crucificado presente na comunidade é o de “primeiro nascido dentre os mortos” [πρωτότοκος ἐκ τῶν νεκρῶν]. Título que se encontra no hino cristológico de autor anônimo que recolhe São Paulo na sua carta à comunidade de Colossos (Cl 1,18) em perspectiva de título messiânico:

> "Primeiro nascido dentre os mortos" pode ser interpretado como um paralelo destas expressões, o que significa que Ele que saiu dentre os mortos é quem ressuscitou. "Saído dentre os mortos", então, é a descrição de um atributo distintivo do "primeiro nascido", e "primeiro nascido" é no 1,15 a designação de uma hierarquia e, por conseguinte, um título real (messiânico)[308].

Segundo a exegese moderna, este hino protocristão da Carta aos Colossenses é também um *midrash* cristão, tal como a comenta Fréderic Manns:

> [...] um *midrash* cristão de Gn 1,1 que foi composto provavelmente por um judeu-cristão formado na mentalidade judaica, quem para conseguir que fosse admitida a ressurreição de Jesus por seus irmãos, retomou o midrash de Gn 1,1 para cristianizá-lo[309].

Trata-se, assim, de um rastro do luto dos discípulos que, agora na escrita de um autor judeu-cristão desconhecido, conseguem reler as escrituras hebraicas – como o fizeram os discípulos de Emaús descrito pelo Evangelho de Lucas – num exercício de recuperação da vida de Jesus de Nazaré, vinculando-o à Sabedoria divina que acompanha Deus no ato da criação exposto no relato da criação pelo Livro do Gênesis.

---

308. "'Primogênito dos mortos' pode ser interpretado como um paralelo destas expressões; o que se quer dizer é: Aquele que saiu do meio dos mortos, ou seja, Aquele que ressuscitou. 'Dos mortos', portanto, é a descrição de um atributo distintivo especial para o 'primogênito', e 'primogênito', como em 1,15, é uma designação de categoria social e, portanto, um título real (messiânico)" (BARTH, M. & BLANKE, H. *Colossians*. Nova York: Doubleday, 1994, p. 209 [The Anchor Bible, vol. 34b]).

309. MANNS, F. "Col 1,15-20: Midrash chrétien de Gen 1,1". *Revue des Sciences Religieuses*, vol. 132, n. 3, 1979, p. 109.

Dado que a incipiente teologia cristã das primeiras duas gerações cristãs tinha outro método e outra epistemologia – bem diferente à racionalidade moderna "objetivante" – é necessário resgatar outros elementos de narrativa simbólica para expor a vida de Jesus.

* * *

Sigamos analisando a pista aberta por Annick de Souzenelle. Outra mulher exegeta do século XX, Annie Jaubert, comentava também a relação entre o túmulo de Jesus e o poço de Jacó, a partir da perspectiva hermenêutica da *água viva* no diálogo de Jesus com a mulher samaritana, narrado pelo Quarto Evangelho (Jo 4,14). No contexto do Quarto Evangelho, trata-se de uma cena própria da confrontação de Jesus com o judaísmo jerosolimitano que desprezava os samaritanos. A este respeito a biblista francesa comenta:

> A água que Jesus ofereceria, ao contrário, seria água definitiva, a água dos tempos messiânicos que nunca acabaria, a água que jorraria para a vida eterna. Assim como no episódio das bodas em Caná, onde a água das purificações judaicas foi substituída pelo ótimo vinho fornecido por Jesus, a água vivificante de Jacó seria substituída pela água viva de Jesus, o antigo regime pelo novo regime, o espírito de santidade animado pela Lei através do Espírito Santo que Jesus daria quando "chegasse a hora"[310].

A *água viva* que Jesus oferece à samaritana é, desse modo, uma nova expressão do poço de Jacó, mas agora brotando "até a vida eterna", em sinal da chegada dos tempos messiânicos.

---

310. JAUBERT, A. "La symbolique du puits de Jacob". In: *L'homme devant Dieu* – Mélanges offerts su père Henri de Lubac. Lyon: Aubier, 1963, p. 73.

* * *

Finalmente, um quarto elemento da leitura *midráshica* do túmulo de Jesus são "as lágrimas" das mulheres, como parte do ritual de luto que já mencionamos anteriormente.

Tanto no Oriente quanto no Ocidente, falava-se desde antigamente da "teologia das lágrimas" como um modo eminente de conhecimento de Deus e seu desígnio sobre o cosmos. E o exemplo principal era Maria de Magdala, como primeira testemunha da ressurreição, pelo que a tradição a chamou desde outrora *apostolorum apostola*[311], isto é, "apóstola dos apóstolos", uma vez que foi ela a encarregada de pregar o anúncio da realização das promessas na manhã da páscoa de Jesus.

Nesse espírito, os Padres do Deserto na Síria, no século IV, celebravam com um hino litúrgico o caminho mistagógico – ou de iniciação ao mistério divino-humano – que Jesus de Nazaré revelou na sua ressurreição a Maria de Magdala. Foi ela quem melhor compreendeu o *novum* dos tempos messiânicos através de suas lágrimas. O hino dizia assim:

> No domingo Maria apressa-se para o túmulo do Filho Único Amado.
> Enquanto se aproxima envolta em prantos e suas abundantes lágrimas vertidas
> pelo Primogênito assassinado pelos ímpios,
> ela encontra o túmulo aberto e um anjo sentado ao lado.
> O anjo abriu sua boca de fogo para dizer à bendita:

311. Título da tradição cristã antiga de Rábano Mauro e medieval de Tomás de Aquino. Há pouco foi reconhecido num documento pontifício, pelo Papa Francisco, ao decretar a celebração litúrgica de Santa Maria Madalena como "festa" para toda a igreja universal (cf. CONGREGAÇÃO PARA O CULTO DIVINO. *Decreto Apostolorum Apostola.* Cidade do Vaticano, 03/06/2016, [Disponível em https://bit.ly/3dsP5cE – Acesso em 24/10/2018]).

"O Filho do Rei ressuscitou e está sentado à sua direita".
Os anjos e os espíritos do alto
entoam um cântico a Deus que ressuscitou da cova (*Guha*):
"Santo és tu"[312].

O conteúdo do hino recria, com uma nova métrica em inglês, a melodia antiga. Porém, sobretudo, o conteúdo do hino dá conta do sentido *teológico* do túmulo vazio e aberto que é transformado pelo movimento de significação que circula entre as lágrimas de Maria de Magdala, a palavra do anjo com boca de fogo e o anúncio da glória que acompanha a quem retorna do *Sheol*.

Notemos que o hino já não chama túmulo à sepultura de Jesus, mas *cova*, *Guha*, na língua síria. Um poderoso oximoro cristão antigo para ressignificar o caminho de Jesus ao *Sheol* por onde, o sábado santo, foi "procurar Adão e Eva, para trazê-los consigo à vida nova". Um símbolo que a liturgia do Sábado Santo ou das "boas-novas" é até hoje celebrado pela liturgia siro-malkara no sul da Índia para designar essa *vacuidade* que fora transformada de lugar onde jazem os mortos, para uma passagem ao mundo subterrâneo, de onde o *Crucificado que despertou* retorna acompanhado dos justos da história.

Esse hino perdura até os nossos dias como preciosa chave de leitura do túmulo vazio, entoado antes da alvorada do primeiro

---

312. "On Sunday Mary hastens to the tomb of the Uniquely-Beloved Son./While weeping and shedding abundant tears over the Firstborn killed by the wicked, she finds the tomb open and an angel sitting by the side./He opens His mouth of fire and says joyously to the blessed one,/'The Son of the King has risen and is seated at the right hand'./The angels and the spirits on high sing, 'Holy are You'/to God who is risen from the grave" (ACHARYA, F. (org.). "The Great Fast of the Resurrection. Hymn". In: *Prayer with the Harp of the Spirit. The Prayer of Asian Churches* – Vol. III: The Crown of the Year. Parte II. Kerala: Kurisumala Ashram, 2009, p. 619).

dia da semana, no meio da noite, pelos monges do Ashram de Kurisumala, em Kerala[313].

* * *

Um elemento final desta leitura *midráshica* do túmulo de Jesus é o "descenso aos infernos" do sábado santo, dia da comemoração do enterro de Jesus na liturgia antiga.

Já não se trata de um elemento narrativo dos evangelhos, mas sim do *Symbolum Apostolorum*[314] atribuído pela tradição cristã ocidental aos apóstolos. Sua versão mais antiga se remonta à liturgia batismal romana ao redor do ano 200 E.C.: "*Passus sub Pontio Pilato, crucifixus, murtuus, et sepultus, descendit ad inferos, tertia diem resurrexit a mortuis, ascendit ad caelos, sedet ad dexteram Patris omnipotentis, inde venturus est iudicare vivos et mortuos*". Não é fruto de debates doutrinais em contextos de heresias, como apontam Sarot e Van Wieringen[315], mas de práticas sacramentais o que lhe concede um caráter único na conformação do credo cristão.

---

313. Cf. uma descrição pessoal desta liturgia eucarística siro-malákara em: MENDOZA ÁLVAREZ, C. *Travesías indianas*. México, 2019 [no prelo].

314. DENZINGER, E. *Enchiridion Symbolorum*, 4, 4b (PL 21, 335B). Van Geest comenta: "Desde o final do século IV, a expressão ocorre no *Apostolicum*, embora não em todas as versões. Por isso, os estudiosos presumem que o artigo da descida aos infernos foi acrescentado ao texto no Norte da Itália no final do século IV e que dali se difundiu para outras regiões no decurso dos séculos. A versão latina do *Apostolicum* traz: *descendit ad inferos*; a versão grega traz: *Ele desceu às regiões inferiores*; ou seja, os termos *Hades*, *gehenna* e *infernum* não são usados. O Credo Atanasiano contém o artigo sobre a descida ao inferno (art. 36), mas o Credo Niceno-Constantinopolitano não. Também não é mencionado no credo registrado pelo próprio Agostinho, em *Sermo* 215" (VAN GEEST. "Augustine's Certainty in Speaking about Hell". In: SAROT, M. & VAN WIERINGEN, A.L.H.M. (orgs.). *The Apostles' Creed 'He descended into Hell'*. Leiden/Boston: Brill, 2018, p. 44).

315. Cf. SAROT, M. & VAN WIERINGEN, A.L.H.M. "Theology from the Abyss – A Multidisciplinary Approach to Christ's Descent into Hell". In: SAROT, M. & VAN WIERINGEN, A.L.H.M. (orgs.). *The Apostles' Creed 'He descended into Hell'*. Leiden/Boston: Brill, 2018, p. 1-8.

O artigo *descendit ad inferos* do Símbolo dos Apóstolos designa com clareza meridiana o sentido último do túmulo vazio que chegou a Ocidente por influência da Igreja oriental[316]: já não apenas como poço de Jacó dos tempos messiânicos, mas como porta de entrada ao *Sheol* ou mundo subterrâneo onde jazem presos os justos e os inocentes que foram executados.

Trata-se, por isso, do último elo que temos para unir o cristianismo antigo com os relatos primitivos do túmulo vazio, para encontrar o rumo da lógica da redenção que foi realizada por Jesus, desde a radicalidade da sua morte na cruz com a "insurreição" messiânica que significou a sua ressurreição.

Por isso, o Sábado Santo é um *intervalo* do drama da redenção, uma pausa e um silêncio preciosos para não perder o fio da temporalidade messiânica que acontece com a páscoa de Jesus. O túmulo vazio então se torna uma cova (*Guha*), uma passagem por onde Jesus como "filho do homem", entra para resgatar a humanidade toda, simbolizada nos primeiros pais, Adão e Eva.

A teologia antiga dos símbolos cristãos percebeu a importância desse artigo do Credo dos Apóstolos:

> Segundo Jean Daniélou, "a descida ao inferno era um tema de importância crucial para o cristianismo judaico" (1,233) e como observa Henry Chadwick, ao falar das Odes de Salomão, obra do final do século I, "a descida ao inferno foi o momento decisivo do processo de redenção" (1970, p. 268). Era no Sheol, no Hades ou no inferno que as almas dos justos e dos puros, dos judeus perseguidos e martirizados, aguardavam a libertação final que lhes fora prometida. Foi para lá que Jesus desceu através do enterro, para libertar *aqueles que*

316. Cf. ROUWHROST, G.A.M. "The Descent of Christ into the Underwordl in Early Christian Lictyrgy". In: SAROT, M. & VAN WIERINGEN, A.L.H.M. (orgs.). *The Apostles' Creed 'He descended into Hell'*. Leiden/Boston: Brill, 2018, p. 54-78.

dormiam – como eles eram chamados –, levando-os numa ressurreição triunfante e numa ascensão conjunta. No entanto, por mais que este episódio tenha sido importante algum dia, pode-se dizer que ele sequer foi mencionado no Novo Testamento (Dalton, 1965) e há apenas sinais de sua presença na breve afirmação do credo apostólico de que "ele desceu ao Inferno"[317].

Desse modo, a tradição cristã primitiva manteve assim viva e atuante a compreensão da obra da redenção como um processo universal e trans-histórico: não apenas enquanto ao futuro que se antecipava com as primícias do Crucificado-ressuscitado, mas ao passado que fora redimido de sua contradição de morte pelo Messias que descende aos infernos.

317. CROSSAN, J.D. *O Jesus histórico* – A vida de um camponês judeu do Mediterrâneo. Rio de Janeiro: Imago, 1994, p. 426.

V
A ressurreição como "insurreição messiânica" de temporalidade kairológica e antissistêmica

Chegamos ao capítulo final deste livro dedicado a pensar a ideia da ressurreição em perspectiva pós-moderna e decolonial.

Partimos do clamor das vítimas do século XXI, tal como chega até nós através de sua palavra e do seu luto, por meio dos movimentos sociais de familiares de pessoas desaparecidas ou assassinadas, no contexto da violência sistêmica própria da globalização do capitalismo, o patriarcado, o colonialismo e a religião sacrificial. Mas a força de suas resistências, acompanhada pela busca da verdade, da dignidade e da justiça, já aparece como um indício de esperança, não apenas para elas, mas para uma humanidade ferida de morte.

No segundo momento nos ocupamos da tarefa de recolher o pensamento crítico que analisa os cenários, os processos, os atores, as causas e as possibilidades de realização da *mudança de mundo* que a humanidade almeja, no contexto da dominação hegemônica do necropoder de nossos dias. Apontamos a importância da compreensão do "mal sistêmico" que padece a humanidade, assim como a radicalidade das vias de superação dessa exclusão.

Posteriormente, com a finalidade de enfocar nossa reflexão no luto das vítimas como o plano de fundo antropológico e simbólico para enfrentar a ausência das pessoas que foram desaparecidas ou aniquiladas pela violência sistêmica, analisamos as contribuições da psicanálise no trabalho de luto. Fomos ainda mais longe do que a primeira proposta de Freud, na perspectiva aberta por Lacan no *Seminário VI*, a fim de incluir no processo de cura dessa ferida indelével – que é a ausência daqueles que se foram – a dimensão social e *simbólica* da subjetivação dessa ausência. Apontamos, porém nesse momento, a contribuição das epistemologias do Sul no modo de compreensão da morte dos justos e do seu papel como "ancestrais", vinculados de um modo novo à comunidade que lhes mantêm vivos através da memória, a rememoração e a exigência de justiça com verdade, para se abrir à possibilidade da reconciliação pela mediação simbólica e ritual dos ancestrais em comunhão com os vivos.

Desse modo, tivemos as condições de nos perguntar por um "luto prototípico" para as comunidades espirituais de diversa tradição, que professam a sua fé na vida que não acaba, particularmente do cristianismo com a fé na ressurreição dos mortos. Com uma narrativa messiânica *sui generis* centralizada no "filho do homem" – assumida pelo próprio Jesus de Nazaré desde a sua tradição galileia – suas discípulas e apóstolos releram *a posteriori* a vida do Nazareno em perspectiva *escatológica*, através de duas narrativas fundacionais para esse novo modo de viver a temporalidade messiânica: o túmulo vazio e as aparições do *Crucificado que despertou*.

Como parte da cadeia de interpretações *midráshicas* desse movimento messiânico galileu e judaico, o testemunho de Paulo de Tarso será crucial para compreender o sentido kairológico da redenção como vida nova enquanto "contração do tempo" que vivem os justos e que viveu, em toda a sua radicalidade, Jesus de Nazaré, na sua crucifixão e páscoa. Assim abriu-se passagem para o anúncio – na boca do Apóstolo – da *promessa realizada*:

> [...] nós, porém, anunciamos um messias crucificado, escândalo para os judeus e loucura para os gregos, mas para os chamados, tanto judeus e gregos, o messias é potência de Deus e sabedoria de Deus [ἡμεῖς δὲ κηρύσσομεν Χριστὸν ἐσταυρωμένον, Ἰουδαίοις μὲν σκάνδαλον, ἔθνεσιν δὲ μωρίαν, αὐτοῖς δὲ τοῖς κλητοῖς, Ἰουδαίοις τε καὶ Ἕλλησιν, Χριστὸν Θεοῦ δύναμιν καὶ Θεοῦ σοφίαν] (1Cor 1,23-24)[318].

Com essa bagagem narrativa e crítica, nos encontramos agora possibilitados para desenvolver, neste último capítulo, uma reflexão *teológica fundamental* sobre a ressurreição como "insurreição messiânica", em perspectiva kairológica e antissistêmica. Realizá-lo-emos como o começo de uma nova trilogia que nos propomos a desenvolver futuramente – agora centralizada sobre a ideia da *tradição* – dando continuidade desse modo àquela outra trilogia sobre a ideia da *revelação* que elaboramos ao longo das três décadas passadas.

Desse modo, os antigos tratados da teologia fundamental, *De Revelatione* e *De Traditione*, ficarão atualizados, pelo menos em seus aspectos fundacionais, para um novo contexto epistêmico de mudança epocal.

Se a revelação no contexto moderno tardio a interpretamos como uma experiência de subjetividade "declosionada" – onde acontece a redenção como gratuidade de um amor fontal divino, assimétrico e não recíproco – agora nos toca desenvolver uma série de reflexões críticas em torno da ideia da *tradição* – como cultura das comunidades de sobreviventes – que gera exatamente

---

318. *Bible Nestlé Edition*, 1904.

essa experiência *fundacional*. Tradição no sentido da *comunicabilidade* da fé teologal que o cristianismo pós-moderno redescobriu como *an-arquia*, de caráter messiânico e escatológico, inserida na história de dominação e morte, como semente de redenção, graças à vida entregue até o final pelas pessoas justas da história.

Nessa perspectiva da temporalidade messiânica, o *acontecimento originário* da tradição cristã que é a páscoa de Jesus, será lido na perspectiva de um binômio fundacional: a vida entregue do justo e o luto esperançado da parte da sua comunidade de sobreviventes.

Nas páginas seguintes vamos desenvolver esta ideia de ressurreição como "insurreição" – conforme uma experiência de temporalidade messiânica e práxis antissistêmica – apelando a três dimensões da redenção realizada pelas pessoas justas: as *resistências* das vítimas sistêmicas como "insurreição" de linguagens de vida em meio ao horror; a *temporalidade messiânica* relida em chave kairológica como "contração do tempo" que é vivida pelo Justo e pelos justos da história; para concluir com uma descrição da *esperança indignada* como potência de experiência que deriva do *Crucificado que despertou*, experiência que vivem também os justos da história, junto com as comunidades de sobreviventes que mantêm viva a sua memória e assumem a tarefa de uma mudança de mundo como antecipação da redenção.

Com essa bagagem experiencial, narrativa, reflexiva e espiritual, própria das vítimas sistêmicas que conseguiram transfigurar o seu medo em audácia, pensamos que poderemos acompanhar e compreender – com mais proximidade e renovados ímpetos – a chegada da redenção no meio da noite que se prolonga.

Ousamos, porém, propor esta narrativa de ressurreição sabendo que consiste em uma *luz escura*, que levamos como lâmpada para iluminar o caminho no meio da noite. Tal iluminação da inteligência e do coração a vivemos graças à chama viva do "justo injustamente ajustiçado", conforme aquela expressão de Gustavo Gutiérrez há algumas décadas, como rosto do messias sofredor na América Latina.

Essa lâmpada não é outra que a do *Cordeiro que reina degolado* que ilumina a Jerusalém celeste. Sua luz procede de suas feridas e, somente assim, o messias crucificado nos abre o caminho da esperança.

1 Insurreição, resistências e imaginário do mundo novo

A tese principal deste livro consiste em afirmar que a experiência da ressurreição nos é acessível somente a partir da condição de sobreviventes, em qualquer época da história.

São muitas as violências que padece o mundo desde os tempos antigos. A humanidade, na sua diversidade de sabedorias, o narra há milênios. Como parte desta tradição ancestral, a Bíblia coloca no início da sua travessia narrativa, justo depois dos relatos da criação, o relato que conta um assassinato mítico perpetrado por Caim contra o seu irmão Abel, para vomitar sua inveja porque a sua oferenda não foi aceita por YHWH. Nesse relato, poderíamos dizer que o mesmo Caim é um sobrevivente do fratricídio que cometeu, por isso leva marcado um sinal em seu corpo (Gn 4,15), talvez como um fardo que simboliza a culpa que não cessa de marcar sua condição de ser uma pessoa *errante* pela face da terra.

No entanto, no *reverso* da história – aquela que é descrita pela Bíblia *in crescendo*, desde o assassinato de Abel até a crucifixão de Jesus de Nazaré – a violência fratricida é narrada desde a sua negatividade, onde Deus toma o lado dos inocentes vitimados. E é então que aparecem os *outros* sobreviventes, isto é, aqueles que choram a morte dos inocentes. Porque recordemos que, também há muito tempo, mais profundas do que as experiências de morte tem sido as *resistências* daqueles que vivem a ausência de seus mortos com dignidade, resiliência e esperança.

Para compreender "a ressurreição como insurreição" – conforme a memorável expressão de Leonardo Boff já citada anteriormente – é necessário seguir o fio condutor da revelação de Deus da vida no Pentateuco hebraico como fio condutor da ressurreição[319]. Nós, hoje, estamos situados no *outro lado* da promessa da redenção feita ao povo de Israel como primogênito de muitos irmãos, que depois foi estendida a todas as nações pelo cristianismo nascente como um messianismo judaico. No entanto, já desde a morte da primeira geração apostólica, somos conscientes de que esta promessa de redenção tem sido postergada indefinidamente na história. Por isso devemos aprender a ouvir, com o coração e a inteligência ardentes, a indignação que surge do sofrimento dos povos oprimidos. Esse clamor de justiça e seu desejo de liberdade é o *leitmotiv* do Livro do Êxodo e o pano de fundo dos relatos da paixão de Jesus antes da sua crucifixão. Uma história de execução sacrificial que foi relida, *a posteriori*, como redenção e promessa realizadas, à luz da experiência do sepulcro vazio e das aparições a algumas mulheres, discípulos e apóstolos.

Em suma, os relatos fundantes da fé judaica originária – que são a criação do mundo e o êxodo do Egito como nova criação – foram assumidos como seiva vital pela fé cristã para elaborar a sua própria teologia da *redenção realizada* na páscoa de Jesus de Nazaré.

2 As condições (inter)subjetivas da insurreição

A experiência dos tempos messiânicos encontrou um novo vigor no século XXI para pensar a história, o sofrimento, a vida em

319. Cf. LEFEVBRE, P. *Livres de Samuel et réctis de résurrection*: le Messie ressuscite selon les Écritures. Paris: Cerf, 2004.

comum e a esperança que vive o povo de Deus em novos contextos históricos e culturais, como continuação da história do servo de YHWH, mas agora em tempos de precariedade e desconsolo devido à violência global e sistêmica.

Por isso vamos delinear agora uma trilogia das "insurreições" messiânicas, a partir de três âmbitos que são expressões de uma mesma experiência de resistência com dignidade e esperança: justiça com verdade, trabalho de luto e símbolos de esperança. Essa trilogia fomos recolhendo aqui ao longo dos capítulos precedentes, como preciosas chaves de interpretação, graças ao modo como as comunidades de sobreviventes vivem suas resistências diversas perante a violência sistêmica que enfrentam em nossos dias. Foram descobertas e construídas por comunidades de sobreviventes que, acima de tudo, lamentam a ausência dos seus desaparecidos, mas persistem no compromisso de buscá-los nas fossas clandestinas. Resistências vividas também pelos familiares que choram com indignação seus mortos, cuja vida foi ceifada por mãos criminosas. O mais surpreendente de tudo isto, no entanto, é que no centro de tanta dor, no meio das lágrimas, aflora, com frequência, um assombroso vislumbre de esperança.

Assim acontece, em nossos dias, com as mães das mulheres assassinadas pelos feminicídios no México; mas também com os avós, pais e mães, irmãs e irmãos, dos trezentos mil assassinados e oitenta mil desaparecidos no México, pela guerra do narcoestado, durante os sexênios de Felipe Calderón e de Enrique Peña Nieto, entre 2006 e 2018.

Esses sobreviventes são também crentes na sua maioria, embora alguns tenham perdido a fé por causa de tanta dor. Todos procuram seus familiares para saber onde estão e o que aconteceu, como um modo de fazer a verdade[320]. A maioria exige

---

320. Os compromissos do presidente eleito do México, Andrés Manuel López Obrador, com os pais e mães dos 43 estudantes da Escola Normal desaparecidos

justiça, alguns também a reparação do dano. Mas nenhum se resigna ao esquecimento. Muitos estão abertos ao perdão, mas chegará somente como selo de um processo doloroso e necessário de justiça, tal como o descreve com extraordinária clareza crítica Javier Sicilia:

> No entanto, para poder entregar esse dom maiúsculo, é necessário – como mostra o sacramento da reconciliação do mundo católico – saber quem é o ofensor, o que fez e a qual penitência deve se submeter para ressarcir a ofensa. Sem isso, embora exista no ofendido a vontade de perdoar, o perdão não se realiza.
>
> Se não há culpável, se não há verdade nem arrependimento, não se pode chegar ao que juridicamente se chama justiça restaurativa, esse outro doloroso processo em que vítimas e transgressor falam coletivamente entre eles e decidem o que é necessário fazer para reparar o dano, perdoar, ser perdoado e assim restaurar o que o crime destruiu no tecido da vida[321].

O *perdão* é provavelmente a quinta-essência das espiritualidades da humanidade. Porém, torna-se cada vez mais distante no horizonte da impunidade que se expande como contágio mimético em nossos dias do necropoder. E, embora se queira perdoar, com frequência não se sabe como fazê-lo, conforme

---

em 26 de setembro de 2013 foram os seguintes: "(1) Com ou sem sentença haverá uma comissão de investigação para a verdade e a justiça. (2) Emissão de um decreto no início do sexênio de López Obrador para assegurar que a administração pública federal cooperará na busca e na investigação. (3) Serão solicitados o apoio e a assistência técnica da Organização das Nações Unidas (ONU) e da Comissão Interamericana de Direitos Humanos (CIDH), assim como da Comissão Nacional dos Direitos Humanos para acompanhar o processo indagatório" ("Se compromete AMLO a crear Comisión de Investigación para Ayotzinapa". *Rompeviento* [Disponível em https://www.rompeviento.tv/?p=52582 – Acesso em 25/10/2015]).

321. SICILIA, J. "Vuelta de tuerca". *Proceso*, n. 2.182, 02/09/2018 [Disponível em https://bit.ly/2MnE0h1 – Acesso em 04/09/2018].

aquela potente frase de Maria Herrera, aquela mãe que, há dez anos, perdeu quatro filhos, assassinados pela violência de bandos criminosos no México: "Preciso conhecer a verdade para saber a quem perdoar"[322].

Além do drama que afeta de modo direto os familiares, a experiência de ser sobreviventes nos alcança a todos porque, de alguma violência conseguimos sair à frente, enquanto outros caíram no caminho. Por isso, todos os sobreviventes que continuamos sobre a face da terra nos enfrentamos ao desafio de aprender a enterrar nossos mortos, às vezes com culpa, outras vezes com esperança, sempre com dor. Tivemos de ir aprendendo a fazer memória de suas vidas, com dignidade, justiça e verdade, para que não se esqueça sua passagem pela terra. Essa experiência de "ausência que dói" é ainda mais profunda e indizível para aqueles que perderam a algum ser amado por motivo de guerra, vingança ou rivalidade mimética.

E, como parte desse aprendizado de ser sobreviventes algum dia haveremos de aprender a deixá-los ir em paz, para continuar com a nossa vida nesta terra.

* * *

Todo esse processo de memória, história com dignidade, justiça e verdade, nos prepara a esperança numa vida plena que vai se soletrando, pouco a pouco, por meio de diferentes linguagens de re-utopização da vida. Essas linguagens de resistência se concentram numa perspectiva messiânica – graças à experiência messiânica vivida por Jesus de Nazaré e sua comunidade em luto – na páscoa de Jesus. O binômio paradoxal de *morte-vida* que encontrou sua narrativa fundacional num túmulo vazio e nos relatos de

322. "Perdão sim, em troca da verdade: María Herrera". *Pie de página*, 28/08/2018 [Disponível em https://bit.ly/2U5O6rs – Acesso em 25/10/2018].

aparições à sua comunidade em luto. No centro desse paradoxo surge o *sentido escatológico* como uma fagulha, um clarão e antecipação do que já aconteceu e que, para nós, está apenas chegando: "o amor que é tão forte como a morte" do qual fala o Cântico dos Cânticos (8,6).

Então inicia a desdobrar a sua potência regeneradora a linguagem dos símbolos: para remembrar aqueles que foram des-membrados. As pessoas vitimadas não apenas foram esquartejadas em seus corpos terrestres, mas agora, na memória vivente da comunidade de sobreviventes, vão sendo refeitos como num "corpo glorioso", como afirma São Paulo. Surge, mais uma vez, um paradoxo – um oximoro como figura poética e escatológica que a muitos soa como vã ilusão – para designar o *sentido no meio do sem sentido*. Um corpo ferido está cheio da *Ruah* divina. "Umas feridas que curam" (cf. Is 53,5) são indícios da redenção, tinha escrito o segundo Isaías em meio da terrível e devastadora experiência do seu povo cativo na Babilônia, para anunciar-lhe o retorno à Cidade Santa.

* * *

Essa condição da vida plena da intersubjetividade é o conteúdo da fé na ressurreição, lida em perspectiva messiânica. Vida que brota desde o mais profundo da nossa vulnerabilidade, quando é vivida com dignidade, resiliência e esperança: colocada nas mãos do Vivente, embora haja ameaça de morte por todos os lados, há promessa de vida.

Assim aprendemos dos familiares de pessoas desaparecidas e assassinadas no México, ao longo das últimas décadas:

> Nos encontramos num novo contexto epocal onde os movimentos sociais de múltiplas resistências e de cidadania plural não desejam ficar submetidos à irracionalidade do mal nem à contradição da história. Por isso, situados na fecundidade do pensamento crítico pro-

> pomos neste livro uma virada epistêmica fundamental: escutar a voz das vítimas. De fato, pensar o horror das fossas clandestinas no México do século XXI nos obriga, em primeiro lugar, escutar os *sobreviventes* desse fenômeno da guerra do narcoestado de nossos tempos e o entendimento que podem nos fornecer[323].

A *digna raiva* que surge da perda dos seres queridos, as vítimas sobreviventes a vivem com imensa dor que nenhuma realidade histórico-social pode consolar. Mas, de modo real, ainda que paradoxal, no fundo dessa ferida aberta, há um lampejo de esperança quando esses sobreviventes contam as vidas daqueles que lhes foram arrebatados, quando conseguem estabelecer a verdade do acontecido, quando obtêm alguma sentença de justiça e quando o perdão oferecido encontra alguém, com uma fisionomia e um olhar, a quem entregá-lo. Nesses momentos, quando "o tempo se contrai" como diria São Paulo, a redenção acontece como antecipação messiânica. Não resolve a história de modo definitivo, nem a liberta da sua contradição e morte, outorga, porém, sentido de dignidade com esperança aos vivos que estão ligados em comunhão com seus defuntos, agora reconhecidos e celebrados como *ancestrais*.

Nas páginas seguintes vamos percorrer o território pouco explorado da *esperança messiânica*. Aquela que é um modo de viver a temporalidade que supera a rivalidade mimética, porque desativa seu poder de morte, com a confiança que presenteia a vida entregue das pessoas justas e inocentes. É a vida plena à que acedem os crucificados da história quando seguem os vestígios de quem quebrou, "de uma vez para sempre", afirma o autor da Carta aos Hebreus (Hb 7,27), as correntes da rivalidade e con-

---

323. "Introducción". In: MENDOZA-ÁLVAREZ, C.; REYNA ESTÉVEZ, P. & ROBLEDO, C. (orgs.) *De las fosas clandestinas a la tumba vacía* – Narrativas de dignidad y esperanza en tiempos de horror. Cidade do México: Universidad Iberoamericana, 2019 [no prelo].

seguiu assim passar pela *Guha*, símbolo potente da cova do sem sentido e da morte, para ir resgatar os seus ancestrais.

Então poderemos falar de ressurreição como *insurreição dos justos da história*.

Insurreição como tempo messiânico: a práxis dos sobreviventes

A "contração do tempo" que vivem as pessoas justas da história é a *Guha* ou cova como porta de entrada a uma nova forma de *temporalidade messiânica*, como processo de subjetivação que recebe e oferece a redenção como libertação da morte.

Inserida nas coordenadas do espaço-tempo, essa experiência originária de temporalidade é messiânica porque é *antecipação* da plenitude da vida plena oferecida por Deus à criação inteira e à humanidade, como já recordamos anteriormente. O modo como, segundo o Talmude hebraico, acontece o advento dessa nova temporalidade é o gesto messiânico: trata-se de uma práxis ético-política e espiritual de compartilhar do próprio pedaço de pão para nutrir aqueles que falecem pela inveja humana. A mística judaica simbolizou como uma mesa compartilhada num ritual de comensalidade, onde sempre há um lugar vazio, "caso chegue o messias", como o recordaram no século XX Emmanuel Lévinas e Simone Weil no seu célebre *Prólogo*.

Esse messias é o forasteiro que toca a porta e tem fome por qualquer tipo de indigência, começando pela fome de pão. Mas a mística posterior do ritual da mesa compartilhada – tanto hebraica quanto cristã – inclui nesse simbolismo da fome a necessidade de justiça e a fome do reconhecimento da própria dignidade.

* * *

Nessa perspectiva fenomenológica própria da subjetividade aberta à irrupção da transcendência na imanência – que analisamos na trilogia sobre a revelação já mencionada[324] – lança suas raízes a ideia de ressurreição como insurreição messiânica e antissistêmica.

O termo "insurreição" como chave de interpretação para reler a ressurreição é análogo. Não se refere de modo unívoco à insurreição social do proletariado, por exemplo. Tampouco à insurreição armada das guerrilhas centro e sul-americanas no nosso contexto regional do século XX. A diferença que evocam seus múltiplos significados o indica a sua etimologia: um "surgimento desde dentro" que acontece na história para mudar um sistema que oprime e mata os inocentes.

Por isso, falar da *ressurreição como insurreição*, no contexto pós-moderno, implica evocar, primeiro, o fundo antropológico do desmantelamento da rivalidade fratricida na própria subjetividade[325], para que então possa surgir "desde dentro" a experiência de vida nova.

Ali se enraíza a dimensão social e política da ressurreição como insurreição. Trata-se da instauração de uma ordem de intersubjetividade que nasce desde dentro da desconstrução da violência que torna possível as vítimas resilientes[326], por meio de múltiplas resistências, como uma prática da *an-arquia* contra todo sistema de dominação e morte.

---

324. Cf. MENDOZA-ÁLVAREZ, C. *Deus liberans: La revelación cristiana en diálogo con la modernidad* – Los elementos fundacionales de la estética teológica. Friburgo: Éditions Universitaires, 1996. • MENDOZA-ÁLVAREZ, C. *Deus absconditus: Désir, mémoire et imagination eschatologique* – Essai de théologie fondamentale postmoderne. Paris: Cerf, 2007. • MENDOZA-ÁLVAREZ, C. *Deus ineffabilis: Una teología posmoderna de la revelación del fin de los tiempos*. Barcelona: Herder, 2015.

325. MENDOZA-ÁLVAREZ, C. *Deus absconditus: Désir, mémoire et imagination eschatologique* – Essai de théologie fondamentale postmoderne. Paris: Cerf, 2007. Cf. cap. IV, p. 187-207.

326. MENDOZA-ÁLVAREZ, C. *Deus ineffabilis: Una teología posmoderna de la revelación del fin de los tiempos*. Barcelona: Herder, 2015. Cf. cap. V, parte I: "O eixo antropológico: as potências da experiência da subjetividade vulnerável", p. 341-414.

E, finalmente, de modo intimamente ligado a esse fundo antropológico e social, insurreição significa também, em seu sentido *messiânico*, o resgate dos justos da história que está sendo realizado pelo *Crucificado que despertou*, graças ao seu processo de entrega, abraçando toda a humanidade. Trata-se de um devir *escatológico*[327] – como antecipação kairológica do tempo pleno de uma temporalidade messiânica que foi vivenciada e manifestada pela liturgia cristã antiga do Sábado Santo. Fez-se como *midrash* do túmulo vazio de Jesus a ressignificando como *Guha* ou cova por onde ressurge vitorioso o *Crucificado que despertou*, acompanhado de Adão e Eva, junto com todos os ancestrais, que são primícias da nova criação.

A *insurreição messiânica*, portanto, designa um processo histórico de práxis de resistências; mas, ao mesmo tempo, uma *metanoia* ou conversão da subjetividade, que vai além da rivalidade fratricida, acompanhada de uma visão de futuro como re-utopização da vida. De fato, a ressurreição somente se compreende dentro do marco do prosseguimento de um *Crucificado que despertou* como primícias de uma nova realidade centralizada no amor incondicional da Sabedoria divina.

A antecipação kairológica dos justos aniquilados: a vida dos ancestrais

Como podemos fazer uma leitura *midráshica* do tempo dos justos que morreram e que, conforme o Livro do Apocalipse, são resgatados por Deus porque "suas obras lhes acompanham"? (14,13).

Recordemos, primeiro, que essa releitura a realizamos desde o nosso contexto decolonial, em diálogo com a sabedoria dos

327. Cf. ALISON, J. *El retorno de Abel* – Las huellas de la imaginación escatológica. Salamanca: Secretariado Trinitario, 2000.

povos originários de América e sua compreensão dos *ancestrais* como guardiães da comunidade.

Para responder a essa interrogante será necessário perguntarmos pelo significado da narrativa apocalíptica da chegada da Cidade de Deus como promessa realizada, segundo o metarrelato cristão do livro da Bíblia, escrito com toda probabilidade pelo discípulo João, na Ilha de Patmos. Desde ali poderemos nos referir ao *Sheol* hebraico como o lugar simbólico do descanso dos justos, onde aguardam a consolação plena de Israel. Com essa bagagem avançaremos para a conexão desta fé cristã com plano de fundo judaico com o sentido do mundo dos ancestrais que se mantém vivo nos povos originários de Abya Yala.

Então, estaremos em condições de enfrentar a pergunta *performativa* para a nossa realidade presente: há alguma tradução possível na sincronia do pensamento desses relatos míticos – tanto cristão, quanto judaico e mesoamericano – que seja pertinente para o contexto pós-moderno?

Este breve percurso nos permitirá tratar, no seguinte item, a questão da fé na ressurreição como confissão de uma *travessia escatológica*, vivida por Jesus de Nazaré como *Crucificado que despertou* na sua páscoa. Porque, como já referimos, a memória viva da comunidade jesuânica em luto, através da narrativa do túmulo vazio, ressignificou a vida de Jesus de Nazaré como *novo poço de Jacó*. Nesse não-lugar se revelaria como sentido escatológico para tempos de sobressalto e emudecimento pela morte dos inocentes.

No final desse caminho aqui abordado, poderemos balbuciar a fé na ressurreição como insurreição messiânica, em perspectiva kairológica e antissistêmica, vivida pelos sobreviventes de hoje.

Aproximemo-nos à primeira parte deste tríptico do tempo das pessoas justas da história.

Os oximoros fundacionais: a lâmpada do Cordeiro que reina degolado e o Messias crucificado

A revelação do dia final com que a Bíblia conclui o grande relato da redenção do povo escravizado, libertado pelo Deus da vida, fica selada com a realização das promessas divinas quando o autor do Livro do Apocalipse contempla a chegada da Jerusalém celeste: "A cidade não precisa nem do sol nem da lua que a ilumine; porque a glória de Deus a ilumina, e sua lâmpada é o Cordeiro" [καὶ ἡ πόλις οὐ χρείαν ἔχει τοῦ ἡλίου οὐδὲ τῆς σελήνης, ἵνα φαίνωσιν αὐτῇ. ἡ γὰρ δόξα τοῦ Θεοῦ ἐφώτισεν αὐτήν, καὶ ὁ λύχνος αὐτῆς τὸ Ἀρνίον] (Ap 21,23).

Trata-se de uma poderosa metáfora em figura de oximoro, isto é, de figura poética disruptiva que, por meio de uma aparente contradição, abre um novo campo de significação. Designa, como vivência da subjetividade redimida, a chegada da temporalidade messiânica num *Cordeiro que reina degolado*. Trata-se, em seu plano de fundo teologal, de uma experiência de realização das promessas de Deus que *está acontecendo* como tempo presente de redenção, graças à doação vivida pela "vítima perdoadora", evocada há uma década por James Alison em perspectiva mimética. Trata-se, por isso, da experiência *prototípica* de uma vítima inocente ferida, de cujas chagas flui o sentido da redenção.

A simbologia do *Cordeiro que reina degolado* representa – a contracorrente do contexto pós-moderno que suspeita de todo metarrelato por ser uma ficção do desejo de omnipotência infantil – à subjetividade *vulnerável e vulnerada* como lugar primigênio da revelação divina.

Essa expressão traduz aquilo que São Paulo já descrevera em perspectiva kerigmática e antropológica, falando de um messias crucificado: "mas nós anunciamos um messias crucificado, escândalo para os judeus, loucura para os pagãos; mas para os chamados, mesmo judeus e gregos, um messias que é força de

Deus e sabedoria de Deus [ἡμεῖς δὲ κηρύσσομεν Χριστὸν ἐσταυρωμένον, Ἰουδαίοις μὲν σκάνδαλον, ἔθνεσιν δὲ μωρίαν, αὐτοῖς δὲ τοῖς κλητοῖς, Ἰουδαίοις τε καὶ Ἕλλησιν, Χριστὸν θεοῦ δύναμιν καὶ θεοῦ σοφίαν]" (1Cor 1,23-24).

A seguir, o Apóstolo continua a sua reflexão teológica, dirigindo-se à comunidade messiânica, nascente em Éfeso, para afirmar como realizou essa redenção no próprio corpo do messias Jesus:

> Porque Ele é a nossa paz: Ele que de dois povos fez um, derrubando o muro que os separava, a inimizade, anulando em sua carne a Lei dos mandamentos com seus preceitos, para criar em si mesmo, dos dois, um só homem novo, fazendo a paz [Αὐτὸς γάρ ἐστιν ἡ εἰρήνη ἡμῶν, ὁ ποιήσας τὰ ἀμφότερα ἓν καὶ τὸ μεσότοιχον τοῦ φραγμοῦ λύσας, τὴν ἔχθραν, ἐν τῇ σαρκὶ αὐτοῦ τὸν νόμον τῶν ἐντολῶν ἐν δόγμασιν καταργήσας, ἵνα τοὺς δύο κτίσῃ ἐν αὐτῷ εἰς ἕνα καινὸν ἄνθρωπον ποιῶν εἰρήνην] (Ef 2,14-15).

Tal performatividade da redenção messiânica, realizada por Jesus de Nazaré na sua crucifixão, haveria de se realizar depois, ao longo da história quebrada da humanidade, em todos os membros do corpo do messias.

Em suma, as expressões "cordeiro que reina degolado" e "messias crucificado" são dois oximoros por meio dos quais a comunidade cristã primitiva balbuciou o acontecimento fundacional do novo *eón*. Uma era de plenitude escatológica, inserida no coração da história violenta, que acontece em virtude da doação vivida pelo messias como princípio da *anarquia* divina, como origem-sem-origem de toda a criação.

A porta de entrada ao *Sheol*

A segunda parte do tríptico do tempo dos justos representa o acesso do messias ao *Sheol* como radicalidade da encarnação do Logos encarnado em sua *an-arquia* divina.

Na tradição hebraica *Sheol* designa o lugar onde repousam os mortos, quando concluem a sua vida nesta terra, aguardando a consumação da redenção[328]. Refere-se, mais precisamente, ao "seio de Abraão" que, como imagem totalizante da fé do grande patriarca, acolhe no seu abraço aos que foram arrebatados pelos malfeitores da terra dos vivos. Ali moram os mortos à espera do Sopro divino que lhes devolva à vida, segundo afirmam também diversos textos sapienciais do Primeiro Testamento, como o Salmo 16: "Porque não deixarás minha alma no *Sheol*, nem permitirás que teu Santo veja a corrupção" (Sl 16,10).

Acompanhando o percurso aberto por Emmanuel Lévinas no século XX para falar do messias em perspectiva fenomenológica, o *Sheol* não é um lugar físico, mas um estágio da subjetivação messiânica em processo de gestação de seu resgate final. Se lemos a história dos justos aniquilados desde essa chave, a obra da redenção começa, primeiro, designando um aspecto de experiência de retribuição, como exigência de justiça *anamnéstica* para os que foram aniquilados. Mas também designa, num segundo momento, a *superabundância* do amor divino que, desde o mais profundo da humilhação a que foram submetidas as vítimas inocentes por seus algozes, resgata essas vidas da corrupção que o túmulo simboliza.

Por tudo isso, o *Sheol* também simboliza – como expressão do mais radical alcance do amor divino – o processo de arrependimento dos malvados, que percebem a sua própria corrupção e morte, e imploram também ser resgatados num processo universal de *perdão*.

Trata-se de uma consciência da culpa[329] – em meio de seu arrependimento – que possibilita a abertura a uma Outridade que

---

328. Cf. GESCHE, A. "L'agonie de la Résurrection ou la Descente aux Enfers". *Revue Théologique de Louvain* 25 (1), 1994, p. 5-29.

329. Cf. a fenomenologia do perdão como caminho de esquecimento: RICOEUR, P. *La memoria, la historia, el olvido*. Cidade do México: Fondo de Cultura Económica, 2004.

redime, salva e enaltece. Pelo que também os algozes podem acariciar a esperança de serem resgatados da morte, uma vez que o amor da *vítima perdoadora* lhes revela toda a sua potência de vida plena.

A ausência-presença das pessoas justas da história

A última peça deste tríptico da vida dos mortos é a sua presença messiânica no meio da comunidade, segundo aquela frase enigmática de São Paulo: "Porque morrestes e vossa vida está escondida com o messias em Deus" (Cl 3,3).

O que pode significar uma "vida escondida em Deus"? A chave está na mediação do messias, isto é, na necessidade de ser rememorados por meio do gesto messiânico da inclusão: quando a própria comida é oferecida ao outro como alimento, então nos deixamos arrastar pela superabundância do amor. Uma vida "escondida com o messias" é aquela que vive a temporalidade do dom, como farpa que dói e como antecipação escatológica que é o consolo no seio da história violenta. Não tem a capacidade de deter a espiral da violência, mas sim pode deter seu poder de destruição através do dom e da superabundância. Por isso, a vida do messias crucificado é a bússola para compreender o sentido das resistências dos sobreviventes, com a sua indignação, clamor e esperança que os acompanham, que lhes dão sentido e que fortalecem suas resiliências.

Como contraparte desse difícil processo existencial de ausência-presença daqueles que se foram – com a inspiração das espiritualidades dos povos originários de Abya Yala, numa gramática que é a mistura do antigo e o cristão – podemos afirmar que os mortos nos resgatam a nós os vivos, já que seguem tendo uma função essencial como membros da comunidade em luto. Porque enquanto esses defuntos se tornam *ancestrais* – por meio do rito funerário que os consagra nesta função mediadora – então os defuntos mantêm um vínculo vivo e operante – em outras palavras, performativo – com a comunidade de sobreviventes.

É por isso que "os ancestrais têm direitos que os vivos devemos respeitar", sob o risco de quebrar o vínculo transcendente com o mundo dos mortos. Quando impedimos aos defuntos que jazam em seus corpos inanimados como *humus* no seio da terra, entregando-os com gratidão e confiança à Fonte da vida, estamos nos desligando dessa *outra* realidade, plena, que eles vivem.

Em suma, o vínculo que une o mundo dos vivos com o mundo dos ancestrais fica estabelecido quando a comunidade de sobreviventes torna sua – com memória, justiça e dignidade – uma experiência de vida nova, apesar do contexto de violência e da tempestade que toma conta do mundo como espiral violenta que arrasa tudo.

A promessa realizada na Guha: o Crucificado que despertou... acompanhado dos ancestrais

Costumamos apresentar a ressurreição de Jesus de Nazaré como um ato solitário, do qual não há testemunhos, mas apenas relatos de segunda mão. O testemunho bíblico somente dá indícios indiretos desse acontecimento escatológico que, juntos, formam um campo de significado novo: um túmulo vazio e relatos de aparições.

Além disso, as narrativas *cronológicas* da história de um pregador carismático que foi executado na Páscoa judaica do ano 30 em Jerusalém, ficam presas na sua linealidade fatal porque são incapazes de imaginar o futuro desde o agora "contraído" pelo momento "poiético" do Messias que "contraiu o tempo", recolhendo assim o passado que se foi.

Somente fica o rastro de uma linguagem simbólica como reduto de significação para afirmar essa experiência originária das pessoas justas da história.

Por isso, tal linguagem é *poiética*, isto é, criadora de um novo modo para significar a subjetividade redimida, o tempo contraído e o futuro que está chegando pela vida dos justos. E cada vez será mais complexa a compreensão da experiência da "contração do tempo", quando se trata de narrar a história das vítimas que foram aniquiladas pela violência sistêmica[330]. Ficar presos na indignação e no ressentimento é a tentação de muitos sobreviventes. Ou melhor, escapar para um incerto futuro que nunca chega. Por isso, viver o *presente contraído*, com imaginação escatológica – no que aprendemos a chamar de "temporalidade messiânica" – é o conteúdo experiencial da fé *teologal* na ressurreição dos mortos que aqui estamos explorando.

Por isso, falamos de ressurreição como "insurreição messiânica e antissistêmica", mas dando "um passo atrás" ao seu sentido social e político, sem dúvida importante, mas ainda não fundacional. Nesse sentido, propomos, uma aproximação fenomenológica e hermenêutica ao acontecimento originário da páscoa de Jesus de Nazaré como uma insurreição em perspectiva de temporalidade messiânica. Essa aproximação é necessária para a compreensão da vivência possível para a edificação da intersubjetividade humana em tempos de violência extrema.

De fato, trata-se de compreender a ressurreição – de Jesus e das pessoas justas da história – na lógica do "tempo contraído", a partir da memória com justiça e verdade que fazem seus sobreviventes, por meio da escritura da história desde o seu reverso de negatividade. Mas todo esse processo de memória está inspirado pela esperança confiada numa "plenitude" que é oferecida como

---

330. O anúncio do apocalipse que virá através da razão instrumental já fora indicado por Ivan Illich, René Girard e mais recentemente por Jean-Pierre Dupuy em diálogo com eles, assumindo a perspectiva da economia posterior à devastação (cf. DUPUY, J.-P. *La marque du sacré*. Paris: Flamarion, 2010. • DUPUY, J.-P. *Pour un catastrophisme éclairé* – Quand l'impossible est certain. Paris: Seuil, 2009).

redenção por uma Alteridade amorosa que deletreia a história e o cosmos, que as religiões chamam Deus e que, na sua condição ontológica e política, descrevemos como *an-arquia* do ser divino.

Resgatando as outras narrativas não lineais do mundo antigo, podemos afirmar que as culturas antigas da humanidade tinham outras linguagens e outros símbolos para se aproximar, de modo espiral, justamente dessas *experiências originárias* do tempo contraído. Aquelas que oferecem perspectiva e múltiplos sentidos à vida na sua complexa trama de experiências e significados: o amor, o sofrimento, a criação e a morte são parte dessa *simbólica do bem* – parafraseando, em sentido oposto, à "simbólica do mal" de Paul Ricoeur[331] – que nos propomos desenvolver na trilogia sobre a ideia de tradição que estamos iniciando com este livro.

* * *

Assim recuperamos a tradição simbólica do cristianismo antigo – em particular siro-malakara – para compreender o túmulo vazio de Jesus de Nazaré como *Guha*. Mas agora a interpretamos no seu sentido *messiânico* como cova ou gruta em que se abre a *dynamis* fundacional da temporalidade *kairológica*: a ressurreição como reivindicação dos justos é realizada através do descenso de Jesus ressuscitado aos infernos, para voltar do sepulcro acompanhado por Adão e Eva, junto com todos os justos da história.

Primeiro de tudo, a intuição originária deste ritual do sábado santo sobre o sepulcro de Jesus recupera todas as ressonâncias do poço de Jacó que evocamos no item anterior. Mas, além disso, realiza-se neste relato uma nova compreensão da ressurreição como experiência de intersubjetividade redimida de sua rivalidade violenta. Porque o simbolismo da "descida aos infernos"

---

331. Cf. RICOEUR, P. *Finitude et culpabilité* – Vol. II: La symbolique du mal. Paris: Seuil, 1960.

foi conservado, através do cântico litúrgico e a confissão crente, pelas celebrações cristãs antigas. Esse simbolismo da *Guha* gira precisamente em torno do acontecimento da *memória* dos justos no seu resgate do *Sheol* como primeira ação do *Crucificado que despertou*, para fazer partícipes os ancestrais da promessa realizada pelo *Abba* de Jesus.

Os hinos litúrgicos do sábado santo[332], assim como os comentários dos padres orientais, apontam este aspecto comunitário restabelecido, como parte da justiça anamnéstica divina, realizado por Jesus crucificado-ressuscitado, quem realiza essa obra de redenção:

> Filhote de leão que foste reunir-te às ovelhas
> que se extraviaram,
> que a morte fez cair na escuridão,
> e que as fizeste sair da escuridão para a luz
> faze sair da escuridão para a luz
> aqueles do teu rebanho que estão reunidos
> em memória de tua cruz,
> e nós te renderemos louvor e ação de graças
> e a teu Pai e a teu Espírito Santo,
> agora e para sempre. Amém[333].

Com essa inteligência da *Guha* na teologia siro-malankara toma um novo sentido, para nós, aquele poema anônimo que São Paulo recolheu, como já comentamos anteriormente, chamando Jesus "primogênito de entre os mortos". Ser "primeiro nascido dentre os mortos" é um título cristológico que supõe a fé pascal da comunidade jesuânica que foi resolvendo o seu luto, por meio

---

332. Cf. BERSELLI, C.; BADENCHINI, M.L. & BARUCP, A. (orgs.). *Hymnes au Christ d'avant l'an mille serties de miniatures*. Paris: Mediaspaul/Paulines, 1982.

333. ACHARYA, F. "Saturday of the Good Tidings – Evening Prayer – Hymn". In: KURISUMALA ASHRAM. *Prayer with the Harp of the Spirit* – Vol. III. The Crown of the Year. Part II. Vagamon: Kurisumala Ashram, 2009, p. 565.

desta inteligência teologal messiânica, ao reler as Escrituras hebraicas sobre o filho do homem que estaria por chegar.

Deste modo, rememorando os ditos e obras de Jesus na Galileia, a comunidade jesuânica em luto pode reler as promessas feitas a Israel como uma "antecipação escatológica" dos tempos de redenção, em perspectiva de um *messias crucificado*. Trata-se de uma imagem contraditória do messianismo judaico tradicional – com seus modelos apocalíptico[334] e davídico, que eram os predominantes na Galileia do século I da Era Comum – que ultrapassava todas as expectativas messiânicas do antigo Israel e que foi o *midrash* pascal que se fez escritura graças aos discípulos do Galileu.

Em suma, o lugar em que acontece simbolicamente o *trânsito* de Jesus ao mundo dos mortos é o túmulo vazio, celebrado pela liturgia siro-malankara antiga como *Guha* ou cova onde nasce algo novo. Ou também, como indicamos em outro momento e em outro gênero literário[335], esse túmulo é como o ventre de uma mãe que deu à luz: na sua vacuidade prospera a vida.

Assim, conseguimos encontrar um significado trans-histórico à fé na ressurreição de Jesus, em perspectiva de temporalidade messiânica, que é suscetível de inspirar esperança na resiliência das comunidades de sobreviventes de hoje.

3 Do kairós moderno ao katechon pós-moderno

Uma leitura triunfalista da ressurreição é a tentação da fuga em qualquer época de desolação. E a nossa não é a exceção.

---

334. Cf. EHRMAN, B.D. *Jesús, el profeta judío apocalíptico*. Barcelona: Paidós, 1992.

335. A este respeito, cf. a descrição da capela da abadia trapista do Kentucky como ventre materno: MENDOZA-ÁLVAREZ, C. *Escritos de un incierto peregrino*. Cidade do México: Universidad Iberoamericana, 2015.

Os apelos ao perdão e à reconciliação como sinais de uma fé na vida transcendente não cessam de aparecer no espaço público, na voz de pastores, líderes sociais e até de políticos, a fim de continuar em seus projetos institucionais e de governo para o benefício de alguns que manipulam a crença religiosa no além a fim de justificar essa "ordem" estabelecida.

Mas a *an-arquia* da fé teologal na ressurreição dos mortos vai exatamente na direção contrária. Não parte do perdão, mas da memória com verdade e justiça no aquém. Tampouco oculta a crise, mas a acrescenta para chegar à sua raiz. Porque a experiência da ressurreição como insurreição messiânica e antissistêmica é vivida pelos sobreviventes como uma batalha de resistência contra o esquecimento, a injustiça e a mentira coletiva.

Neste segundo momento do capítulo final desta obra, centralizaremos o nosso olhar na passagem do *kairós* ou tempo oportuno, ao *katechon* o tempo do fim. Isto é, exploraremos como nossa época de crise planetária está passando do "tempo oportuno" ao "tempo da última possibilidade". No entanto será necessário, primeiro, indagar no pensamento moderno da temporalidade kairológica sua novidade *teologal*, perante a secularização do tempo messiânico que se impôs no século XX, após o predomínio do pensamento político inspirado em Walter Benjamin sobre a negatividade da história.

Uma vez esclarecido esse sentido *teologal* da temporalidade messiânica, necessitaremos aprofundar a crise violenta em que advém esta mesma temporalidade, pois de outro modo cairíamos numa visão ingênua da história que desmobiliza as resistências. Para o que recorreremos à perspectiva mimética do *katechon*, seguindo a análise de René Girard – sobretudo na última obra de sua vida[336] – e seus comentaristas contemporâneos.

336. Cf. GIRARD, R. *Clausewitz en los extremos* – Política, guerra y apocalipsis. Conversaciones con Benoît Chantre. Buenos Aires: Katz, 2010.

Então poderemos desenvolver o núcleo do nosso argumento teológico para pensar a ressurreição como *prolepsis* ou antecipação messiânica em tempos de horror através da práxis messiânica antissistêmica. Não esqueçamos que a experiência de amor incondicional é a que fundamenta a práxis de resistência e lhe dá sentido, no meio do sem sentido. Essa práxis dos sobreviventes se converterá assim – como referente histórico que é bálsamo em tempos de horror mais do que "farpa que dói" – num *indício* dos tempos messiânicos que anunciam o triunfo da vida no meio da morte.

Tal anúncio esperançado da ressurreição como insurreição messiânica e antissistêmico se dará – sempre no claro-escuro da fé *teologal* – como uma *anarquia* contra todo sistema de opressão, discriminação e morte.

A perspectiva kairológica: além das "farpas do tempo messiânico"

A leitura que o pensamento marxista fez do tempo messiânico na segunda metade do século XX – seguindo o caminho entreaberto por Walter Benjamin – está marcada pela secularização da própria ideia do messiânico. Desde a sua perspectiva, seria no acontecer da negatividade da história onde se inserem as "farpas do tempo messiânico", como uma política subversiva do proletariado que avança a história através da práxis revolucionária.

Essa leitura benjaminiana supera certamente a ideia de um messianismo individual de um personagem todo-poderoso. Mas reduz a possibilidade para pensar o messiânico apenas como uma práxis política subversiva, realizada pelos vencidos pela história hegemônica, com um protagonismo coletivo próprio dos movimentos de insurreição popular.

Como amostra, detenhamo-nos numa longa citação do filósofo argentino-mexicano Enrique Dussel, no contexto do triunfo de um suposto "partido de esquerda" nas eleições presidenciais do México de 2018:

> Benjamin, na sua obra *Sobre o conceito da história* (GS, I, 2, p. 691ss.), trata repetidamente nas 18 teses o tema do messianismo desde um marco teórico marxista e materialista histórico (Tese I), que será o que adotamos nesta contribuição.
>
> Michael Löwy, o conhecido filósofo judeu, trotskista e ateu nos diz: A redenção messiânica e revolucionária é uma missão que nos designam as gerações passadas. Não há Messias enviado do céu: nós mesmos somos o Messias (*Aviso do incêndio*. México: FCE, 2002, p. 50); pensemos sobre "o lugar que tiveram no imaginário revolucionário dos últimos 30 anos figuras de José Martí, Emiliano Zapata, Augusto Sandino, Farabundo Martí, e mais recentemente Ernesto *Che* Guevara [...]". Em última análise o messias é uma pessoa que encarna para o povo, pela sua fidelidade, compromisso, honestidade, coragem, prudência prático-sapiencial os valores que não se encontram nos líderes corruptos da sociedade dominante. Por isso cresce a sua significação até que o povo o descobre como uma possível solução para seus males. É assim que tal povo o consagra em função do serviço ao mesmo povo (função messiânica que recebe do protagonista coletivo: o próprio povo). O messias é uma luz nas trevas que o povo ascende, e uma vez acesa incendeia o próprio povo exigindo-lhe assumir a história. É uma dialética entre povo e liderança. Não vos trairei! Cumprirei o mandato! Expressa ao povo o consagrado pelo povo. Sabe quem é a última instância da soberania. [...]
>
> Por tudo isso, primeiro de julho de 2018 tem sido um acontecimento messiânico (como segundo acontecimento libertador, em relação ao primeiro acontecimento exposto por A. Badiou), porém como afirma o sentido popular: Não se há de descansar sobre os louros! Agora é tempo da participação ativa de todo o

> povo e dos militantes responsáveis que despertaram na reviravolta, embora desprezada por alguns situados na extrema-esquerda, criticando-a como uma jornada eleitoral vazia e sem conteúdo. E não é assim, aqui a forma (uma eleição) tem conteúdo (é uma transformação real política).
>
> A função messiânica agora já não precisa da legitimidade conseguida graças ao voto, necessita agora a práxis participativa de todo o povo, cada um na sua trincheira. A função messiânica precisa da correção diária da crítica fraterna e responsável. Já não é tempo de bater palmas, mas de agir multiplicando a liderança em todos os níveis[337].

Essa versão política e "popular" do messiânico tem, sem dúvida, um valor para propiciar a práxis política dos excluídos como protagonistas da democracia incipiente. Mas ignora – em nossa opinião – o sentido fenomenológico e *kairológico* da temporalidade messiânica que poderia evitar os protagonismos políticos e, sobretudo, potenciar ainda mais as resistências políticas, sociais, culturais e epistémicas que estão em jogo para enfrentar a lógica hegemônica de dominação. Referimo-nos àquela lógica de morte que está na base da exclusão social e política que tais movimentos querem enfrentar.

O tempo messiânico, no seu sentido *teologal*, não é um tempo revolucionário, mas de *an-arquia*, no sentido mais radical do termo. Isto é, que essa temporalidade interrompe a fatalidade da história de dominação por meio de atos de gratuidade que "contraem o tempo" ao dar um salto qualitativo: da história de rivalidade à *contra-história*[338] de doação.

---

337. DUSSEL, E. "Walter Benjamin y el mesianismo". *La Jornada*, 01/08/2018 [Disponível em https://www.jornada.com.mx/2018/08/01/opinion/019a2pol – Acesso em 04/09/2018].

338. Retomamos a ideia de "contra-história" de John Milbank, porém fora da sua proposta de um novo teocentrismo agostiniano pós-moderno (cf. MILBANK, J. *Teología y teoría social* – Más allá de la razón secular. Barcelona: Herder, 2009).

Nesse sentido, o espaço político é somente uma das dimensões do tempo messiânico. Porém, este supõe uma *metanoia*[339] do coração e da inteligência que se faz corpo no dom como experiência de esvaziamento, doação e reconhecimento do outro, na sua diferença, reconhecendo-o como *próximo*.

O messianismo é, portanto, uma experiência radical de amor assimétrico que procede do ser superabundante divino, e que as pessoas justas da história vivenciaram como fonte de vida. A esse plano de fundo antropológico de doação denominamos *vida teologal* numa obra precedente[340]. Isto é, existência em devir além da rivalidade fratricida, como subjetivação que conseguiu "derrubar na sua própria carne o muro do ódio" (Ef 2,14) como afirma São Paulo, e começou, deste modo, a instaurar relações intersubjetivas de amor de doação.

Somente assim, o *reconhecimento mútuo* – que é a finalidade do messianismo – deixa de ser uma pobre estratégia política de coexistência dos diferentes. A práxis de libertação dos oprimidos, enraizada neste terreno fecundo da condição messiânica que vivem os justos da história, abre-se então à possibilidade de instaurar uma complexa rede de práxis de dignidade, justiça com verdade, e democracia com equidade, que na verdade favoreçam a *antecipação* da redenção como promessa realizada de intersubjetividade conseguida no amor de doação.

De outro modo, o messiânico se reduz a uma mera estratégia política de subversão contra a ordem hegemônica, que fenecerá pelo desarraigo num processo de subjetivação que lhe conceda

---

339. Um *leitmotiv* na obra de René Girard que, ao final de sua vida, torna-se mais evidente, cf. GIRARD, R.; ANTONELLO, P. & ROCHA, J.C.C. *Evolution and Conversion* – Dialogues on the Origins of the Culture. Nova York: Continuum, 2008.

340. Cf. MENDOZA-ÁLVAREZ, C. *Deus ineffabilis* – Una teología posmoderna de la revelación del fin de los tiempos. Barcelona: Herder, 2015, cap. V.

um fundo antropológico de experiência originária de redenção. Trata-se, além disso, de uma libertação messiânica que se realiza somente como fulgor, antecipação e promessa que está por realizar-se, mas nunca realizada completamente, sempre no horizonte provisório do gesto ético-político da doação.

A perspectiva mimética: o Katechon como quem evita e prolonga o final

A história violenta dos tempos modernos tardios chegou a um momento *apocalíptico*, que René Girard não duvidou em chamar "*montée aux extrêmes*", apesar do ceticismo de muitos autores da sua geração, com uma única solução de sair do religioso pela desmistificação de sua sacralidade que tornou possível o cristianismo:

> Seria necessário poder renunciar ao círculo vicioso da violência, a esse eterno retorno do sagrado cada vez menos contido pelos rituais, que hoje confundimos com a violência. É no centro de tal mimetismo libertado que será necessário trabalhar. Não existe outro caminho. Será necessário voltar sobre esta saída do religioso que somente pode operar no centro do religioso desmistificado, isto é, do cristianismo[341].

O pensador de Avignon se somava assim à racionalidade *pós-moderna* que propõe pensar "o tempo do fim", tal como denomina Giorgio Agamben[342] a esse *pathos* próprio da nossa era, a partir do fundo teologal do real.

Os sintomas do esgotamento da racionalidade instrumental são muitos, desde a devastação ecológica planetária até o apogeu do pensamento único. Pelo que urge uma compreensão das causas estruturais, entre as que cabe mencionar o antropocentrismo

---

341. GIRARD, R. *Achever Clausewitz*. Paris: Carnets Nord, 2007, p. 65.

342. Cf. AGAMBEN, G. *El tiempo que resta* – Comentario a la Carta a los Romanos. Madri: Trotta, 2006.

do modelo moderno tardio de compreensão da realidade como indicado por Leonardo Boff[343]. Não se trata, de fato, apenas do predomínio de um modelo de racionalidade instrumental objetivante, mas que a reivindicação da onipotência humana tem um fundo antropológico que é necessário desentranhar para conseguir desativar, na subjetividade, seu mecanismo de violência e morte como processos de subjetivações de "imitação não violenta"[344].

Nesse debate sobre a espiral de violência crescente no mundo moderno tardio, a teoria mimética é uma das contribuições mais relevantes da segunda metade do século XX[345] para a compreensão do mecanismo da rivalidade do desejo que está por trás da violência pela lógica de invisibilização do outro que a promove. Como mencionamos, o desejo mimético – como anseio de imitação do desejo do outro – é um mecanismo "triangular" de apropriação do mundo, pelo que uma subjetividade não apenas procura obter um bem admirado no outro, mas que deseja apropriar-se do próprio "desejo" do outro. Essa mimesis turva a consciência em relação à diferença do outro e o instrumentaliza, de modo que a alteridade se torna *rivalidade* que instaura uma luta mortal, através da manipulação, até chegar à invisibilização social do outro e ao próprio sacrifício daqueles que se converteram em pedra de escândalo para as sociedades totalitárias.

A negação do outro é o que Girard considera a grande falha da Modernidade. E como parte da recepção crítica da teoria mimética na América Latina, João Cesar de Castro Rocha foi ainda

---

343. Cf. BOFF, L. *Ecología*: grito de la Tierra, grito de los pobres. Madri: Trotta, 2011.

344. Um tema interdisciplinar para a construção da intersubjetividade. Conferir a dimensão mimética em MENDOZA-ÁLVAREZ, C. (org.). *Caminos de paz* – Teoría mimética y construcción social. Cidade do México: Universidad Iberoamericana, 2015.

345. Para aprofundar o enfoque interdisciplinar e intercultural da teoria mimética, cf. ATIENZA DE FRUTOS, D. & GARCÍA-RAMOS GALLEGO, D. (orgs.). *La construcción de la identidad en tiempos de crisis* – El papel de la violencia y la religión. Madri: Anthropos, 2017.

mais longe[346]. O pensador brasileiro analisa como tal negação é um processo de "invisibilização social" do outro como subjetividade negada. Ali reside a expressão mais perversa do desejo mimético. Trata-se de um desejo mimético como estratégia de extermínio.

A análise mimética feita por Girard retoma a narrativa bíblica para desmascarar "a mentira de Satã"[347]. A rivalidade que se instaura entre irmãos para obter uma bênção divina, passa pela negação da diferença. Essa relação mimética de aparente reciprocidade preside e comanda o desejo com um imperativo sacrificial: "é melhor que um só morra no lugar de todos" [οὐδὲ λογίζεσθε ὅτι συμφέρει ὑμῖν ἵνα εἷς ἄνθρωπος ἀποθάνῃ ὑπὲρ τοῦ λαοῦ καὶ μὴ ὅλον τὸ ἔθνος ἀπόληται] (Jo 11,50). Trata-se da máxima de Caifás, Sumo Sacerdote do Templo de Jerusalém, que citam os evangelistas ao descrever o processo judicial de Jesus de Nazaré, que o levou à condenação a morte na cruz como um inocente utilizado como bode expiatório. Esse argumento de Caifás sintetiza a história da violência fratricida da humanidade, desde o crime de Abel pelo seu irmão Caim, até os assassinatos pelos bandos criminosos de milhares de pessoas cujas vidas são aniquiladas pela rivalidade entre iguais.

Nesse contexto radicalmente violento, a temporalidade messiânica adquire toda a sua potência de redenção como desvelamento dessa mentira de Satã. Surge aí como uma claridade a *revelação da verdade que procede da vítima sacrificada* como "perdoadora". Como resultado dessa interpretação girardiana do processo de acusação, podemos afirmar que a *inteligência* do

---

346. Tal é a contribuição latino-americana à teoria mimética, cf. JOBIM, J.L.; MÉNDEZ GALLARDO, M. & MENDOZA-ÁLVAREZ, C. (orgs.). *Mímesis e invisibilización social* – La interdividualidad colectiva en América Latina. Cidade do México: Universidad Iberoamericana, 2017.

347. Cf. GIRARD, R. *Veo a Satán caer como el relámpago*. Barcelona: Anagrama, 2006, p. 53-69.

messianismo que surge do justo executado implica uma racionalidade antissacrificial. Implica a desconstrução do mecanismo do bode expiatório exatamente porque explicita a ineficácia do sacrifício dos inocentes e a perversão da subjetividade humana nesses processos de intersubjetivação enganosos, marcados todos eles pela rivalidade mimética e sacrificial que fica presa na mentira de Satã.

* * *

Para Girard[348], o *Kacheton* – "quem retém" ou "o que retém" a chegada do anticristo – é a figura emblemática da violência mimética na narrativa paulina. Esse personagem apocalíptico – nomeado apenas em dois versículos da Segunda Carta de São Paulo aos Tessalonicenses (2,3-8) – prolonga e agudiza os tempos apocalípticos porque pospõe a chegada do antimessias e, com isso, o desenlace final da história humana quando o messias deixará todas as coisas em paz.

Por um lado, a função "positiva" do *Kacheton* é evitar o colapso final, pelo que a teoria política medieval e moderna[349] o associou com o Estado político, como forma de controle da vio-

---

348. A respeito, Girard comenta: "Enquanto 'Satã expulsa Satã' represente verdadeiramente a ordem, o *katechon* situa-se em um mundo cristão, em um mundo libertado do reino de Satã, que já não o quer. Ao mesmo tempo, o *katechon* retém ainda alguma da antiga ordem, sem a qual a porta se abriria para a violência absoluta. O *katechon* retém a violência, isto é, o que resta, uma vez que Satã foi ludibriado, enganado. Temos de admitir que, para evitar a violência, não podemos prescindir de uma determinada dose de violência. Por isso, somos obrigados a pensar em termos da menor violência possível. Mas, lá no fundo, é difícil delimitar a diferença" (GIRARD, R. *Aquel por el que llega el escândalo*. Madri: Caparroz, 2006, p. 102).

349. NICOLETTI, M. "Tra filosofia della storia e relazioni internazionali – Il concetto di Katéchon in Carl Schmitt". *Politica e Religione* 2008/2009. • NICOLETTI, M. *Il Kathéchon (2Ts 2,6-7) e l'Anticristo* – Teologia e política di fronte al mistero dell'anomia. Brescia: Morcelliana, 2009, p. 233-258.

lência humana. Por outra parte, a sua função "negativa" seria o infame prolongamento do sofrimento dos inocentes numa espiral de violência que não termina.

Além destas distinções sobre o *Kacheton* no pensamento apocalíptico paulino – que vimos em nosso último livro da trilogia sobre a ideia da revelação[350] – o que aqui nos interessa é mostrar a sua relevância para pensar a temporalidade messiânica com realismo histórico, político e teologal.

Realismo *histórico* porque o pensamento crítico, como outros na história ocidental, tem sido incapaz de "evitar que os algozes sigam triunfando e os justos sigam sendo aniquilados" como postulou a Escola de Frankfurt. A história do século XX é a refutação da utopia moderna de uma sociedade emancipada e livre, que tenha superado – pelos benefícios da ciência, a técnica e a revolução – a idade da violência.

Realismo *político* porque o fim da utopia do socialismo histórico evidenciou o fracasso do comunismo como regime político surgido de uma racionalidade política fundamentada no materialismo histórico como explicação razoável dos processos sociais e históricos. Inclusive, após a queda do Muro de Berlim em 1989, as tentativas na América Latina e o Caribe por um socialismo decolonial foram estéreis. O necropoder que descrevemos nos capítulos precedentes é a nova forma do Estado pós-democrático e pós-humano.

Mas, o que mais nos interessa, é mostrar a pertinência epistêmica, política e espiritual de um realismo *teologal* que nos permita ir além da função sacrificial das religiões, uma vez que elas foram cúmplices da hegemonia do capitalismo patriarcal e colonial, fundamentadas numa ideia de redenção como libertação da culpa do assassinato original e purificação da mancha que carrega na cons-

---

350. Ao respeito, cf. MENDOZA-ÁLVAREZ, C. *Deus ineffabilis* – Una teología posmoderna de la revelación del fin de los tiempos. Barcelona: Herder, 2015, cap. II.

ciência. Porém, essas religiões deixaram de lado a fonte primigênia do *perdão* no seu sentido de superabundância do amor divino. Referimo-nos à doação como experiência originária de toda existência como estar-no-mundo. Ela é, de fato, aquela dádiva de amor de gratuidade que nos precede e nos preside na configuração de nossas (inter)subjetividades. Essa gratuidade torna possível – sempre *a posteriori*, graças à vida entregue dos justos – a experiência da reconciliação como subjetivação de temporalidade messiânica.

Em suma, a perspectiva mimética nos permite compreender a ressurreição como insurreição apocalíptica, como uma necessária prática de desmantelamento da mentira de Satã e do poder perverso do *Kacheton*. Somente em virtude da experiência dos que "derrubaram o muro do ódio em seu próprio corpo" o resto da humanidade poderá ter acesso à redenção.

A vida entregue dos justos, no próprio centro da violência mimética é já, pela sua própria *dynamis* de amor incondicional, fonte de libertação, de dignidade recuperada e de resiliência para enfrentar o horror. Essa experiência messiânica *nos é dada* como herança às comunidades de sobreviventes que aceitamos assumir a memória dos inocentes executados.

A perspectiva escatológica: a **prolepsis** *em tempos de horror*

Detenhamo-nos ainda no *amor de doação*, porque é o nó em que todas as pontas soltas são amarradas.

São Paulo escrevia sobre o ágape do messias, em torno do ano 62 da Era Comum, à comunidade cristã que estava se formando em Colossos, o seguinte:

> E acima de tudo isto, revesti-vos do amor, que é o vínculo da perfeição [ἐπὶ πᾶσιν δὲ τούτοις τὴν ἀγάπην, ὅ ἐστιν σύνδεσμος τῆς τελειότητος] (Cl 3,14)[351].

---

351. NESTLÉ-ALAND. *Novum Testamentum Graece*. 28. ed. [Disponível em https://bit.ly/2MrKOKM – Acesso em 04/09/2018].

Para valorizar a relevância do ágape do messias do qual o Apóstolo fala, é necessário lembrar que a comunidade de Colossos se debatia entre o culto aos principados e potestades do mundo "de cima", típico da religiosidade da época na Ásia Menor, ou melhor o culto ao messias que a comunidade cristã nascente anunciava. Por isso, num contexto de discernimento e eleição entre o mundo celeste das divindades helênicas ou o mundo terrestre do filho do homem, a exortação paulina é ainda mais reveladora das potências de experiência que traz consigo a temporalidade messiânica:

> [1]Portanto, se haveis ressuscitado com o messias, procurai as coisas do alto, onde o messias está sentado à direita de Deus. [2]Aspirai às coisas do alto, não às da terra. [3]Porque morrestes, e vossa vida está escondida no messias em Deus. [4]Quando aparecer o messias, vossa vida, então também vós aparecereis gloriosos com Ele. [...] [9b]Despojai-vos do homem velho com as suas obras, [10]e revesti-vos do homem novo, que vai se renovando até alcançar um conhecimento perfeito, segundo a imagem do seu Criador, [11]donde não há grego e judeu; circunciso e incircunciso; bárbaro e cita, escravo e livre, mas o messias é tudo para todos. [12]Revesti-vos, pois, como eleitos de Deus, santos e amados, de entranhas de misericórdia, de bondade, humildade, mansidão, paciência, [13]Suportando-vos uns aos outros e perdoando-vos mutuamente, se alguém tem queixa do outro. Como o Senhor os perdoou, perdoai-vos também vós. [14]E acima de tudo isto, *revesti-vos do ágape, que é vínculo da perfeição.* [15]E que a paz do messias reine em vossos corações, para a qual fostes chamados formando um só corpo. E sede agradecidos.
>
> [Εἰ οὖν συνηγέρθητε τῷ Χριστῷ, τὰ ἄνω ζητεῖτε, οὗ ὁ Χριστός ἐστιν ἐν δεξιᾷ τοῦ θεοῦ καθήμενος. τὰ ἄνω φρο-

νεῖτε, μὴ τὰ ἐπὶ τῆς γῆς. ἀπεθάνετε γὰρ, καὶ ἡ ζωὴ ὑμῶν κέκρυπται σὺν τῷ Χριστῷ ἐν τῷ θεῷ. ὅταν ὁ Χριστὸς φανερωθῇ, ἡ ζωὴ ἡμῶν, τότε καὶ ὑμεῖς σὺν αὐτῷ φανερωθήσεσθε ἐν δόξῃ. [...] ἀπεκδυσάμενοι τὸν παλαιὸν ἄνθρωπον σὺν ταῖς πράξεσιν αὐτοῦ, καὶ ἐνδυσάμενοι τὸν νέον τὸν ἀνακαινούμενον εἰς ἐπίγνωσιν κατ' εἰκόνα τοῦ κτίσαντος αὐτόν, ὅπου οὐκ ἔνι Ἕλλην καὶ Ἰουδαῖος, περιτομὴ καὶ ἀκροβυστία, βάρβαρος, Σκύθης, δοῦλος, ἐλεύθερος, ἀλλὰ [τὰ] πάντα καὶ ἐν πᾶσιν Χριστός. Ἐνδύσασθε οὖν, ὡς ἐκλεκτοὶ τοῦ θεοῦ ἅγιοι καὶ ἠγαπημένοι, σπλάγχνα οἰκτιρμοῦ, χρηστότητα, ταπεινοφροσύνην, πραΰτητα, μακροθυμίαν, ἀνεχόμενοι ἀλλήλων καὶ χαριζόμενοι ἑαυτοῖς, ἐάν τις πρός τινα ἔχῃ μομφήν. καθὼς καὶ ὁ κύριος ἐχαρίσατο ὑμῖν οὕτως καὶ ὑμεῖς. ἐπὶ πᾶσιν δὲ τούτοις τὴν ἀγάπην, ὅ ἐστιν σύνδεσμος τῆς τελειότητος. καὶ ἡ εἰρήνη τοῦ Χριστοῦ βραβευέτω ἐν ταῖς καρδίαις ὑμῶν, εἰς ἣν καὶ ἐκλήθητε ἐν ἑνὶ σώματι. καὶ εὐχάριστοι γίνεσθε.] (Cl 3,1-4.9b-15)[352].

Enfatizemos então aqui, como parte da nossa indagação da temporalidade messiânica, de que modo se constitui a subjetividade da comunidade messiânica. Em primeiro lugar, devemos observar que está marcada por um paradoxo: a tensão entre "as coisas de cima" e as obras do "homem velho". Por isso, a superação da rivalidade fratricida somente é possível graças a uma dignidade oferecida pelo ágape do messias. Trata-se do mesmo termo utilizado por São Paulo para designar o "amor sem condição nem medida" em seu famoso hino ao amor/ágape do messias da Primeira Carta aos Coríntios:

---

352. Cl 3,1-5.9b-10. *Bíblia de Jerusalém*. Optamos aqui por substituir o nome próprio "Cristo", com o que a tradição identifica Jesus de Nazaré com o Messias, pelo genérico "messias". Assim procuramos abrir a imaginação para dar conta de um significado mais amplo e inclusivo da condição messiânica: refere-se à vida dos justos que conseguiram alcançar essa "temporalidade messiânica" por meio dos gestos de doação de amor incondicional.

> [12,27]Ora, **vós sois o corpo do messias**, e membros singulares seus. [...] [31]Aspirai aos carismas superiores! E agora vos mostrarei um caminho muito melhor. [13,1]Ainda que fale todas as línguas dos homens e dos anjos, se não tenho **ágape**, sou como bronze estridente ou címbalo que tine. [2]Ainda que eu possua o dom de profecia, e conheça todos os mistérios e toda a ciência; ainda que tenha uma fé plena capaz de trasladar montanhas, se não tenho **ágape**, não sou nada. [3]Ainda que eu reparta todos os meus bens, e entregue meu corpo às chamas, se não tenho **ágape**, de nada me serve.
> [[12,27]ὑμεῖς δέ ἐστε **σῶμα χριστοῦ** καὶ μέλη ἐκ μέρους. [...] [31]ζηλοῦτε δὲ τὰ χαρίσματα τὰ μείζονα. καὶ ἔτι καθ' ὑπερβολὴν ὁδὸν ὑμῖν δείκνυμι. [13,1]ἐὰν ταῖς γλώσσαις τῶν ἀνθρώπων λαλῶ καὶ τῶν ἀγγέλων, **ἀγάπην** δὲ μὴ ἔχω, γέγονα χαλκὸς ἠχῶν ἢ κύμβαλον ἀλαλάζον. [2]καὶ ἐὰν ἔχω προφητείαν καὶ εἰδῶ τὰ μυστήρια πάντα καὶ πᾶσαν τὴν γνῶσιν, καὶ ἐὰν ἔχω πᾶσαν τὴν πίστιν ὥστε ὄρη μεθιστάναι, **ἀγάπην** δὲ μὴ ἔχω, οὐθέν εἰμι [3]κἂν ψωμίσω πάντα τὰ ὑπάρχοντά μου, καὶ ἐὰν παραδῶ τὸ σῶμά μου ἵνα καυχήσωμαι, **ἀγάπην** δὲ μὴ ἔχω, οὐδὲν ὠφελοῦμαι] (1Cor 12,27.31–13,1-3).

Trata-se de um aprendizado ou mistagogia para se tornar *corpo do messias* através do ágape compreendido como superabundância amorosa que rompe toda rivalidade violenta. Esse é exatamente o *ágape messiânico* que descrevia São Paulo à comunidade de Colossos como "o laço que amarra a perfeição" [ὅ ἐστιν σύνδεσμος τῆς τελειότητος] da carta à comunidade de Colossos (Cl 3,14).

Então, e somente então, é possível instaurar vínculos de intersubjetivação como um processo de re-membramento messiânico: corpo reconstituído na sua diversidade de membros pelo nó do ágape do messias que instaura a paz.

* * *

Finalmente, que é, nesta perspectiva, a *prolepsis* ou antecipação redentora? Será a experiência originária dessa *condição messiânica* vivida pelas pessoas justas da história na sua própria carne. Por tanto, a temporalidade messiânica, mais do que uma simples "farpa que dói" e que está inserida como clamor dos inocentes no meio de uma história de vencedores, é uma *prolepse*. Isto é, que essa farpa é uma atualização da vida plena do messias, inserida no centro da violência histórica, porém, sobretudo como bálsamo de comunhão e de consolação. A *antecipação* messiânica é, por isso, presença de redenção que torna possível a resiliência para viver com esperança no meio do horror.

O *novum* do messianismo é, por tanto, não a promessa de um futuro reconciliado como sociedade sem classes no mundo intra-histórico. Tampouco se reduz ao triunfo das vítimas sobre os algozes num futuro meta-histórico cheio de ressentimento e vingança. Mas a novidade messiânica reside na experiência da temporalidade *escatológica* – e somente nesse sentido trans-histórica, porque promove algo totalmente novo já desde o "aquém" – que leva a sua plenitude o final dos tempos, em meio da fragmentação e a precariedade da história, através do amor de doação, como chegada do "tempo do fim".

A ressurreição como "insurreição messiânica e antissistêmica" não dá por revogado o sofrimento dos inocentes, mas radicaliza a experiência dos sobreviventes, capacitando-lhes para viver com esperança a batalha escatológica por uma mudança de mundo: vivendo-até-a-morte o ágape messiânico.

4 A ressurreição como acontecimento kairológico de redenção

Chegamos ao último ponto deste quadro sobre a ideia da ressurreição como insurreição messiânica e antissistêmica, como temporalidade kairológica, vivida no seu contexto teologal.

Heidegger, na sua obra tardia[353], falou do *Dasein* como existência num devir caracterizado pelo tempo *kairológico*. E afirmava, com precisão, que o ser-para-a-morte era a tradução de tal temporalidade, após o ocaso da metafísica. Porque a metafísica – compreendida, a partir da escolástica tardia, como ciência do super ente – tinha ficado inerte desde que o Iluminismo expôs os seus fundamentos categoriais.

No entanto, o que Heidegger não considerou, nem seus comentaristas, é que a antiga metafísica do *ser superabundante* foi libertada dos seus avatares modernos, após o ocaso da metafísica da substância. Aquela ontologia do *Dasein* era uma forma moderna – tosca na sua linguagem, mas compreensível para desmontar a metafísica barroca – de desmascarar a idolatria dos entes e do super ente, que em tempos modernos tinha assumido a máscara grosseira da *técnica*[354], como expressão suprema da razão instrumental.

Por isso, para o pensamento teológico pós-moderno e decolonial onde situamos nossa proposta – ou pontualmente, pela sua marca filosófico-teológica, um pensamento *an-árquico* de raiz apofática – resulta ainda mais importante, neste momento epocal de colapso dos metarrelatos modernos, recuperar o fundo *teologal* da existência. É importante fazê-lo, tanto na sua versão do ser-para-a-morte, quanto na sua expressão de *nuda vida*, que revela o excesso do poder e a perversão da Modernidade instrumental com seu edifício de capitalismo patriarcal, colonial e sacrificial, expandindo-se no mundo globalizado do século XXI.

---

353. Cf. a conferência "Fenomenologia e Teologia" (08/07/1927), do volume recentemente traduzido ao castelhano por Ángel Xolocotzi em: HEIDEGGER, M. *Obras completas*. Vol. 80.1. Cidade do México: Fondo de Cultura Económica, 2019.

354. Cf. XOLOCOTZI, Á. "Religare fáctico". In: MENDOZA-ÁLVAREZ, C. *Subjetividad y experiencia religiosa posmoderna*. Cidade do México: Universidad Iberoamericana, 2010, p. 69-80.

Nos seguintes itens voltaremos a fonte do Ser divino como "origem-sem-origem" ou *a-gennetos*. Aquele manancial do ser – que designava a *fonte do ser* da teologia dos Padres capadócios que chegou até Irineu de Lyon[355] – é contemplada e glorificada no Criador por meio desse oximoro originário. Aquela fonte inefável da Vida foi retomada mais adiante pelos místicos apofáticos, desde Dionísio o Areopagita até Mestre Eckhart. *Deitas* como fonte do ser, diferente da *diuinitas* com seu séquito de atributos ontológicos do ser divino.

Fonte teologal que é necessário vivê-la radicalmente – para nós que vivemos em tempos fatídicos – exatamente como niilismo apofático e *anarquia* da fé.

* * *

No coração dessa *an-arquia* da vida divina – pensada por Reiner Schürmann no seu sentido filosófico, como já recordamos – flui até nós "o amor do messias" que celebrava São Paulo em 1Cor 13,1-13. Esse devir amoroso do real flui, como contracorrente da história violenta, graças ao poço aberto pelas pessoas justas da história e, de modo radical, pelo Justo emergido do sepulcro, através da *Guha*, acompanhado pelos nossos primeiros ancestrais.

Seguindo esta via teológica apofática, procuraremos mostrar, nos itens finais deste livro, como a *dynamis* da Sabedoria

---

355. "Se alguém afirma: 'Deus não poderia ter feito um homem perfeito desde o princípio?', que perceba que, no que se refere a Ele próprio, a Deus tudo é possível porque Ele é imutável e não gerado [*agennetos*]; mas as criaturas que sucessivamente adquiriram um princípio independente de existência temporal, são portanto, necessariamente inferiores a Àquele que as fez. Os objetos criados não podem ser *agennetos*. E na medida em que não são *agennetos* são inferiores ao que é perfeito" (IRINEU DE LYON. *Adv. Haer.*, 4, 38, 1. Apud. PRESTIGE, G.L. *Dios en el pensamiento de los padres.* Salamanca: Secretariado Trinitario, p. 73).

divina[356] – como superabundância amorosa que sopra sua *Ruah* de vida sobre o caos original e histórico – acompanha e inspira também a vida das pessoas justas da história, para enfrentar a violência sistêmica hoje, com dignidade, resiliência e esperança.

Desse modo, em meio da experiência infame das fossas clandestinas onde a *nuda vida* expressa o modo como os corpos e as subjetividades são reduzidos a lixo, surge o murmúrio dos sobreviventes como práxis política e espiritual de resistência, dignidade e esperança.

Talvez somente assim possamos seguir confessando – nestes tempos de incerteza – nossa fé num Deus de vivos que ressuscita os mortos, segundo aquele credo proto-jesuânico do Evangelho de Marcos: "Não é um Deus de mortos, mas de vivos" [οὐκ ἔστιν θεὸς νεκρῶν ἀλλὰ ζώντων] (Mc 12,18-27).

O dom como "an-arquia" da vida dos justos

Vincular *an-arquia* e *doação* tem um fundamento metafísico e apofático que consideramos ser o sentido mais pertinente para interpretar hoje a *kénosis* ou abaixamento do Verbo de Deus pela sua encarnação, no contexto da história fragmentada da humanidade.

An-arquia não se refere, naturalmente, ao uso comum na vida cotidiana dado a este termo, que ficou pervertido para designar uma rebeldia sem causa, ou uma intolerância adolescente perante qualquer princípio e ordem estabelecidos. Em condições sociais de violência extrema, teria sim esse significado. Porém, no seu sentido filosófico, a *an-arquia* aponta à fonte do ser como indicou Reiner Schürmann[357], ao não fundamento nem sentido nem ordem nem princípio, porque estas são já categorias ônticas que,

---

356. Ao respeito, cf. o item dedicado à Sofia divina como relação entre o Verbo e o Espírito divino na tradição ortodoxa: BULGÁKOV, S. *El Paráclito*. Salamanca: Sígueme, 2014, p. 227-241.

357. Cf. SCHÜRMANN, R. *Le principe anarchie*. Paris, 2016, p. x.

cedo ou tarde, solidificam-se nessa trilogia perversa da hegemonia, a totalidade e o totalitarismo.

A *an-arquia* do ser, por tanto, refere-se ao seu aspecto de *fontalidade* da qual flui o ser de tudo quanto existe. Daí a impossibilidade da sua manipulação por qualquer mediação – social, sexual, política, epistêmica ou religiosa – que pretenda impor, a uma sociedade ou à humanidade inteira, um pensamento com pretensões de totalidade e um sistema social ou político de totalitarismo.

No seu sentido *teologal*, a categoria *an-arquia* traduz a fé no Deus Criador que, no *Tohu va Vohu* das origens, faz esvoaçar sua *Ruah* divina como fonte de vida.

Esse caos original é "desordem e deserto", conforme a narrativa inicial do Livro do Gênesis. No segundo versículo, após a abertura cósmica que afirma: "No princípio, criou Deus o céu e a terra". Imediatamente continua o narrador da fonte sacerdotal com a imagem do caos original:

> A terra era caos e confusão
> e sobre a face do abismo a treva,
> e um vento de Deus revoava
> sobre as águas (Gn 1,2)[358].

André Chouraki – um dos tradutores bíblicos judaicos contemporâneos, que melhor dá conta do simbolismo hebraico de toda a Bíblia – traduz assim aquele caos original:

---

358. A Bíblia Hebraica Stuttgartensia transliterada, transcreve Gn 1,2 do seguinte modo: "vehaaretz hayeta **tohu vavohu** vechoshekh al-pene tehom **veruach elohim** merachefet al-pene hamayim" [Disponível em https://bit.ly/377Iylz – Acesso em 05/09/2018]. Versículo que a Vulgata traduz: "terra autem erat **inanis et vacua** et tenebræ super faciem abyssi et **spiritus Dei** ferebatur super aquas". E, por sua vez, a Septuaginta: ἡ δὲ γῆ **ἦν ἀόρατος καὶ ἀκατασκεύαστος** καὶ σκότος ἐπάνω τῆς ἀβύσσου καὶ **πνεῦμα θεοῦ** ἐπεφέρετο ἐπάνω τοῦ ὕδατος. [A ênfase em negrito é nossa para mostrar as duas expressões chave para nossa reflexão: "caos e confusão" e "vento de Deus"].

A terra era desordem e deserto
uma treva sobre as faces do abismo
mas o sopro de Elohîms plana
sobre as faces das águas[359].

Depois comenta nos seguintes termos o *Tohu va Vohu* que daria início, na literatura e na filosofia ocidental modernas, a uma narrativa da origem entrelaçada com as culturas antigas de Oriente Médio:

> 2. **Desordem e deserto** (*tohu-et-bohu*): "vazia" e "vaga", extrapolam as versões. Rashi, colado ao jogo das raízes, indica: "*tohu* significa espanto, estupefação – em francês antigo '*estordison*' –, *bohu* significa vazio e solidão. O homem é tomado de estupefação e de horror na presença do vazio". Em verdade, é difícil apurar o significado exato destas palavras que deram origem, na Idade Média, a Toroul baroul, depois, em 1552, na escritas de Rabelais, às "ilhas de Tohu e Bohu", e, em 1764, à frase judiciosa de Voltaire: "a terra era tohou-bohou".
>
> **O abismo** *tehôm*: por trás desta palavra adivinha-se a presença de Tiamar, a divindade mesopotâmica idêntica a Yam, da epopeia ugarítica: as divindades do abismo, vencidas pelos deuses triunfantes, Mardouk na Babilônia e Baal em Kena'ân (Canãa). A Bíblia exclui deliberadamente esses mitos: um Deus criador único e transcendente apaga a desordem e o deserto (*tohou-et-bohou*), tal como a treva do abismo, ao criar a primeira e mais insubstituível de suas criaturas, a luz primordial (Is 15,9-10).
>
> **O sopro de Elohîms**, *rouah*: designa ao mesmo tempo o sopro da respiração, do vento, da vida, do espírito, a potência de IHWH: é o *atman* do sânscrito,

359. CHOURAKI, A. *A Bíblia* – No princípio (Gênesis). Rio de Janeiro: Imago, 1995, p. 36.

> o *dem* dos persas, o *pneuma* dos gregos. *O sopro de Elohîms* é, com sua palavra, a fonte de toda criação, de toda vida. O inspirado é o homem do sopro. Planando originalmente sobre as águas primordiais, *o sopro de Elohîms,* será, no fim dos tempos, o quinhão de todos os homens (Jl 3,1; Is 44,3)[360].

A correlação entre *Tohu va Vohu* e *Ruah* divina é, desse modo, um primeiro indício que será precioso para desenvolver nossa releitura da temporalidade messiânica pela qual acontece a redenção em meio da violência sistêmica, como veremos mais adiante.

Como contraparte dessa história da redenção, a *doação* designa o processo da subjetividade em relação de alteridade como expressão fenomenológica *sub contrário* do ser-para-a-morte.

De fato, a fenomenologia e a ontologia pós-modernas desenvolveram esta categoria como *analogia princeps* para compreender o processo das inter-subjetivações possíveis, em tempos da fragmentação de toda ideia de sujeito e de (inter)subjetividade, que vivemos com o fracasso da razão moderna na sua versão instrumental.

Jean-Luc Marion[361] e John Milbank[362] são, talvez, os pensadores europeus que, de modo mais exato, analisaram essa experiência originária de *existir como sendo-dado* pelos outros e pelo Outro: seja como tradução do *Dasein* heideggeriano em seu sentido existencial, para o filósofo francês; ou ainda, como vestígio da *imago Dei* da metafísica teocêntrica do teólogo britânico.

Não nos deteremos aqui nos detalhes de suas argumentações eruditas, mas retomaremos essa categoria do pensamento pós-mo-

---

360. Ibid.

361. Cf. MARION, J.-L. *Siendo dado* – Ensayo para una fenomenología de la donación. Madri: Síntesis, 2008.

362. Cf. MILBANK, J. *The Future of Love*: Essays in Political Theology. Eugene: Cascade Books, 2009.

derno europeu para pensar a temporalidade messiânica que nos ocupa em termos de relação intersubjetiva de *gratuidade*. Segundo essa aproximação, a *doação* é – como processo performativo que cria intersubjetividade pelo *ser recebido e oferecido* – o fundo fenomenológico daquela subjetivação que vivem algumas comunidades de sobreviventes como processo de luto, nunca completamente resolvido, mas abertas à memória dos mortos, com dignidade, justiça e verdade, dispostas a uma possível reconciliação.

Essas comunidades de sobreviventes de nossos dias – que lembramos no primeiro capítulo – poderíamos qualificá-las aqui como *comunidades messiânicas* contanto que sejam capazes de viver a terrível experiência das fossas clandestinas ou a desaparição de seus familiares como uma *antecipação kairológica* de um *mundo novo que está chegando*. Esse devir se realiza mediante a práxis de múltiplas resistências – que surgem desde o clamor e a indignação – acompanhadas pela exigência de justiça e verdade, que pode chegar até a oferta do perdão aos algozes quando se tenha estabelecido a verdade. Através de tais resistências, as comunidades de sobreviventes assumem a ausência de seus desaparecidos ou de seus mortos, justamente na perspectiva de *doação* como relação intersubjetiva de amor de superabundância, que se expressa na sua vida pessoal, social, política e espiritual por meio de rituais de rememoração e re-membrança.

Para centrar ainda mais a nossa perspectiva sobre a temporalidade messiânica como processo de (inter)subjetivação de doação que vivem as comunidades de sobreviventes, descreveremos a seguir o sentido *teologal* dessa doação.

As fossas clandestinas como poços de indignação, resiliência e esperança

No espaço de intersubjetivação aberto pelas primeiras coordenadas que acabamos de descrever – ontológica da *an-arquia* e teologal da *doação* – abre-se uma *fissura* simbólica[363] que propomos aqui para ressignificar as fossas clandestinas – num *midrash* pós-moderno e decolonial – como poços de indignação, resiliência e esperança.

Porém, em nossas pesquisas, descobrimos duas modalidades dessa fissura que resultam de grande pertinência para expandir esse novo espaço de significação da ressurreição, desconstruída de sua representação meta-histórica.

Uma dessas modalidades é a experiência prototípica da comunidade jesuânica em luto que analisamos no capítulo anterior, que nos abriu os olhos para ler o túmulo vazio como uma *Guha* ou cova que conecta com o *Sheol* hebraico, como novo poço de Jacó de onde jorra a água viva dos tempos messiânicos.

A outra modalidade é o seu aspecto *escatológico*: a temporalidade messiânica como possibilidade de existência que "contrai o tempo" violento do *Katechon*.

À luz dessas modalidades, vamos descrever, nas páginas finais, as fossas clandestinas como poços de luto, memória e resiliência que se abrem como caminho de indignação com esperança.

* * *

Indignação que surge nas comunidades de sobreviventes pela morte dos inocentes por mãos das máfias criminosas. Um clamor inicial de pranto e desesperação surge das gargantas e das entranhas dos familiares das mais de oitenta mil pessoas desaparecidas ou das duzentas mil assassinadas no México nos últimos doze anos. Se considerarmos as cifras mais moderadas, perto

363. Alguns chamam esta fissura de "interstício", indicando sobretudo as contradições do sistema político hegemônico, por onde passam as resistências. Sem negar a importância deste pensamento, nós preferimos concentrar-nos numa aproximação fenomenológica e teologal desta fissura para compreender os alcances da temporalidade messiânica.

de um milhão de pessoas foram afetadas – seja como vítimas ou como seus sobreviventes – por este luto (im)possível, somente no México. Haveria de somarmos às estatísticas do horror os lutos de familiares na América Central, na Colômbia e no resto da América Latina.

Primero, trata-se de um luto *impossível*, porque jamais ficará fechada a ferida da ausência das vítimas exterminadas. Porém, um luto que seja talvez *possível*, quando essas pessoas e comunidades de sobreviventes vivam a intersubjetivação da ausência como uma práxis social, política e cultural-simbólica, com narrativas de vida que lhes permitam não esquecer seus mortos e viver com eles em paz.

Da constante ético-político da indignação surge a *resiliência* como um modo de sobreviver, não apenas amarrados a um passado lacerante, em meio de um presente incerto, mas com um relance de futuro apenas vislumbrado. Essa capacidade de resistência que desenvolvem os sobreviventes tem sido analisada por médicos, psiquiatras, antropólogos e filósofos como descrevemos em capítulos precedentes.

No entanto, aqui nos ocupamos do seu significado *teologal* porque exatamente nessa "ferida que se torna luz" – como dizia Braque[364] para se referir à arte – transfigura-se toda a história da humanidade. De fato, o papel das artes e das espiritualidades da humanidade – como narrativas de resiliência para recriar o absurdo – é fundamental para nutrir a memória das vítimas aniquiladas e de seus sobreviventes, que ainda conservam um fio de esperança de encontrar-lhes, de fazer justiça e, finalmente, de poder dar-lhes sepultura para manter viva a comunhão entre vivos e mortos.

---

364. Às vezes atribuída a Coteau, a frase é, porém, de Georges Braque, segundo a entrevista com André Verdet. Cf. VERDET, A. *Entretiens, notes et Écrits sur la peinture*. Paris: Galilée, 1988.

* * *

Por isso, a *esperança* que surge da resiliência dos sobreviventes é uma sóbria esperança *teologal*: gozosa, mas não alegre, otimista, mas não ingênua.

Vai além da espera da mãe dos jovens Macabeus do Primeiro Testamento na ação vindicativa de um Deus justiceiro que narra 2Mc 7,29: "Não temas este carrasco, pelo contrário, mostra-te digno de teus irmãos, aceita a morte, a fim de que eu volte a encontrar-te com teus irmãos na misericórdia". Uma confissão hebraica primitiva de fé na ressurreição que aguarda a retribuição divina em chave de justiça.

Mas essa espera pode ir além da vingança quando está replena de *perdão*, como no caso de Maria Herrera, que perdeu há dez anos quatro filhos, devido à violência criminosa no sul do México. Graças às narrativas das espiritualidades da humanidade que confiam no seu Ser divino *todo-amoroso*[365] é possível falar de esperança.

Não nos esqueçamos de que a virtude teologal da esperança é *escatológica*. No entanto, é necessário reinterpretar tal escatologia em perspectiva messiânica e kairológica, uma vez que o cristianismo recebeu essa força interior (*virtus theologalis*) da comunidade jesuânica que viveu o luto do túmulo vazio, com o olhar retrospectivo colocado no Filho do homem que morreu crucificado, perdoando seus algozes, iniciando assim o *eón* novo.

---

365. Entre teólogas e teólogos que desconstruíram o nome da "omnipotência" divina em perspectiva de amor incondicional, ao longo do século XX, seguindo o percurso aberto por Dietrich Bonheoffer, cf.: ANDRADE, B. *Dios en medio de nosotros. Esbozo de una teología kerigmática.* Salamanca: Secretariado Trinitario, 1999. Da mesma forma, em perspectiva de teologia fundamental: TORRES-QUEIRUGA, A. *Creo en Dios padre* – El Dios de Jesús como afirmación plena del hombre. Santader: Sal Terrae, 1986.

Não nos esqueçamos de que a esperança escatológica não tem objeto próprio que ultrapassa o paradoxo sem fim do "corpo glorioso" de um "Messias crucificado", como "Cordeiro que reina degolado".

No final, no coração desta contradição de imagens que não acaba, mas se intensifica na história violenta, flui a *an-arquia* divina e seu correlato humano que é a resistência messiânica e antissistêmica das comunidades de sobreviventes, como uma intersubjetivação de redenção, tornada possível graças ao ágape messiânico de doação.

A ressurreição como insurreição: uma antecipação kairológica antissistêmica

Estamos chegando assim ao estágio *liminar* em que nos deixa o caminho percorrido ao longo desta pesquisa sobre a ideia da ressurreição em perspectiva pós-moderna e decolonial. Apenas vislumbramos ao longe o horizonte da ressurreição. Como Moisés após atravessar o deserto, nós que vivemos em tempos do horror também não temos ainda a possibilidade de entrar nessa "terra prometida".

Portanto, este livro não termina com uma conclusão, muito menos com um fechamento do olhar ou da inteligência acerca do horror da violência do necropoder que cresce, nem sobre a esperança teimosa que, em meio desse horror, floresce.

Conseguimos, antes, entrever um resplendor que aparece no espaço-tempo que nos coube viver, como anúncio da temporalidade messiânica. Procede daqueles que conseguiram viver "tirando o pão da boca, para dá-lo àqueles que têm fome", conforme a repetida frase do Talmude, a fim de anunciar o modo insólito da chegada do messias.

Para não perder o rumo com que iniciamos este percurso – existencial, narrativo e teórico, ao mesmo tempo, num vaivém de reflexões – a favor de uma interpretação da ressurreição em perspectiva pós-moderna e decolonial, concluamos este livro considerando como síntese da temporalidade messiânica o binômio teológico-político da *antecipação kairológica como práxis antissistêmica*.

* * *

A *simbólica do bem* – que somente a encarnação do Verbo de Deus torna possível – está orientada à recapitulação do corpo do messias. Não apenas do messias crucificado que foi Jesus de Nazaré como filho do homem. Tampouco se refere apenas ao corpo social do messias que é o povo de Israel, segue as promessas feitas a seus ancestrais, Abraão e Sara. O *corpo messiânico* designa, porém, a humanidade redimida de sua contradição de morte, aquela violência mimética que lacera corpos e subjetividades dos justos, como espiral vitimária, fratricida e sororicida, até *la montée aux extremes* [a escalada aos extremos] de nossos dias de violência sistêmica e globalizada.

Devir-corpo-do-messias é possível através da "contração do tempo" que os justos da história vivem. Aqueles *trinta e seis* justos de Israel, número simbólico de personagens anônimos que deram a vida pelos outros. Mas um número que – na sua versão apocalíptica protocristã – eleva-se como expressão da superabundância divina a uma multidão de *cento e quarenta e quatro mil* justos que louvam o *Cordeiro que reina degolado*:

> E diziam com voz potente: "Digno é o cordeiro degolado de receber o poder, a riqueza, a sabedoria, a honra, a glória e o louvor" [λέγοντες φωνῇ μεγάλῃ·ἄξιόν ἐστιν τὸ ἀρνίον τὸ ἐσφαγμένον λαβεῖν τὴν δύναμιν καὶ πλοῦτον καὶ σοφίαν καὶ ἰσχὺν καὶ τιμὴν καὶ δόξαν καὶ εὐλογίαν] (Ap 5,12).

E, para coroar a simbólica do bem, a revelação cristã anuncia outro oximoro potente:

> Um dos anciãos tomou a palavra e me perguntou: "Estes que estão vestidos com vestes brancas, quem são e de onde vêm?" Respondi: "Meu senhor, tu sabes". Ele me respondeu: "Estes são os que saíram de uma grande tribulação, lavaram e alvejaram suas vestes com o sangue do Cordeiro" [Καὶ ἀπεκρίθη εἷς ἐκ τῶν πρεσβυτέρων λέγων μοι· οὗτοι οἱ περιβεβλημένοι τὰς στολὰς τὰς λευκὰς τίνες εἰσὶν καὶ πόθεν ἦλθον; καὶ εἴρηκα αὐτῷ. κύριέ μου, σὺ οἶδας. καὶ εἶπέν μοι: οὗτοί εἰσιν οἱ ἐρχόμενοι ἐκ τῆς θλίψεως τῆς μεγάλης καὶ ἔπλυναν τὰς στολὰς αὐτῶν καὶ ἐλεύκαναν αὐτὰς ἐν τῷ αἵματι τοῦ ἀρνίου] (Ap 7,13-14).

"Feridas que curam" e "sangue que limpa" são expressões apocalípticas do corpo *queer* do messias[366] que se recapitula desde os corpos e subjetividades, tornados lixo, de todos os tempos. Aquelas que, no fundo de sua vulnerabilidade vulnerada, vivem com dignidade, resiliência e esperança.

Graças à fé na ressurreição que viveu a comunidade jesuânica – como um processo de subjetivação em meio do luto, trabalhado como memória, relendo os ditos e obras do *rabi* Jesus à luz das Escrituras hebraicas e aprendendo a "partir o pão" em seu nome como gesto messiânico primordial – a temporalidade messiânica ficou manifestada, no coração da história violenta, como antecipação kairológica. No "aqui e agora" do gesto messiânico – vivenciado agora, de modo radical, na memória de Jesus como "crucificado por nossos pecados e ressuscitado para nossa salvação" (Rm 4,25) – emerge a redenção para todos os justos da história e também para os algozes que estejam prontos para o *perdão*.

---

366. Como expressão desta condição *queer* do corpo messiânico, cf. KNAUSS, S. & MENDOZA-ÁLVAREZ, C. (orgs.). "Queer Theologies. Becoming the Queer Body of Christ". *Concilium*, 5, 2019.

Como *simbólica do bem*, a temporalidade messiânica é a fonte de uma práxis, de fundo kairológico e teologal, que as comunidades escatológicas são chamadas a viver em qualquer momento da história. Essa experiência de antecipação messiânica alcançamos a vislumbrá-la no centro das resistências espirituais das comunidades sobreviventes, na hora do necropoder de nossos tempos nefastos.

Finalmente, não nos esqueçamos de que essa dimensão *teologal* tem seu correlato inseparável, assim como seu critério último de verificação, na dimensão *performativa* – política, epistemológica e espiritual – como práxis antissistêmica, porque trata-se da redenção como recapitulação do corpo *queer* do messias. Um corpo cujas feridas seguem abertas em tempos do necropoder. Dessas feridas das vítimas sistêmicas se tornam responsáveis a práxis antissistêmica das comunidades de sobreviventes. Essas vidas que foram ceifadas pela violência do necropoder são rememoradas como "feridas que curam" (Is 53,5) porque mantêm viva a memória dos sobreviventes, levam à compaixão, e não deixam de clamar por justiça com verdade e reparação de dano para que o corpo social do messias seja recapitulado, isto é, re-membrado.

A práxis antissistêmica é, desse modo, remembramento do corpo do messias. Essa práxis edifica-se como resgate do corpo messiânico que sempre será *queer*, isto é, cheio de estranhas e irredutíveis subjetivações que afirmam seu direito a existir como diferentes, no coração de uma comunidade de semelhantes e de próximos na lógica do mútuo reconhecimento realizado por meio da existência em amorosa doação.

Devir corpo *queer* do Messias é, finalmente, o caminho para a reutopização da vida-que-não-acaba, porque essa vida *nova* está guardada e conservada com potência na memória do Deus da Vida, ao mesmo tempo que fica resguardada pela práxis messiânica e antissistêmica das comunidades de sobreviventes.

Epílogo

A fé na ressurreição dos mortos flui – no coração das comunidades de sobreviventes da violência sistêmica do século XXI – como riacho que percorre colinas e vales convertidos em deserto. Surge como um paulatino processo de *memória feliz*, que se torna esperança de vida plena para todos, começando pelos ancestrais que se foram, mas que alcança os que ainda estamos sobre a face da terra.

Por meio da *simbólica do bem* que vivem os justos da história e suas comunidades de sobreviventes, o resto da humanidade podemos aguardar ainda um futuro seguro, com os pés sobre a terra ferida pelas fossas clandestinas, terra também semeada, porém, de resistências de indignação, com memória com justiça e verdade e, desse modo, com fagulhas de esperança.

A teologia fundamental pós-moderna da ressurreição nos permite aproximar-nos – com imenso respeito à dor das comunidades de sobreviventes – a tal acontecimento originário de vida plena que floresce no meio da morte. É justamente ali onde se levanta com prepotência o muro do ódio.

Porém, somente iluminados com a lâmpada do ágape messiânico poderemos atravessar – por intermédio de uma *fissura* que as vítimas vivem com frequência como um longo túnel da morte – esse *muro de ódio* que divide a humanidade desde antigamente.

A lâmpada do *Cordeiro que reina degolado* ilumina os corações e as inteligências em chamas dos sobreviventes pela indignação, resiliência e compaixão que vivem pela memória dos justos aniquilados. Os processos de subjetivação que vivem em meio ao horror nos permitem permanecer de pé em meio dos escombros da violência global.

A ressurreição pode ser compreendida então – com todas suas potências de experiência de vida teologal – como uma insurreição messiânica e antissistêmica que permite enfrentar o luto com dignidade e que fortalece a práxis de justiça com verdade e esperança.

A fé na ressurreição como insurreição messiânica e antissistêmica não resolve o enigma do mal no mundo, porém o enfrenta com força. Desmascara a mentira perversa de Satã que consiste em justificar e acrescentar o sacrifício dos inocentes. É ali onde a Ruah divina expande o coração e o olhar, abrindo o horizonte aos sobreviventes para "seguir procurando tesouros" em meio das fossas clandestinas, para "descobrir a verdade do que aconteceu para saber a quem perdoar". Então poderá fluir a reconciliação como um dom, uma vez que é recapitulação do corpo do messias.

Desse modo, no centro dessa *vacuidade* da ausência que dói, que é como um novo túmulo vazio, é possível atravessar o tempo da fatalidade para ressurgir como *insurreição de esperança*. O caminho para atravessar esses túmulos foi aberto pelo *Crucificado que despertou*, quando desceu aos infernos para buscar os justos da história e chamar à conversão final os algozes. Essa experiência de recapitulação da história violenta da humanidade – por meio do *perdão* oferecido pelas pessoas justas – inaugura os tempos messiânicos.

Por isso, a *an-arquia* da fé teologal é uma experiência de retaguarda, que vai caminhando em fila indiana, em meio da noite, atrás da vida dos justos, seguindo seus passos. Daí surge uma potência *teologal* para toda ação social, política e, inclusive, espiritual, que seja capaz de re-membrar o corpo social do messias. No "aquém" da indignação, das lágrimas pela ausência que dói – pela morte das pessoas amadas que foram assassinadas ou desaparecidas – se entrevê uma *presença outra* que consola.

Os indícios da redenção do tempo messiânico serão sempre, no começo, um fulgor lacerante. São farpas que ferem o corpo social ao lembrar os inocentes vitimados pelo necropoder. Porém, movem as vítimas para viver uma práxis *subversiva* por uma mudança desse mundo perverso.

Quando esses fulgores são vividos em memória do amor de doação – ágape do messias crucificado e de todos os crucificados da história – então a tênue luz da lâmpada do *Cordeiro que reina degolado* permite avançar em meio da longa noite. Então o corpo do messias vai sendo re-membrado.

Esse corpo do messias, no entanto, é *queer* porque está tecido de diferentes membros. Na sua estranha raridade – tecida de diferentes subjetividades negadas em seus corpos e na sua dignidade, assim como de subjetivações em resistência pelo reconhecimento – o corpo *queer* do messias está sendo re-membrado, através da insurreição do tempo contraído que praticam os sobreviventes através do amor de doação.

Afinal, cabe a nós, comunidades de sobreviventes de hoje continuar fazendo *memória feliz* das pessoas justas da história.

Tal é a herança espiritual e política pela qual, nestes tempos nefastos, poderemos assumir a realidade, com dignidade e memória, com justiça e verdade, com a esperança colocada no ágape do messias do Deus que nunca falha.

Rio de Janeiro, 8 de setembro de 2018

Referências

Bíblia

NESTLÉ-ALAND. *Novum Testamentum Graece*. 28. ed. [disponível em https://bit.ly/36Xuz1B – Acesso em 04/09/2018].

The Anchor Yale Bible – A New Translation with Introduction and Commentary by Joel Marcus. New Haven: Yale University Press, 2009.

Livros e artigos

ACHARYA, F. "Saturday of the Good Tidings – Evening Prayer – Hymn". In: KURISUMALA ASHRAM. *Prayer with the Harp of the Spirit* – Vol. III. The Crown of the Year. Part II. Vagamon: Kurisumala Ashram, 2009, p. 565.

ACHARYA, F. (org.). "The Great Fast of the Resurrection. Hymn". In: *Prayer with the Harp of the Spirit. The Prayer of Asian Churches* – Vol. III: The Crown of the Year. Parte II. Kerala: Kurisumala Ashram, 2009.

ADAM, T. "Entrevista a Lukas Avendaño, performer i antropòleg muxe". *Terrícoles/betevé*, 04/07/2018 [Disponível em https://www.youtube.com/watch?v=UejJeyPEbaM – Acesso em 11/10/2018].

AGAMBEN, G. "Introduzione: Iván Illich y la corrupción de lo mejor". In: ILLICH, I. *Genere*. Vicenza: Neri Pozza, 2013 [tradução ao espanhol por *Artillería Inmanente* (10/01/2017), disponível em https://bit.ly/2Xt1yaR – Acesso em 08/10/2018].

_____. *El tiempo que resta* – Comentario a la Carta a los Romanos. Madri: Trotta, 2006.

_____. *Estado de excepción* – Homo sacer. Vol. II. Buenos Aires: Adriana Hidalgo, 2005.

AGUIRRE MONASTERIO, R. & RODRÍGUEZ CARMONA, A. Evang*elios sinópticos y Hechos de los Apóstoles*. Estella: Verbo Divino, 1994.

ALLISON, D.C. *Jesus of Nazareth, Millenarian Prophet.* Mineápolis: Fortress, 1998.

ALTHAUS-REID, M. *Teología indecente*: perversiones teológicas en sexo, género y política. Buenos Aires: Bellaterra, 2005.

_____. *From Feminist Theology to Indecent Theology*: readings on poverty, sexual identity and God. Londres: SCM, 2004.

_____. *The Queer God.* Londres: Routledge, 2003.

ANDRADE, B. *Cuéntanos tu esperiencia de Dios* – Reflexiones sobre el Dios cristiano. Salamanca: Secrertariado Trinitario, 2001.

_____. *Dios en medio de nosotros. Esbozo de una teología kerigmática.* Salamanca: Secretariado Trinitario, 1999.

ARENDT, H. *Eichmann en Jerusalén* – Estudio acerca de la banalidad del mal. Barcelona: Lumen, 1999.

_____. *Los orígenes del totalitarismo.* Madri: Taurus, 1974.

ATIENZA, D.F. & GARCÍA-RAMOS, D. *La construcción de la identidad en tiempos de crisis* – El papel de la violencia y la religión. Barcelona: Anthropos, 2017.

AUBRY, A. *Saberes en el camino (Compilación de artículos 1984-2007).* San Cristóbal de Las Casas: Cideci-Unitierra, 2017.

_____. *Fray Pedro Lorenzo de la Nada*: misionero de Chiapas y Tabasco. Cidade do México: Fondo de Cultura Económica, 2013.

_____. *La paz de Dios y del Rey* – La conquista de la selva lacandona, 1525-1821. Cidade do México: Fondo de Cultura Económica, 1988.

_____. *Oro verde* – La conquista de la selva lacandona por lo madereros tabasqueños. Cidade do México: Fondo de Cultura Económica, 1988.

AVENDAÑO, L. *Buscando a Bruno.* Barcelona, jun./2018 [Disponível em https://vimeo.com/277627522 – Acesso em 11/10/2018].

_____. *Obra escénica* [Disponível em https://vimeo.com/166573227 – Acesso em 11/10/2018].

_____. *No soy persona, soy mariposa*, 2016.

_____. *Instalaciones para cuerpo humano*, 2014.

_____. *Réquiem para un alkavarán*, 2012.

BAENA BUSTAMANTE, G. "Exilio y desplazamiento: un desafío a la esperanza". *Theologica Xaveriana*, vol. 60, n. 170, jul.-dez./2010, p. 552-553.

BARTH, M. & BLANKE, H. *Colossians*. Nova York: Doubleday, 1994 [The Anchor Bible, vol. 34b].

BECK, H. *Otra Modernidad es posible* – El pensamiento de Iván Illich. Madri: Malpaso, 2018.

BENJAMIN, W. *Tesis sobre la historia y otros fragmentos.* Cidade do México: Itaca, 2008.

BEVERLY, J. *Latinamericanism After /11.* Durham: Duke University Press, 2011.

BOCHAR PIZARRO, J.E. "Feminismos, perspectiva de género y psicoanálisis". *Géneros*, n. 20, época 2, ano 23, set./2016-fev./2017 [Disponível em http://bvirtual.ucol.mx/descargables/5_35-64.pdf – Acesso em 15/10/2018].

BOCK, D.L. *Jesus segundo as Escrituras.* São Paulo: Shedd, 2006.

BOFF, C. *Teología de lo político* – Sus mediaciones. Salamanca: Sígueme, 1980.

BOFF, L. "El Cristo Cósmico: la superación del antropocentrismo". *Numen. Revista de estudos e pesquisa da religião*, vol. 2, n. 1, p. 125-139 [Disponível em https://bit.ly/3cvADiX – Acesso em 08/10/2018].

_____. *A ressurreição como insurreição*, 07/04/2012 [Disponível em https://bit.ly/2MvBKUZ – Acesso em 05/07/2018].

BRAUER-RIEKE, D. "There will be an answer...". In: *Sources of Authority in the Church*. Mineápolis: Lutheran University Press, 2011.

BRAVO, C. *Galilea, año 30*. Cidade do México: CRT, 1986.

BUSCAGLIA, E. *Lavado de dinero y corrupción política*. Cidade do México: Grijalbo, 2016.

_____. *Vacío de poder en México* – Cómo combatir la delincuencia organizada. Cidade do México: Debate, 2013.

BUTLER, J. *El género en disputa* – El feminismo y la subversión de la identidad. Madri: Paidós, 2007.

_____. *Vida precaria* – El poder del duelo y la violencia. Buenos Aires: Paidós, 2006.

CASALENGO, A. *"É o Senhor!"* – Estudo dos relatos da ressurreição no Evangelho de João. São Paulo: Loyola, 2013.

CASTELLANOS, R. *Oficio de tinieblas*. Cidade do México: Joaquín Mortiz, 1962.

CAYLEY, D. *Conversaciones con Iván Illich* – Un arqueólogo de la Modernidade. Madri: Enclave, 2013.

CELAM. *Conclusiones del VI Simposio de Teología India*. Assumção, 18-23/09/2017 [Disponível em https://bit.ly/3ePKaCL – Acesso em 08/10/2018].

CHANCEL, L. (org.). *Desigualdad Global* – Resumen ejecutivo. Berlin: World Inequality Lab, 2018 [Disponível em https://bit.ly/2Xt1IPv – Acesso em 08/10/2018].

CHAUVET, L.-M. *Símbolo y sacramento*. Barcelona: Herder, 1991.

CHÁVEZ AVIÑA, M. *Un problema filosófico para la vida* – La reconciliación, camino posible para la paz. Cidade do México: Universidade Ibero-americana, 2017 [tese de doutorado em filosofia].

COHEN, H. *El Prójimo*. Madri: Anthropos, 2004.

_____. *La religión de la razón desde las fuentes del judaísmo.* Madri: Anthropos, 2004.

Colloquim Violence and Religion (COV&R) [Disponível em https://violenceandreligion.com].

COMISIÓN DE LA VERDAD Y LA RECONCILIACIÓN EN EL PERÚ. *Informe final (31 de Agosto de 2003).* Vol. IX. [Disponível em https://bit.ly/3gMwSZD – Acesso em 14/10/2018.

COMISION SEXTA DEL EZLN. *Encuentro Internacional de Mujeres que Luchan*. Pronunciamiento completo. [Disponível em https://bit.ly/2XPkrDC – Acesso em 18/07/2018].

_____. "Palabras de las mujeres zapatistas en la clausura del Primer Encuentro Internacional, Político, Artístico, Deportivo y Cultural de Mujeres que Luchan". *Caracol Zapatista de la Zona Tzotz Choj,* 10/03/2018 [Disponível em https://bit.ly/3cu5mN9 – Acesso em 08/10/2018].

_____. *Conversatorio "Miradas, esuchas, palabras: ¿prohibido pensar?"*, abr./2018 [Disponível em https://bit.ly/301DTzW – Acesso em 11/10/2018].

_____. *El pensamiento crítico frente a la hidra capitalista.* Tomo I. San Cristóbal de Las Casas: Cideci-Unitierra, 2015.

_____. *Fechas y otras cosas para la escuelita zapatista*, mar./2013 [Disponível em https://bit.ly/3ct3V1D – Acesso em 11/10/2018].

_____. *Sexta Delcaración de la Selva Lacandona*, jun./2005 [Disponível em http://enlacezapatista.ezln.org.mx/sdsl-es/ – Acesso em 11/10/2018].

CONCHEIRO, L. "Los pueblos indígenas de México eligen a su vocera e irrumpen en el escenario político". *New York Times,*

28/05/2017 [Disponível em https://nyti.ms/3dtHJpf – Acesso em 11/10/2018].

CROSSAN, J.D. *O Jesus histórico* – A vida de um camponês judeu do Mediterrâneo. Rio de Janeiro: Imago, 1994.

CUSICANQUI, S. *Ch'ixanakax utxiwa*: una reflexión sobre prácticas y discursos descolonizadores. Buenos Aires: Retazos-Tinta Limón, 2010.

CYRULNIK, B. *Mémoire et traumatisme*: L'individu et la fabrique des grands récits. Entretien avec Denis Peschanski. Paris: 2012.

DAVIS, A. *Mujeres, raza y clase.* Madri: Akal, 2001.

DAWES, G. (org.). *The Historical Jesus Quest* – Landmarks in the Search of the Jesus of History. Louisville: Westminster John Knox Press, 1999.

DE SOUZENELLE, A. *El simbolismo del cuerpo humano*. Buenos Aires: Kier, 1997.

DETTWILER, A. "Le mystère de la résurrection. Considérations théologiques à propos de Marc 16,1-8". In: ROSE, M. *Histoire et herménejutique* – Mélanges offerts à Gottfried Hammann. Genebra: Labor et Fides, 2002.

DRI, R. *La Fenomenología del Espíritu de Hegel* – Perspectiva latinoamericana. Vol. II: Intersubjetividad y reino de la verdad – Hermenéutica de los capítulos I-IV. Buenos Aires: Biblos, 2006.

DUPUY, J.-P. *La marque du sacré*. Paris: Flamarion, 2010.

______. "Rational Choice before the Apocalypse". *Anthropoetics* XIII, n. 3, 207, inverno/2008 [Disponível em http://anthropoetics.ucla.edu/ap1303/1303dupuy/ – Acesso em 12/10/2018].

______. *Petite métaphysique des tsunamis*. Paris: Seuil, 2005.

______. *Pour un catastrophisme éclairé* – Quand l'impossible est certain. Paris: Seuil, 2002.

DUSSEL, E. *Política de la liberación*. Vol. III: La crítica. Buenos Aires: Docencia, 2019.

_____. "Walter Benjamin y el mesianismo". *La Jornada*, 01/08/2018 [Disponível em https://www.jornada.com.mx/2018/08/01/opinion/019a2pol – Acesso em 04/09/2018].

_____. "La religión como crítica a la opresión – La figura mesiánica de Óscar A. Romero (1917-1980)". *La Jornada*, 23/05/2015 [Disponível em https://bit.ly/2XZxnqy – Acesso em 20/10/2018].

_____. *Hacia una filosofía política crítica*. Bilbao: Desclée, 2001.

_____. *1492: El encubrimiento del otro – Hacia el origen del mito de la modernidad*. Madri: Nueva Utopá, 1992.

_____. *Obras selectas*. Vol. 26/I: Historia mundial y crítica. Vol. 26/II: Arquitectónica [Disponível em https://bit.ly/2U5FmBg – Acesso em 09/10/2018].

DUSSEL, E.D. & APEL, K.-O. *Ética del discurso y ética de la liberación*. Buenos Aires: Docencia, 2013 [Obras Selectas, 21].

ELLACURÍA, I. "El pueblo crucificado. Ensayo de soteriología histórica". In: VV. AA. *Cruz y resurrección* – Presencia y anuncio de una Iglesia nueva. Cidade do México: CRT/Servir, 1978, p. 49-82.

ELMIGER, M.E. "La subjetivación del duelo en Freud y Lacan". *Revista Mal Estar e Subjetividade*, mar./2010.

ESTERMANN, J. *Apu Taytayku*: Religion und Theologie im andinen Kintext Südamerikas. Ostfildern: Grünewald, 2011.

ESTEVA, G. "Tejidos y deshilados". *La Jornada*, 23/11/2015 [Disponível em http://www.jornada.com.mx/2015/11/23/opinion/024a2pol – Acesso em 11/10/2018].

EVYA J., E. (org.). "Dictadura, trauma político y psicología. El quehacer de la psicología en el contexto de las violaciones a los derechos humanos en Chile". *Psicología Hoy*, n. 28, ago./2008 [Disponível em https://bit.ly/3cnLQ52 – Acesso em 14/10/2018].

EZLN. *Ley Revolucionaria de Mujeres*, 01/12/1993 [Disponível em https://bit.ly/2zWZyyC – Acesso em 11/10/2018].

FORNET-BETANCOURT, R. *La Philosophie Interculturelle* – Penser autrement le monde. Paris: l'Atélier, 2011.

_____. *Crítica intercultural de la filosofía latinoamericana actual.* Madri: Trotta, 2004.

FORNET-BETANCOURT, R. & TAMAYO ACOSTA, J.J. *Diálogo interreligioso y liberación* – I Simposio Internacional de Teología Intercultural e Interreligiosidad y Liberación. Estella: Verbo Divino, 2005.

FRANCO, J. "Violación: un arma de guerra". *Debate Feminista*, vol. 37, abr./2008, p. 16-33 [Disponível em https://bit.ly/2Y2XXPY – Acesso em 12/10/2018].

FREUD, S. "Trauer und Melancholie". In: *Internationale Zeitschrift für Ärztliche Psychoanalyse*, IV Jahrgang, 1916/17, Heft 6, 1918, p. 288-301.

GAMIÑO MUÑOZ, R. *La Patria de los ausentes* – Un acercamiento al estudio de la desaparición forzada en México. Cidade do México: Universidad Iberoamericana/Plaza y Valdés, 2019.

GIBEROVITCH, M. *Recovering from Genocidal Trauma*: An Information and Practice Guide for Working with Holocaust Survivors. Toronto: University of Toronto Press, 2013.

GIRARD, R. *Clausewitz en los extremos* – Política, guerra y apocalipsis. Buenos Aires: Katz, 2010.

_____. *Veo a Satán caer como el relámpago.* Barcelona: Anagrama, 2006.

_____. *La violencia y lo sagrado*. Barcelona: Anagrama, 1983.

GIRARD, R.; ANTONELLO, P. & CASTRO ROCHA, J. *Evolution and Conversion* – Dialogues on the Origins of Culture. Londres: Continuum, 2007.

GODWIN PHELPS, T. *Después de la violencia y la opresión: ¿es* posible crear justicia? León: Cátedra Kino SUJ, 2007.

GONZÁLEZ, C. "Recuento de las tres etapas del movimiento de pueblos originarios de México, fundado en 1996 luego del levantamiento zapatista de 1992" [Disponível em https://radiozapatista.org/?p=26778 – Acesso em 11/10/2018].

GRUPO PISOR (Pluralismo, Interculturalidad, Socialidad y Resistencias). *Movimientos sociales, resistencias y universidad* – Sobre la incidencia social del conocimiento. Cidade do México: Gedisa, 2018.

GUTIÉRREZ AGUILAR, R. *Horizontes comunitario-populares* – Producción de común más allá de políticas Estado-céntricas. Madri: Traficantes de Sueños, 2017.

______. *Desandar el laberinto* – Introspección en la feminidad contemporánea. Buenos Aires: Tinta Limón, 2011.

______. *Los ritmos de Pachakuti*: movilización y levantamiento indígena popular en Bolivia. Buenos Aires: Tinta Limón, 2008.

GUTIÉRREZ, G. *La teología de la liberación. Perspectivas.* Salamanca: Sígueme, 1972.

HALÉVY, S.; BOURBAKI, P. & ROBERT, J. *Jean-pierre Dupuy*: la crisis económica, su arqueología, constelaciones y pronóstico. San Cristóbal de Las Casas: Cideci-Unitierra, 2012.

HERNÁNDEZ HUERTA, J.L.; SÁNCHEZ BLANCO, L. & PÉREZ MIRANDA, I. (orgs.). *Temas y perspectivas sobre educación* – La infancia ayer y hoy. Salamanca: Anthema, 2009.

HERRERA, M. "Palavras de Maria Herrera, mãe de quatro filhos desaparecidos". In: *Marcha de la Dignidad Nacional*, 10/05/2015 [Disponível em https://bit.ly/3gOK68m – Acesso em 10/07/2018].

HOLLOWAY, J. *La tormenta*. Buenos Aires: Herramienta, 2017.

______. *Contra el dinero*. Buenos Aires: Herramienta, 2015.

______. *Agrietar el capitalismo. El hace contra el trabajo.* Madri: Ediciones de Intervención Cultural, 2011.

______. *Cambiar el mundo sin tomar el poder.* Madri: Ediciones de Intervención Cultural, 2003.

HUANACUNI MAMANI, F. *Los 13 principios del Sumak Kawsay o Buen vivir aymara* [Disponível em http://rcci.net/globalizacion/2017/fg2953.htm – Acesso em 18/07/2018].

I Congresso Internacional de Comunalidade – Luchas y estratégias comunitárias, 26-29/11/2015 [Disponível em https://bit.ly/3cr369r – Acesso em 12/10/2018].

II Congreso Internacional de Comunalidad. Oaxaca, 2017 [Disponível em https://bit.ly/2Bug5dO – Acesso em 12/10/2018].

ILLICH, I. *Obras reunidas*. Vol. I. Cidade do México: Fondo de Cultura Económica, 2015.

______. *La convivencialidad*. Ocotepec: Morelos, 1978 [Disponível em https://www.ivanillich. org.mx/convivencial.pdf – Acesso em 08/10/2018].

IRAHETA MONROY, M.R. "Psicotrauma en sobrevivientes de guerra en Guatemala". *Medicina Legal de Costa Rica*, vol. 20, n. 2, set./2003 [Disponível em http://tiny.cc/sdj8pz – Acesso em 12/10/2018].

JAUBERT, A. "La symbolique du puits de Jacob". In: *L'homme devant Dieu* – Mélanges offerts su père Henri de Lubac. Lyon: Aubier, 1963.

JOBIM, J.L.; MÉNDEZ GALLARDO, M. & MENDOZA-ÁLVAREZ, C. (orgs.). *Mímesis e invisibilización social* – La interdividualidad colectiva en América Latina. México: Universidad Iberoamericana, 2017.

KNAUSS, S. & MENDOZA-ÁLVAREZ, C. (orgs.). *Concilium* 2019/5: "Queer theologies: Becoming the queer body of Christ", nov. 2019.

LACAN, J. *Seminario 6: El deseo y su interpretación* – "Siete clases sobre Hamlet". Clase 18 "El deseo y el duelo" (22 de abril de 1959). Buenos Aires: Paidós, 2014 [Disponível em https://parletre.org/2016/05/19/seminarios-de-jacques-lacan-paidos/ – Acesso em 15/10/2018].

LAZO, P.J. *M. Coetzee* – Los imaginarios de la resistencia. Madri: Akal, 2017.

_____. "La resistencia intersticial y la crítica de la biopolítica en Giorgio Agamben". *Reflexiones Marginales*, n. 39 [Disponível em https://cutt.ly/2yXXVew – Acesso em 16/10/2018].

LELAND, J. "A Spirit of Belonging, Inside and Out". *The New York Times*, 08/10/2006 [Disponível em https://cutt.ly/myXXBil – Acesso em 08/12/2017].

LEVINÁS, E. *Difícil libertad* – Ensayos sobre el judaísmo. Buenos Aires: Lilmod, 2004.

_____. *De otro modo de ser o más allá de la esencia.* Salamanca: Sígueme, 1987.

LEYVA, X. "Pueblos en resistencia, justicia epistémica y guerra". *Cuadernos de Antropología Social*, n. 44, 2016, p. 37-50 [Disponível em http://www.redalyc.org/pdf/1809/180951093003.pdf – Acesso em 08/10/2018].

LICEAGA, G. "Variaciones mesiánicas: reflexiones a partir de Sobre el concepto de historia". *Revista de Estudios Críticos*, p. 174-189 [Disponível em http://www.ceapedi.com.ar/otroslogos/Revistas/0003/10.%20Liceaga.pdf – Acesso em 16/10/2018].

LIRA, E. "El testimonio de experiencias políticas traumáticas: terapia y denuncia en Chile (1973-1985)". In: PÉROTIN-DUMON, A. (org.). *Historizar el pasado vivo en América Latina.* Santiago de Chile: Universidad Alberto Hurtado, 2007). [Disponível em http://www.historizarelpasadovivo.cl/downloads/lira.pdf – Acesso em 31/07/2018].

MADERA VARGAS, I.A. "Performatividad y autoimplicación: hacia un lenguaje teológico significativo". *Revista de Cultura Teológica*, ano XXV, n. 87, jan.-jun./2016, p. 12-42. [Disponível em https://revistas.pucsp.br/index.php/culturateo/article/view/rct.i87.28525 – Acesso 16/10/2018].

MAMANI, V. *Mujer aymara migrante*: hermana, ponte derecha y anda. Cochabamba: Verbo Divino, 2007.

_____. *Ritos espirituales y prácticas comunitarias del aymara*. La Paz: Creat, 2002.

MAMANI, V. & QUISPE HUANCA, C. *Espiritualidades originarias*: Pacha. Tomo 1. Cochabamba: UCD, Instituto de Misionología, 2005.

MANNS, F. "Col 1,15-20: Midrash chrétien de Gen 1,1". *Revue des Sciences Religieuses*, vol. 132, n. 3, 1979.

MANZANO AÑORVE, M.A. "El misterio de Dios, la poesía de Javier Sicilia". *Revista Iberoamericana para la Investigación y el Desarrollo Educativo*, vol. 6, n. 12, jan.-jun./2016, p. 15-16 [Disponível em Dialnet-ElMisterioDeDiosLaPoesiaDeJavierSicilia-5850202.pdf – Acesso em 10/07/2018].

MARCOS, S. *Cruzando fronteras* – Mujéres indígenas y feminismos abajo y a la izquierda. Santiago do Chile: Quinamntú, 2017.

MARION, J.-L. *Siendo dado* – Ensayo para una fenomenología de la donación. Madri: Editorial, 2008.

MATE, R. *El tiempo, tribunal de la historia*. Madri: Trotta, 2018.

_____. *La piedra desechada*. Madri: Trotta, 2013.

_____. *Tratado de la injusticia*. Barcelona: Anthropos, 2011.

_____. *La herencia del olvido* – Ensayos en torno a la razón compasiva. Madri: Errata Naturae, 2008.

_____. *Filosofía de la historia*. Madri: Trotta, 2005.

MAUSNER, G. *Lessons from Cideci Las Casas* [Disponível em https://cutt.ly/RyXXNZk – Acesso em 11/10/2018].

MBEMBE, A. *Políticas de la enemistad*. Barcelona: Futuro Anterior, 2018.

_____. *Crítica de la razón negra* – Ensayo sobre el racismo. Barcelona: Futuro Anterior, 2016.

_____. *Necropolítica*. Madri: Melusina, 2011.

_____. *On the Post-Colony* – Studies on the History of Society and Culture. Berkeley: University of California Press, 2001.

MELLONI, J. *El Cristo interior*. Barcelona: Herder, 2010.

MÉNDEZ MONTOYA, A. "The Theology of Food: Eating and the Eucharist". In: AZARANSKY, S. (org.). *Religion and Politics in America's Borderlands*. Mineápolis: Lexington, 2013.

_____. *Festín del deseo* – Hacia una teología alimentaria. Cidade do México: Jus, 2013.

MENDOZA-ÁLVAREZ, C. & ESPINO ARMENDÁRIZ, S. "A Critical Approach to Gender Identities in the 'Muxe' case". *Humanities and Social Sciences*, vol. 6, n. 4, jul./2018, p. 130-136 [Disponível em https://cutt.ly/nyXX2oS – Acesso em 10/10/2018].

MENDOZA-ÁLVAREZ, C. (org.). *Caminos de paz* – Teoría mimética y construcción social. Cidade do México: Universidad Iberoamericana, 2015.

MENDOZA-ÁLVAREZ, C. "Migration as a Theo-political Challenge Facing Global Violence". DIAS, D. (org.). *The Church and Migration*: Global (In)difference? Toronto: University of Toronto, 2019.

_____. "Variaciones teológicas sobre el pensamiento post-abismal". In: ESTEVA, G.; MENDOZA, C. & REYNA, P. (orgs.). *Para decoloniar la democracia* – Conversaciones con Boaventura de Sousa Santos. Cidade do México: Ibero/Siglo XXI, 2019.

_____. *Deus ineffabilis* – Una teología posmoderna de la revelación del fin de los tiempos. Barcelona: Herder, 2015.

_____. *Deus absconditus: Deseo, memoria e imaginación escatológica* – Ensayo de teología fundamental posmoderna. Cidade do México: Cátedra Kino, 2007.

_____. *Deus liberans: La revelación en diálogo con la modernidad* – Los elementos fundacionales de la estética teológica. Friburgo: Éditions Univesitaires, 1996.

MENDOZA-ÁLVAREZ, C.; REYNA ESTÉVEZ, P. & ROBLEDO, C. *De las fosas clandestinas a la tumba vacía* – Narrativas de dignidad y esperanza en tiempos de horror. Cidade do México: Universidad Iberoamericana, 2019.

MENDOZA GARCÍA, J. "Movimientos sociales: entre la resistencia y la confrontación, entre lo privado y lo público". *Polis* 2006, vol. 2, n. 1, p. 179-215 (Cidade do México: Universidad Autónoma Metropolitana, Iztapalapa) [Disponível em http://www.redalyc.org/pdf/726/72620107.pdf – Acesso em 12/10/2018].

MIANO BORRUSO, M. "Muxe: 'Nuevos liderazgos' y fenómenos mediáticos". *Revista Digital Universitaria*, vol. 11, n. 9, 01/09/2010 [Disponível em http://www. revista.unam.mx/vol.11/num9/art87/art87.pdf – Acesso em 11/10/2018].

MIGNOLO, W. *Historias locales/diseños globales* – Colonialidad, conocimientos subalternos y pensamiento fronterizo. Madri: Akal, 2003.

MILBANK, J. *Radical Orthodoxy*: A new Theology. Londres: Routledge, 1999.

_____. "O fim do iluminismo: pós-moderno ou pós-secular?". *Concilium* 244, 1992/6, p. 34 [834].

MODINO, L.M. "Vicenta Mamani: 'Muchos valores cristianos ya estaban presentes en la cultura indígena'". *Religión*, 28/01/2016 [Disponível em https://cutt.ly/IyXX99i – Acesso em 09/07/2018].

MUSSKOPF, A.S. *Uma brecha no armário* – Propostas para uma teologia gay. São Leopoldo: Cebi, 2015.

_____. *Via(da)gens teológicas* – Itinerários de uma teologia queer no Brasil. São Paulo: Fonte, 2012.

MUYULEMA, A. "De la 'cuestión indígena' a lo 'indígena' como cuestionamiento – Hacia una crítica del latinoamericanismo, el indigenismo y el mestiz(o)aje". In: RODRÍGUEZ, I. (org.). *Convergencia de tiempos*: estudios subalternos/contextos latinoamericanos – Estado, cultura. Subalternidad. Amsterdã: Rodopi, 2001.

PAGET-CLARCKE, N. "Una universidad sin sapatos – Entrevista con Raymundo Sánchez Barraza". *In Motion Magazine*, 03/09/2005 [Disponível em http://www.inmotionmagazine.com/global/rsb_int_esp.html – Acesso em 11/10/2018].

PANIKKAR, R. *La Trinidad* – Una experiencia humana primordial. Barcelona: Siruela, 2012.

RANCIÈRE, J. *El espectador emancipado*. Buenos Aires: Manantial, 2010.

_____. *La haine de la démocratie*. Paris: La Fabrique, 2005.

_____. "A propos de l'Être et Evénement d'Alain Badiou". *Cahiers du Collège International de Philosophie*, n. 8, out./1989. Paris: Osiris, 1989 [Disponível em https://cutt.ly/MyXX8uG – Acesso em 16/10/2018].

REA, D. *Nadie les pidió perdón*: historias de impunidad y resistencia. Cidade do México: Urano, 2016.

Rede de Feminismos Decoloniales [Disponível em https://feminismosdescoloniales.wordpress.com – Acesso em 11/10/2018].

RICOEUR, P. *Vivo hasta la muerte*: seguido de Fragmentos. Cidade do México: Fondo de Cultura Económica, 2009.

_____. *Caminos del reconocimiento* – Tres estudios. Madri: Trotta, 2005.

_____. *La memoria, la historia, el olvido*. Madri: Trotta, 2003.

_____. "La lutte pour la reconnaissance et le don". In: VV. AA. *Hermenéutica y responsabilidade* – Homenaje a Paul Ricoeur. Actas VII Encuentros Internacionales de Filosofía en el Camino de *Santiago*. Compostela, 2003 [Disponível em http://www.fondsricoeur.fr/uploads/medias/articles_pr/la-lutte-pour-la-reconnaissanceet-le-don.pdf – Acesso em 07/08/2018].

RIVERA-CUSICANQUI, S. *Sociología de la imagen* – Miradas ch'ixi desde la historia andina. Buenos Aires: Tinta Limón, 2015.

______. *Violencias (re)encubiertas en Bolivia.* Santander: Otramérica, 2012.

______. *Oprimidos pero no vencidos: luchas del campesinado aymara 1900-1980.* Genebra: Instituto de Investigaciones de las Naciones Unidas para el Desarrollo Social, 1984.

ROBERT, J. & RAHNEMA, M. *La potencia de los pobres.* San Cristóbal de Las Casas: Cideci-Unitierra, 2011.

ROJAS SALAZAR, M. "La 'Ecosofía' – Una propuesta ecofeminista liberadora desde América Latina" [Disponível em http://www.donesesglesia.cat/documentos/ecosofia.pdf – Acesso em 09/10/2018].

ROLDÁN, A.F. "La crítica de Emmanuel Lévinas al cristianismo en Difícil libertad, focalizada en los binomios justicia vs. piedad 'espiritual' y Torá vs. encarnación". *Franciscanum,* vol. LIV, n. 157, jan.-jun./2012, p. 179-202 [Disponível em http://www.scielo. org.co/pdf/frcn/v54n157/v54n157a07.pdf – Acesso em 16/10/2018].

ROMO CEDANO, P. "El obispo de Chiapas: la acción pastoral de Don Samuel Ruiz García", 19/04/2012 [Disponível em https://cutt.ly/5yXX4IH – Acesso em 09/10/2018].

ROSE, G. *Love's Work* – A Reckoning with Life. Nova York: 2011.

______. *Mourning becomes the Law*: Philosophy and Representation. Cambridge: University of Cambridge, 1996.

______. *Judaism and Modernity*: Philosophical Essais. Radical Thinkers. Londres: Blackwell, 1993.

ROSEMBERG SEIFER, F. "Algunas reflexiones sobre la violencia sistémica: México como escenario". In: ZÁRATE VIDAL, M. & HITA, M.G. (coords.). *Actores sociales, violencias y luchas de emancipación*: lecturas desde una antropología crítica. Cidade do México: Juan Pablos, 2014 [Disponível em https://cutt.ly/OyXX7NI – Acesso em 12/10/2018].

ROSS, D. "Politics, Terror and Trauma typical Imagery". In: NOONAN, M.; SHARPE, M. et al. *Trauma, history, Philosophy,* 2007.

ROUSSET, M. “Una travail de deuil pour Sigmund Freud”. *Le Monde*, 03/08/2017.

RUEDA CASTILLO, A. “Direitos trabalhistas da população trans”. Entrevista de David Ledesma Feregrino com Angie Rueda Castillo. *Asilegal*, 01/05/2013 [Disponível em https://cutt.ly/uyXX6H8 – Acesso em 10/10/2018].

SALATINO, M. “Más allá de una epistemología desde el Sur”. *Revista de Filosofía*, n. 77, 2014/2, p. 61-84 [Disponível em https://cutt.ly/MyXCwMB – Acesso em 09/10/2018].

SALAZAR GUTIÉRREZ, S. “Violencia sistémica, subjetividad del riesgo y socialidad de resguardo en el escenario de la ciudad fronteriza de Ciudad Juárez, México”. *Frontera Norte*, vol. 26, n. 51, jan.-jun./2014 [Disponível em https://cutt.ly/1yXCeSL – Acesso em 12/10/2018].

SANTIAGO, J. *La pasión de servir al Pueblo*. San Cristóbal de Las Casas: Centro de Derechos Humanos Fray Bartolomé de Las Casas, 2016.

SCARDELAI, D. *Movimentos messiânicos no tempo de Jesus*. São Paulo: Paulus, 1998.

SCHÜRMANN, R. *Le principe d'anarchie* – Heidegger et la question de l'agir. Paris: Diaphanes, 2013.

SEDMAK, C. *Hacia una ética para pensar el terrorismo*. Guadalajara: Cátedra Kino SUJ, 2008.

SEGATO, L.R. “Manifiesto en cuatro temas”. *Critical Times Journal*, vol. 1, n. 1 [seção especial: McGLAZER, R. (org.). “Transnational Feminist Strikes and Solidarities” (International Consortium of Critical Theory Programs, 2018), p. 212-225]. [Disponível em https://ctjournal.org/index.php/criticaltimes/article/view/29 [11 de outubro de 2018].

______. *Críticas de la crueldad*. Buenos Aires: Prometeo Libros, 2018.

______. *La guerra contra las mujeres*. Buenos Aires: Traficantes de sueños, 2016.

_____. *Crítica de la colonialidad en ocho ensayos*. Buenos Aires: Prometeo Libros, 2015.

_____. *Las estructuras elementales de la violencia*. Madri: Prometeo Libros, 2010.

SEPÚLVEDA, D. "Memoria y reparación: el tratamiento institucional a las víctimas de violación de derechos humanos en Chile". In: *Política – Revista de Ciência Política*, vol. 52, n. 1, 2014, p. 212-213.

SICILIA, J. "Lo sistémico". *Proceso*, 26/11/2016 [Disponível em https://www.proceso.com.mx/464014/lo-sistemico – Acesso em 10/07/2018].

_____. "Vuelta de tuerca". *Proceso*, n. 2.182, 02/09/2018 [Disponível em https://www.proceso.com.mx/549188/vuelta-de-tuerca – Acesso em 04/09/2018].

_____. "Advierte Javier Sicilia que México vive 'el tiempo del fin'". *Chicago Tribune*, 01/04/2016 [Disponível em https://cutt.ly/QyXCtr0 – Acesso em 08/10/2018].

_____. "Mensaje previo a la Caravana por la Paz con Justicia y Dignidad". *Proceso*, 13/04/2011 [Disponível em https://www.proceso.com.mx/267910/discurso-integro-de-javier-sicilia – Acesso em 08/10/2018].

_____. *Tríptico del desierto* – Panel 3: "La estría en el yermo" – Poema III. México: Era, 2009.

SKIBA, P. "Narrative Criticism: A Narrative on Mark 16,8". In: ALBL, M.; EDDY, P.R. & MIRKES, R. *Directions in New Testament Methods*. Markette: Markette University Press, 1993.

SOBRINO, J. *Resurrección de la verdadera Iglesia* – Los pobres, lugar teológico de la eclesiología. Santander: Sal Terrae, 1984.

SOLARTE, R. (org.). *Philosophica Xaveriana*, vol. 27, n. 55, 2009 [especial sobre a sua obra de R. Girard].

SOUSA SANTOS, B. *Si Dios fuese un activista de los derechos humanos*. Madri: Trotta, 2018.

_____. “The University at a Crossroads”. In: GROSFOGUEL, R.; HERNÁNDEZ, R. & ROSEN VELÁSQUEZ, E. (orgs.). *Decolonizing the Westernized University* – Interventions in Philosophy of Education from Within and Without. Londres: Lexington, 2016.

_____. *Decolonizar el saber, reinventar el poder.* Montevidéu: Trilce, 2010.

_____. *Una epistemología del Sur.* México: Siglo XXI, 2009.

_____. *Foro Social Mundial* – Manual de uso. Barcelona: Icaria, 2005.

SOUTH AFRICAN TRUTH AND RECONCILIATION COMMISSION. “Concepts and Principles”. *Report*, 29/10/2008, vol. 1, cap. 5, §§ 27-28 [Disponível em http://www.justice.gov.za/trc/report/finalreport/Volume%201.pdf – Acesso em 14/10/2018].

STIEGLER, B. *Dans la disruption*: Comment ne pas devenir fou? Suivi d’un Entretien sur le christianisme. Paris: Les Liens qui Libèrent, 2018.

STOLOROW, R.D. *World, Affectivity, Trauma* – Heidegger and Post-Cartesian Psychoanalysis. Nova York: Routledge, 2011 [Psychoanalitic Inquiry, vol. 35].

TAMAYO, J.J. *Teologías del Sur* – El giro decolonizador. Madri: Trotta, 2017.

TENOCH LAAKSONEN, S.T. *Entre fantasía y realidade* – Existencias transformadoras de los muxes juchitecos: explorando identidades discursivas y performativas de hacer género más allá de la heteronormatividad. Cidade do México: Ciesas, 2016 [tese de doutorado em antropologia] [Disponível em https://cutt.ly/myXCyUX – Acesso em 11/10/2018].

THEISSEN, G. & MERZ, A. *El Jesús histórico.* Salamanca: Sígueme, 2000.

TOMÁS DE AQUINO. *Summa theologiae.*

TOMICHÁ CHARUPÁ, R. "Espiritualidades ameríndias relacionais – Aproximações preliminares". In: *Perspectiva Teológica*, vol. 49, n. 2, 2017, p. 329-352.

_____. "Interculturalidad y misión em indoafroamérica". In: ARANGUREN, L.A. & PALAZZI, F. (orgs.). *Desafíos de una teología iberoamericana inculturada en tiempo de globalización, interculturalidad y exclusión social.* Boston: Convivium, 2017, p. 464-481.

_____. "Teologías amerindias: una introducción". In: DE MORI, G.L. (dir.). *Theologica Latinoamericana* – Enciclopédia Digital. Belo Horizonte: Faje, 2017 [Disponível em http://theologicalatinoamericana.com/?p=1503 – Acesso em 08/10/2018].

_____. "Teologías de la liberación indígenas – Balance y tareas pendientes". *Horizonte: revista de Estudios de Teología e Ciencias da Religião*, vol. 11, n. 32, 2013, p. 1.777-1.800.

_____. "Teologías de la liberación indígenas". In: ECUMENICAL ASSOCIATION OF THRID WORLD THEOLOGIANS (EATWOT). *III Minga / Mutirão. Teología de la Liberación 40 años*, vol. XXXVI, n. 4, out.-dez./2013, p. 113-130.

TORRES-QUEIRUGA, A. *Creo en Dios padre* – El Dios de Jesús como afirmación plena del hombre. Santader: Sal Terrae, 1986.

TORRES-QUEIRUGA, A.; SUSIN, L.C. & SOBRINO, J. (orgs.). "Teologia do pluralismo religioso – O novo paradigma". *Concilium* 319, fev./2007.

TURATI, M. *Fuego cruzado* – Las víctimas atrapadas en la guerra del narco. Cidade do México: Penguin Random House, 2011.

TZUL TZUL, G. *Gobierno comunal indígena y Estado Guatemalteco.* San José: Universidad de Costa Rica, 2018.

_____. "Mujeres indígenas: historias de reproducción de la vida en Guatemala. Una reflexión a partir de la visita de Silvia Federici". *Bajo el Volcán*, año 15, n. 22, mar.-ago./2015, p. 91-99.

UNIVERSIDAD AUTÓNOMA DEL ESTADO DE MORELOS. "Simposio Iván Illich – Lo político en tiempos apocalípticos". *La Voz de la Tribu*, n. 10, nov/2016-jan./2017.

UNIVERSIDAD IBEROAMERICANA. *Violencia y terror* – Hallazgos sobre fosas clandestinas en México. Cidade do México: Universidad Iberoamericana, 2017 [Informe do Programa de Direitos Humanos da Universidade Ibero-americana da Cidade do México e da Comissão Mexicana de Defesa e Promoção dos Direitos Humanos] [Disponível em http://www.ibero.mx/files/informe_fosas_clandestinas_2017.pdf – Acesso em 10/07/2018].

VALENCIA, S.M. "Teoría transfeminista para el análisis de la violencia machista y la reconstrucción no-violenta del tejido social en el México contemporáneo". *Universitas Humanistica Javeriana* 78, jul.-dez./2014, p. 68. [Disponível em http://www.scielo.org.co/pdf/unih/n78/n78a04.pdf – Acesso em 10/10/2018].

VILLALOBOS, J.M. "La madre de todas las batallas será insertar la diversidad sexual en la educación. Entrevista con el Dr. Jordi Díez". *Revista Inerdisciplinaria de Estudios de Género*, ano 2, n. 3, jan.-jun./2016, p. 191-199.

VILLORO, J. "¿Prohibido pensar?" *Reforma*, 20/04/2018 [Disponível em https://cutt.ly/9yXCiXT – Acesso em11/10/2018].

______. "¿Y en este grito de silencios, ¿cómo hablamos la verdad?" *Conversatorio Miradas, escuchas, palabras*: ¿prohibido pensar? [Disponível em https://radiozapatista.org/?p=26778 – Acesso em 11/10/2018].

______. "Paradojas de la honestidad". *Reforma*, 30/03/2018 [Disponível em https://cutt.ly/RyXCp3q – Acesso em 11/10/2018].

VINCENT, J.M. "'Tu aimeras ton prochain comme toi-même?' Lv 190,18b dans son contexte". *Revue d'Études Théologiques et Religieuses*, vol. 81, n. 1, 2006 [Disponível em https://www.cairn.info/revue-etudes-theologiques-etreligieuses-2006-1-page-95.htm – Acesso em 16/10/2018].

VINOLO, S. *René Girard: do mimetismo à hominização*. São Paulo: É Realizações, 2012.

VOS, J. de. *Una tierra para sembrar sueños* – Historia reciente de la selva lacandona. Cidade do México: Fondo de Cultura Económica, 2002.

WALLERSTEIN, I.M. *¿Tiene futuro el capitalismo?* Cidade do México: Siglo XXI, 2016.

_____. *Capitalismo histórico y movimientos antisistémicos* – Un análisis de sistemas-mundo. Madri: Akal, 2004.

WARGNIES, P. "Marc 16,1-8 – Les femmes et le jeune homme dans le tombeau". *Nouvelle Revue Théologique*, vol. 132, n. 3, 2010, p. 368-385.

WRIGHT, N.T. *A ressurreição do Filho de Deus*. Santo André/São Paulo: Academia Cristã/Paulus, 2013.

ZEITOUNE, M. "Duelo y 'Disposición enfermiza' en la melancolía". *Revista de Psicología de Tucumán*, 15, n. 19, dez./2011 [Disponível em http://www.colpsicologostuc.org.ar/wordpress2016/wpcontent/uploads/2012/05/Revista_2011.pdf – Acesso em 15/10/2018].

ZIBECHI, R. "El patriarca en problemas". *Brecha*, 1.578, Montevidéu, 18/01/2016 [Disponível em https://brecha.com.uy/el-patriarca-en-problemas/ – Acesso em 09/10/2019].

_____. *Latiendo resistencia*: Mundo nuevos y guerras de despojo. Madri: Zambra Baladre, 2016.

_____. *Política y miseria*. Madri: Zambr Baaladre, 2012.

_____. *Territorios en resistencia* – Cartografía política de las periferias urbanas latinoamericanas. Buenos Aires: La Vaca, 2008.

_____. "Movimientos sociales: nuevos escenarios y desafíos inéditos". *Observatorio Social de América Latina* (OSAL), VII, n. 21, set.-dez./2006, p. 221-230.

ŽIŽEK, S. *Contragolpe absoluto* – Para una refundación del materialismo dialéctico. Madri: Akal, 2016.

_____. *Acontecimiento.* Cidade do México/Madri: Sexto Piso, 2014.

_____. *¿Quién dijo totalitarismo?* Cinco intervenciones sobre el (mal) uso de una noción. Valencia: Pre-Textos, 2012.

_____. *Viviendo al final de los tiempos.* Madri: Akal, 2012.

_____. *Sobre la violencia: seis reflexiones marginales.* Madri: Paidós Ibérica, 2009.

_____. *En defensa de la intolerancia.* Madri: Sequitur, 2008.

_____. *La suspensión política de la ética.* Buenos Aires: FCE, 2005.

Índice geral

LEIA TAMBÉM:

Dicionário de Teologia Fundamental

Esse *Dicionário* tem por base o binômio revelação-fé. Em torno deste eixo giram os 223 verbetes que o compõem. A estrutura do *Dicionário* foi pensada de modo a propor, a quem o desejar, um estudo sistemático de todos os temas da Teologia Fundamental: os princípios básicos e suas implicações.

Em sua concepção inicial, essa obra procurou definir, antes de tudo, as grandes linhas do *Dicionário* e, em seguida, determinar os verbetes a serem tratados, levando em conta uma série de critérios.

Mesmo tendo sido composto há algumas décadas, permanece muitíssimo atual, justamente pela forma abrangente utilizada em sua organização. Sendo um dicionário, não contém tratados teológicos sistemáticos, mas cada temática é apresentada com uma grande abrangência. Além disso, ao final de cada verbete há indicações bibliográficas para aprofundamento.